政府采购法一本通

（[illegible]版）

朱中一 ◎ 编

中国财经出版传媒集团
经济科学出版社
Economic Science Press

图书在版编目（CIP）数据

政府采购法一本通：全国通用版 / 朱中一编. --
北京：经济科学出版社，2023.6（2025.10重印）
ISBN 978-7-5218-4778-9

Ⅰ.①政…　Ⅱ.①朱…　Ⅲ.①政府采购法－中国
Ⅳ.①D922.2

中国国家版本馆CIP数据核字（2023）第087442号

策划编辑：殷亚红
责任编辑：王　洁
责任校对：刘　娅
责任印制：邱　天

政府采购法一本通（全国通用版）
朱中一　编
经济科学出版社出版、发行　新华书店经销
社址：北京市海淀区阜成路甲28号　邮编：100142
总编部电话：010-88191217　010-68580916
发行部电话：010-88191522　010-88190453
网址：www.cgpmedia.cn
电子邮箱：cgpm@vip.sina.com
天猫网店：经济科学出版社旗舰店
网址：http：//jjkxcbs.tmall.com
固安华明印业有限公司印装
710×1000　16开　24印张　360000字
2023年6月第1版　2025年10月第3次印刷
ISBN 978-7-5218-4778-9　定价：88.00元

编写说明

政府采购法律体系由法律、行政法规、部门规章、地方性法规、地方规章以及大量的文件构成。《政府采购法》和《政府采购法实施条例》是最基本的法律依据，财政部的规章、规范性文件、政策文件以及各地、各部门的立法、文件等对于规范政府采购当事人的行为，规范政府采购管理行为等均发挥了巨大的作用。

以往，财政部和各级人民政府财政部门、集中采购机构会定期或不定期地组织编写一些政府采购立法、文件的汇编。对于政府采购的实务操作和理论研究，此类汇编都是极有价值的。但是，此类汇编并不公开发行，使用范围有限。并且，由于立法和文件数量庞大、内容混杂，使用汇编查找法条难免遗漏部分规定，“新手”尤其以此为患。文件汇编也不容易反映各种法律规范的法律效力的高低，无法突出《政府采购法》和《政府采购法实施条例》在政府采购法律体系中的核心和基础地位。

围绕《政府采购法》和《政府采购法实施条例》对现有的立法和文件进行全面整理，成为本书的最大特点。在正文部分，编者将《政府采购法》和《政府采购法实施条例》依次排列，并根据实际内容将规章、文件的全部或部分以脚注的形式录入于相对应的条款之下。通过对政府采购立法和文件的总整理，编者试图达到以下目的：一是为实务工作和理论研究查找法律规范提供便利，避免遗漏；二是树立法律和行政法规在整个法律体系中的核心和基础地位；三是便于在立法完善时查漏补缺。

为了给读者在查找和使用立法、文件时提供便利，本书对《政府采购法》和《政府采购法实施条例》的每一条规定进行了主旨概括，用“【 】”列于条款序号之后。主旨概括参考和引用了扈纪华主编的《〈中华人民共和国政府采购法〉释义及实用指南》（中国民主法制出版社2002年版）和财政部国库司等编著的《〈中华人民共和国政府采购法实施条例〉释义》（中国财政经济出版社2015年版）。同时，本书还附录了“索引”，将经常使用的概念按照拼音顺序予以排列，并提供相应的页码以供查阅。

考虑到司法审查对依法行政的重要影响，本书还引用了两个最高人民法院颁布的典型案例的说理部分，作为对相应法律规定的解读。

将《政府采购法》和《政府采购法实施条例》的规定按照内容穿插排列，这是编者的创新。这样做主要考虑到以下三个方面原因：首先，《政府采购法》和《政府采购法实施条例》在法律效力方面是高出于其他所有的立法和文件的，因此将两者都列于正文；

其次,《政府采购法实施条例》是根据《政府采购法》第八十七条的授权而制定的行政法规;最后,两者的章节和内容基本顺序一致,根据内容穿插排列便于查看相关内容的多条规定。为了便于阅读,《政府采购法》的规定采用了宋体;《政府采购法实施条例》的规定采用了楷体。《政府采购法实施条例》个别规定的位置根据内容作了调整,以使之在内容上紧跟《政府采购法》的相关规定。

本书面向全国读者,故而称为"全国通用版"。基于一级政府一级预算一级采购的基本制度,中央政府采购和地方各级政府采购领域还存在着一些专用的立法和文件。为此,本书只整理了可以在全国范围内适用的立法和文件,对于某一特定的政府采购领域,可以在本书的基础上,将适用于该层级政府采购活动的相关立法和文件进行整理,按照本书的体例编写适用于该层级政府采购领域的政府采购法律规范总成。这是一种"1+X"的整理方法,本书是"1",特定的采购领域的立法和文件是"X"。例如,将财政部、中央集中采购机构等制定的仅适用于中央政府采购的立法和文件与本书进行合并整理,就得到了适用于中央政府采购的法律规范总成文本。按照"1+X"的方法,可以组合出适合我国各个政府采购领域使用的特定的法律规范总成文本。

作为经济社会类法律规范总整理的率先尝试,编者也希望通过本书积累经验,将此类法律规范总整理的工作推广到其他经济社会领域，为我国的经济法、行政法的发展和相关领域的法制实践活动提供助益。

本书将以修订版的形式，长期致力于政府采购法律规范整理工作。本书中的不当、疏漏之处难免，敬请批评指正。

朱中一

2023年2月20日

检索说明

本书按条文内容为序进行编辑。查找到相关条文，就能查询相关政府采购法相关规章、文件的内容。

可使用以下任意一种检索法查阅本书内容。

1.目录检索法

通过目录查阅相关《政府采购法》和《政府采购法实施条例》的条文。

由于《政府采购法》和《政府采购法实施条例》均分为相同的“章”，本书也按照这些章制作目录。在各章中，《政府采购法》和《政府采购法实施条例》的规范内容大体布局相当，但也有个别规定的内容没有按序排列。为此，在各章中，将《政府采购法》和《政府采购法实施条例》的规定根据内容按法条顺序排列；但其中《政府采购法实施条例》的个别法条按照内容调整到相应位置。

2.词条检索法

本书附录“索引”附有检索词条。词条按汉语拼音顺序排列，词条后面的数字为词条所在页码。

通过索引查阅《政府采购法》《政府采购法实施条例》和脚注中的规章、文件的相关规定和内容。

3. 页眉检索法

凡　例

一、目录

1.以章为单位编制目录。

2.各章中，以法条为单位编制目录。

二、正文

1.根据《政府采购法》和《政府采购法实施条例》的内容按序排列法条，《政府采购法实施条例》的个别规定按照内容编排到相应位置。

2.《政府采购法》的规定使用宋体，《政府采购法实施条例》的规定使用楷体。

3.全书《中华人民共和国政府采购法》《中华人民共和国政府采购法实施条例》统一表述为《政府采购法》《政府采购法实施条例》。

三、条文主旨

本书对《政府采购法》和《政府采购法实施条例》各条规定的主旨进行概括。各条规定的主旨用“【 】”列于该条规定序号后。

四、脚注

1.脚注收录了现行有效的政府采购领域的规章、文件，还收录了最高人民法院的典型案例。

考虑到精简篇幅的原则，在脚注中，法律、行政法规的制定时间和令号不予书写；规章、文件则注明制定或公布时间、制定主体以及文号。法律、法规、规章、文件的名称均用书名号加粗显示。

2.按照规章、规范性文件、政策与相关《政府采购法》与《政府采购法实施条例》的内容的关系、制定时间（新的在前旧的在后）等因素排列脚注内容。

五、省略

考虑到精简篇幅的原则，对立法、文件、案例的内容进行适当的省略，将与正文法条无关的内容删除。例如，脚注内容中间部分内容省略，则以“……”代替；其他省略内容不进行标注。

目　录

第一章　总　　则

第二章　政府采购当事人

第三章　政府采购方式

第四章　政府采购程序

第五章 政府采购合同

第六章　质疑与投诉

第七章　监督检查

第八章 法律责任

中华人民共和国政府采购法

中华人民共和国主席令

（第六十八号）

《中华人民共和国政府采购法》已由中华人民共和国第九届全国人民代表大会常务委员会第二十八次会议于2002年6月29日通过，现予公布，自2003年1月1日起施行。

中华人民共和国主席 江泽民

2002年6月29日

（2002年6月29日第九届全国人民代表大会常务委员会第二十八次会议通过根据2014年8月31日第十二届全国人民代表大会常务委员会第十次会议《关于修改〈中华人民共和国保险法〉等五部法律的决定》修正）

目　录

中华人民共和国政府采购法实施条例

中华人民共和国国务院令

（第658号）

《中华人民共和国政府采购法实施条例》已经2014年12月31日国务院第75次常务会议通过，现予公布，自2015年3月1日起施行。

总理 李克强

2015年1月30日

目　录

第一章

总　　则

《政府采购法》第一条【立法目的】 为了规范政府采购行为，提高政府采购资金的使用效益，维护国家利益和社会公共利益，保护政府采购当事人的合法权益，促进廉政建设，制定本法。

《政府采购法实施条例》第一条【立法依据】 根据《中华人民共和国政府采购法》（以下简称《政府采购法》），制定本条例。

《政府采购法》第二条[①]**【调整范围】【采购、货物、工程、服务的定义】** 在中华人民共和国境内进行的政府采购适用本法。

---

① 根据2013年10月29日财政部**《关于印发〈政府采购品目分类目录〉的通知》**（财库〔2013〕189号），其中附件一为《政府采购品目分类目录》。

根据2017年7月11日财政部**《政府采购货物和服务招标投标管理办法》**（财政部第87号令）**第七条**，采购人应当按照财政部制定的《政府采购品目分类目录》确定采购项目属性。按照《政府采购品目分类目录》无法确定的，按照有利于采购项目实施的原则确定。

2014年12月31日，**《政府和社会资本合作项目政府采购管理办法》**（财库〔2014〕215号）规定：**第一条** 为了规范政府和社会资本合作项目政府采购（以下简称PPP项目采购）行为，维护国家利益、社会公共利益和政府采购当事人的合法权益，依据《中华人民共和国政府采购法》（以下简称政府采购法）和有关法律、行政法规、部门规章，制定本办法。

根据2020年3月1日财政部**《政府购买服务管理办法》**（财政部第102号令）**第二条**，本办法所称政府购买服务，是指各级国家机关将属于自身职责范围且适合通过市场化方式提供的服务事项，按照政府采购方式和程序，交由符合条件的服务供应商承担，并根据服务数量和质量等因素向其支付费用的行为。

第九条 政府购买服务的内容包括政府向社会公众提供的公共服务，以及政府履职所需辅助性服务。

第十条 以下各项不得纳入政府购买服务范围：

（一）不属于政府职责范围的服务事项；

（二）应当由政府直接履职的事项；

（三）政府采购法律、行政法规规定的货物和工程，以及将工程和服务打包的项目；

（四）融资行为；

（五）购买主体的人员招、聘用，以劳务派遣方式用工，以及设置公益性岗位等事项；

（六）法律、行政法规以及国务院规定的其他不得作为政府购买服务内容的事项。

第十二条 政府购买服务指导性目录在中央和省两级实行分级管理，财政部和省级财政部门分别制定本级政府购买服务指导性目录，各部门在本级指导性目录范围内编制本部门政府购买服务指导性目录。

省级财政部门根据本地区情况确定省以下政府购买服务指导性目录的编制方式和程序。

第十三条 有关部门应当根据经济社会发展实际、政府职能转变和基本公共服务均等化、标准化的要求，编制、调整指导性目录。

编制、调整指导性目录应当充分征求相关部门意见，根据实际需要进行专家论证。

第十四条 纳入政府购买服务指导性目录的服务事项，已安排预算的，可以实施政府购买服务。

2017年5月28日财政部**《关于坚决制止地方以政府购买服务名义违法违规融资的通知》**（财预〔2017〕87号），《国务院办公厅关于政府向社会力量购买服务的指导意见》（国办发〔2013〕96号）印发后，各地稳步推进政府购买服务工作，取得了良好成效。同时，一些地区存在违法违规扩大政府购买服务范围、超越管理权限延长购买服务期限等问题，加剧了财政金融风险。根据《中华人民共和国预算法》《中华人民共和国政府采购法》《国务院关于实行中期财政规划管理的意见》（国发〔2015〕3号）、国办发〔2013〕96号文件等规定，为规范政府购买服务管理，制止地方政府违法违规举债融资行为，防范化解财政金融风险，现就有关事项通知如下：

一、坚持政府购买服务改革正确方向

推广政府购买服务是党的十八届三中全会决定明确的一项重要改革任务，有利于加快转变政府职能、改善公共服务供给、推进财政支出方式改革。政府购买服务所需资金应当在年度预算和中期财政规划中据实足额安排。实施政府购买服务改革，要坚持费随事转，注重与事业单位改革、行业协会商会与行政主管部门脱钩转制改革、支持社会组织培育发展等政策相衔接，带动和促进政事分开、政社分开。地方政府及其所属部门要始终准确把握并牢固坚持政府购买服务改革的正确方向，依法依规、积极稳妥地加以推进。

二、严格按照规定范围实施政府购买服务

政府购买服务内容应当严格限制在属于政府职责范围、适合采取市场化方式提供、社会力量能够承担的服务事项，重点是有预算安排的基本法所称政府采购，是指各级国家机关、事业单位和团体组织，使用财政性资金采购依法制定的集中采购目录以内的或者采购限额标准以上的货物、工程和服务的行为。

政府集中采购目录和采购限额标准依照本法规定的权限制定。

本法所称采购，是指以合同方式有偿取得货物、工程和服务的行为，包括购买、租赁、委托、雇用等。

本法所称货物，是指各种形态和种类的物品，包括原材料、燃料、设备、产品等。

本法所称工程，是指建设工程，包括建筑物和构筑物的新建、改建、扩建、装修、拆除、修缮等。

本法所称服务，是指除货物和工程以外的其他政府采购对象。

本公共服务项目。科学制定并适时完善分级分部门政府购买服务指导性目录，增强指导性目录的约束力。对暂时未纳入指导性目录又确需购买的服务事项，应当报财政部门审核备案后调整实施。

严格按照《中华人民共和国政府采购法》确定的服务范围实施政府购买服务，不得将原材料、燃料、设备、产品等货物，以及建筑物和构筑物的新建、改建、扩建及其相关的装修、拆除、修缮等建设工程作为政府购买服务项目。严禁将铁路、公路、机场、通讯、水电煤气，以及教育、科技、医疗卫生、文化、体育等领域的基础设施建设，储备土地前期开发，农田水利等建设工程作为政府购买服务项目。严禁将建设工程与服务打包作为政府购买服务项目。严禁将金融机构、融资租赁公司等非金融机构提供的融资行为纳入政府购买服务范围。政府建设工程项目确需使用财政资金，应当依照《中华人民共和国政府采购法》及其实施条例、《中华人民共和国招标投标法》规范实施。

三、严格规范政府购买服务预算管理

政府购买服务要坚持先有预算、后购买服务，所需资金应当在既有年度预算中统筹考虑，不得把政府购买服务作为增加预算单位财政支出的依据。地方各级财政部门应当充分考虑实际财力水平，妥善做好政府购买服务支出与年度预算、中期财政规划的衔接，足额安排资金，保障服务承接主体合法权益。年度预算未安排资金的，不得实施政府购买服务。购买主体应当按照批准的预算执行，从部门预算经费或经批准的专项资金等既有年度预算中统筹安排购买服务资金。购买主体签订购买服务合同，应当确认涉及的财政支出已在年度预算和中期财政规划中安排。政府购买服务期限应严格限定在年度预算和中期财政规划期限内。党中央、国务院统一部署的棚户区改造、易地扶贫搬迁工作中涉及的政府购买服务事项，按照相关规定执行。

四、严禁利用或虚构政府购买服务合同违法违规融资

金融机构涉及政府购买服务的融资审查，必须符合政府预算管理制度相关要求，做到依法合规。承接主体利用政府购买服务合同向金融机构融资时，应当配合金融机构做好合规性管理，相关合同在购买内容和期限等方面必须符合政府购买服务有关法律和制度规定。地方政府及其部门不得利用或虚构政府购买服务合同为建设工程变相举债，不得通过政府购买服务向金融机构、融资租赁公司等非金融机构进行融资，不得以任何方式虚构或超越权限签订应付（收）账款合同帮助融资平台公司等企业融资。

五、切实做好政府购买服务信息公开

各地应当将年度预算中政府购买服务总金额、纳入中期财政规划的政府购买服务总金额以及政府购买服务项目有关预算信息，按规定及时向社会公开，提高预算透明度。购买主体应当依法在中国政府采购网及其地方分网及时公开政府购买服务项目相关信息，包括政府购买服务内容、购买方式、承接主体、合同金额、分年财政资金安排、合同期限、绩效评价等，确保政府购买服务项目信息真实准确，可查询、可追溯。

坚决防止借政府购买服务名义进行利益输送等违法违规行为。

2014年11月25日，财政部、民政部**《关于支持和规范社会组织承接政府购买服务的通知》**（财综〔2014〕87号）规定：……二、加大对社会组织承接政府购买服务的支持力度……（二）按照突出公共性和公益性原则，逐步扩大承接政府购买服务的范围和规模。充分发挥社会组织在公共服务供给中的独特功能和作用，在购买民生保障、社会治理、行业管理等公共服务项目时，同等条件下优先向社会组织购买。在民生保障领域，重点购买社会事业、社会福利、社会救助等服务项目。在社会治理领域，重点购买社区服务、社会工作、法律援助、特殊群体服务、矛盾调解等服务项目。在行业管理领域，重点购买行业规范、行业评价、行业统计、行业标准、职业评价、等级评定等服务项目。公平对待社会组织承接政府购买服务，鼓励社会组织进入法律法规未禁入的公共服务行业和领域，形成公共服务供给的多元化发展格局，满足人民群众多样化需求。

2014年4月14日，财政部**《关于推进和完善服务项目政府采购有关问题的通知》**（财库〔2014〕37号）规定，根据现行政府采购品目分类，按照服务受益对象将服务项目分为三类：

第一类为保障政府部门自身正常运转需要向社会购买的服务。如公文印刷、物业管理、公车租赁、系统维护等。

第二类为政府部门为履行宏观调控、市场监管等职能需要向社会购买的服务。如法规政策、发展规划、标准制定的前期研究和后期宣传、法律咨询等。

第三类为增加国民福利、受益对象特定，政府向社会公众提供的公共服务。包括以物为对象的公共服务，如公共设施管理服务、环境服务、专业技术服务等；以人为对象的公共服务，如教育、医疗卫生和社会服务等。

2013年12月4日，财政部**《关于做好政府购买服务工作有关问题的通知》**（财综〔2013〕111号）规定：……二、积极有序推进政府购买服务工作……（二）坚持突出重点，稳妥有序推广。要结合实际，在准确把握公众需求的基础上，全面梳理并主动提出购买服务的内容和事项，精心研究制定指导性目录，明确购买的服务种类、性质和内容。在公共服务需求日趋多样化的形势下，应突出公共性和公益性，重点考虑、优先安排与保障和改善民生密切相关的领域和项目，把有限的财政资金用到人民群众最需要的地方。对于政府新增的或临时性、阶段性的公共服务事项，凡适合社会力量承担的，原则上都按照政府购买服务的方式进行。看得准、拿得稳的先推下去，一时看不准、有疑问的要深入研究，条件成熟了再推进。要通过购买服务，推动政府简政放权，防止“大包大揽”。要确保政府全面正确履行职能，防止“卸包袱”，将应当由政府直接提供、不适合社会力量承担的公共服务事项推向市场。购买服务的范围、内容和目录应倾听群众呼声，反映群众意愿，根据经济社会和政府职能的发展变化，及时进行动态调整。

2013年9月26日，国务院办公厅**《关于政府向社会力量购买服务的指导意见》**（国办发〔2013〕96号）规定：……三、规范有序开展政府向社会力量购买服务工作……（三）购买内容。政府向社会力量购买服务的内容为适合采取市场化方式提供、社会力量能够承担的公共服务，突出公共性和公益性。教育、就业、社保、医疗卫生、住房保障、文化体育及残疾人服务等基本公共服务领域，要逐步加大政府向社会力量购买服务的力度。非基本公共服务领域，要更多更好地发挥社会力量的作用，凡适合社会力量承担的，都可以通过委托、承包、采购等方式交给社会力量承担。对应当由政府直接提供、不适合社会力量承担的公共服务，以及不属于政府职责范围的服务项目，政府不得向社会力量购买。各地区、各有关部门要按照有利于转变政府职能，有利于降低服务成本，有利于提升服务质量水平和资金效益的原则，在充分听取社会各界意见基础上，研究制定政府向社会力量购买服务的指导性目录，明确政府购买的服务种类、性质和内容，并在总结试点经验基础上，及时进行动态调整。

2017年12月26日，财政部**《政务信息系统政府采购管理暂行办法》**（财库〔2017〕210号）**第二条**规定，本办法所称政务信息系统是指由

《政府采购法实施条例》第二条【解释说明财政性资金和服务】 政府采购法第二条所称财政性资金是指纳入预算管理的资金。

以财政性资金作为还款来源的借贷资金，视同财政性资金。

国家机关、事业单位和团体组织的采购项目既使用财政性资金又使用非财政性资金的，使用财政性资金采购的部分，适用政府采购法及本条例；财政性资金与非财政性资金无法分割采购的，统一适用政府采购法及本条例。

政府投资建设、政府和社会企业联合建设、政府向社会购买服务或需要政府运行维护的，用于支撑政务部门履行管理和服务职能的各类信息系统，包括执行政务信息处理的计算机、软件和外围设备等货物和服务。

前款所称政务部门是指中共中央、全国人大、国务院、全国政协、最高法院、最高检察院及中央和国家机关各部门，各级地方党委、人大、政府、政协、法院、检察院及其直属各部门（单位）。

2019年3月28日，财政部办公厅**《关于落实财政支持贫困村微小型项目由村级组织自建自营有关政策的通知》**（财办库〔2019〕75号）规定：

一、财政支持涉及贫困村的微小型项目，是指各地公开招标数额标准以下的农村山水林田路建设和小流域综合治理等项目。

二、上述项目中凡是贫困村具备相关项目建设、运营能力的，均可按照村民民主议事方式直接委托村级组织自建自营。

三、各省、自治区、直辖市、计划单列市财政厅（局）应积极落实上述政策要求，细化相关规定和措施，不得限制符合条件的贫困村自建自营财政支持的微小型项目。对执行中遇到的问题，应及时向我部反馈。

政府采购法第二条所称服务，包括政府自身需要的服务和政府向社会公众提供的公共服务。

《政府采购法》第三条[①] **【基本原则】** 政府采购应当遵循公开透明原则、公平竞争原则、公正原则和诚实信用原则。

---

① 2013年11月18日，中共中央、国务院**《党政机关厉行节约反对浪费条例》**（中发〔2013〕13号）**第十二条** 党政机关采购货物、工程和服务，应当遵循公开透明、公平竞争、诚实信用原则。

2020年3月1日，财政部**《政府购买服务管理办法》**（财政部第102号令）**第三条** 政府购买服务应当遵循预算约束、以事定费、公开择优、诚实信用、讲求绩效原则。

2019年7月26日，财政部**《关于促进政府采购公平竞争优化营商环境的通知》**（财库〔2019〕38号）要求严格执行公平竞争审查制度，具体要求如下：

各地区、各部门制定涉及市场主体的政府采购制度办法，要严格执行公平竞争审查制度，充分听取市场主体和相关行业协会商会意见，评估对市场竞争的影响，防止出现排除、限制市场竞争问题。重点审查制度办法是否设置不合理和歧视性的准入条件排斥潜在供应商参与政府采购活动，是否设置没有法律法规依据的行政审批或者具有审批性质的备案，是否违规给予特定供应商优惠待遇等。经审查认为不具有排除、限制竞争效果的，可以颁布实施；具有排除、限制竞争效果的，应当不予出台或者调整至符合相关要求后出台；未经公平竞争审查的，不得出台。

在政府采购相关制度办法实施过程中，应当定期或者适时评估其对全国统一市场和公平竞争的影响，对妨碍统一市场和公平竞争的，要及时修改完善或者予以废止。

《政府采购法》第四条[①] **【政府采购工程招标投标的法律适用】** 政府采购工程进行招标投标的，适用招标投标法。

---

① **《招标投标法》第三条** 在中华人民共和国境内进行下列工程建设项目包括项目的勘察、设计、施工、监理以及与工程建设有关的重要设备、材料等的采购，必须进行招标：

（一）大型基础设施、公用事业等关系社会公共利益、公众安全的项目；

（二）全部或者部分使用国有资金投资或者国家融资的项目；

（三）使用国际组织或者外国政府贷款、援助资金的项目。

前款所列项目的具体范围和规模标准，由国务院发展计划部门会同国务院有关部门制订，报国务院批准。

法律或者国务院对必须进行招标的其他项目的范围有规定的，依照其规定。

《中华人民共和国招标投标法实施条例》第二条 招标投标法第三条所称工程建设项目，是指工程以及与工程建设有关的货物、服务。

前款所称工程，是指建设工程，包括建筑物和构筑物的新建、改建、扩建及其相关的装修、拆除、修缮等；所称与工程建设有关的货物，是指构成工程不可分割的组成部分，且为实现工程基本功能所必需的设备、材料等；所称与工程建设有关的服务，是指为完成工程所需的勘察、设计、监理等服务。

第三条 依法必须进行招标的工程建设项目的具体范围和规模标准，由国务院发展改革部门会同国务院有关部门制订，报国务院批准后公布施行。

2018年3月27日，国家发展和改革委员会**《必须招标的工程项目规定》**（国家发展和改革委员会第16号令）规定：**第一条** 为了确定必须招标的工程项目，规范招标投标活动，提高工作效率、降低企业成本、预防腐败，根据《中华人民共和国招标投标法》第三条的规定，制定本规定。

第二条 全部或者部分使用国有资金投资或者国家融资的项目包括：

（一）使用预算资金200万元人民币以上，并且该资金占投资额10%以上的项目；

（二）使用国有企业事业单位资金，并且该资金占控股或者主导地位的项目。

第三条 使用国际组织或者外国政府贷款、援助资金的项目包括：

（一）使用世界银行、亚洲开发银行等国际组织贷款、援助资金的项目；

（二）使用外国政府及其机构贷款、援助资金的项目。

第四条 不属于本规定第二条、第三条规定情形的大型基础设施、公用事业等关系社会公共利益、公众安全的项目，必须招标的具体范围由国务院发展改革部门会同国务院有关部门按照确有必要、严格限定的原则制订，报国务院批准。

第五条 本规定第二条至第四条规定范围内的项目，其勘察、设计、施工、监理以及与工程建设有关的重要设备、材料等的采购达到下列标准之一的，必须招标：

（一）施工单项合同估算价在400万元人民币以上；

（二）重要设备、材料等货物的采购，单项合同估算价在200万元人民币以上；

（三）勘察、设计、监理等服务的采购，单项合同估算价在100万元人民币以上。

同一项目中可以合并进行的勘察、设计、施工、监理以及与工程建设有关的重要设备、材料等的采购，合同估算价合计达到前款规定标准的，必须招标。

第六条 本规定自2018年6月1日起施行。

2018年6月6日，国家发展和改革委员会**《必须招标的基础设施和公用事业项目范围规定》**（发改法规〔2018〕843号）规定：**第一条** 为明确必须招标的大型基础设施和公用事业项目范围，根据《中华人民共和国招标投标法》和《必须招标的工程项目规定》，制定本规定。

第二条 不属于《必须招标的工程项目规定》第二条、第三条规定情形的大型基础设施、公用事业等关系社会公共利益、公众安全的项目，必须招标的具体范围包括：

（一）煤炭、石油、天然气、电力、新能源等能源基础设施项目；

（二）铁路、公路、管道、水运，以及公共航空和A1级通用机场等交通运输基础设施项目；

（三）电信枢纽、通信信息网络等通信基础设施项目；

（四）防洪、灌溉、排涝、引（供）水等水利基础设施项目；

（五）城市轨道交通等城建项目。

第三条 本规定自2018年6月6日起施行。

2015年8月3日，国务院法制办公室秘书行政司**《对政府采购工程项目法律适用及申领施工许可证问题的答复》**（国法秘财函〔2015〕736号）指出，按照招标投标法实施条例第二条的规定，建筑物和构筑物的新建、改建、扩建及其相关的装修、拆除、修缮属于依法必须进行招标的项目。据此，与建筑物和构筑物的新建、改建、扩建无关的单独的装修、拆除、修缮不属于依法必须进行招标的项目。政府采购此类项目时，应当按照政府采购法实施条例第二十五条的规定，采用竞争性谈判或者单一来源方式进行采购。依法通过竞争性谈判或者单一来源方式确定供应商的政府采购建设工程项目，符合建筑法规定的申请领取施工许可证条件的，应当颁发施工许可证，不应当以未进入有形市场进行招标为由拒绝颁发施工许可证。

2017年7月13日，住房和城乡建设部办公厅**《关于工程总承包项目和政府采购工程建设项目办理施工许可手续有关事项的通知》**（建办市〔2017〕46号）规定，对依法通过竞争性谈判或单一来源方式确定供应商的政府采购工程建设项目，应严格执行建筑法、《建筑工程施工许可管理办法》等规定，对符合申请条件的，应当颁发施工许可证。

《政府采购法实施条例》第七条[1]**【政府采购工程的法律适用】** 政府采购工程以及与工程建设有关的货物、服务，采用招标方式采购的，适用《中华人民共和国招标投标法》及其实施条例；采用其他方式采购的，适用政府采购法及本条例。

前款所称工程，是指建设工程，包括建筑物和构筑物的新建、改建、扩建及其相关的装修、拆除、修缮等；所称与工程建设有关的货物，是指构成工程不可分割的组成部分，且为实现工程基本功能所必需的设备、材料等；所称与工程建设有关的服务，是指为完成工程所需的勘察、设计、监理等服务。

政府采购工程以及与工程建设有关的货物、服务，应当执行政府采购政策。

① **《中华人民共和国招标投标法实施条例》第二条** 招标投标法第三条所称工程建设项目，是指工程以及与工程建设有关的货物、服务。

前款所称工程，是指建设工程，包括建筑物和构筑物的新建、改建、扩建及其相关的装修、拆除、修缮等；所称与工程建设有关的货物，是指构成工程不可分割的组成部分，且为实现工程基本功能所必需的设备、材料等；所称与工程建设有关的服务，是指为完成工程所需的勘察、设计、监理等服务。

《政府采购法》第五条[①] **【禁止地方保护、禁止行业保护】**任何单位和个人不得采用任何方式，阻挠和限制供应商自由进入本地区和本行业的政府采购市场。

---

① 2019年7月26日，财政部**《关于促进政府采购公平竞争优化营商环境的通知》**（财库〔2019〕38号）规定：

一、全面清理政府采购领域妨碍公平竞争的规定和做法

各地区、各部门应当严格落实《中华人民共和国政府采购法》等相关法律法规的要求，依法保障各类市场主体平等参与政府采购活动的权利。要全面清理政府采购领域妨碍公平竞争的规定和做法，重点清理和纠正以下问题：

（一）以供应商的所有制形式、组织形式或者股权结构，对供应商实施差别待遇或者歧视待遇，对民营企业设置不平等条款，对内资企业和外资企业在中国境内生产的产品、提供的服务区别对待；

（二）除小额零星采购适用的协议供货、定点采购以及财政部另有规定的情形外，通过入围方式设置备选库、名录库、资格库作为参与政府采购活动的资格条件，妨碍供应商进入政府采购市场；

（三）要求供应商在政府采购活动前进行不必要的登记、注册，或者要求设立分支机构，设置或者变相设置进入政府采购市场的障碍；

（四）设置或者变相设置供应商规模、成立年限等门槛，限制供应商参与政府采购活动；

（五）要求供应商购买指定软件，作为参加电子化政府采购活动的条件；

（六）不依法及时、有效、完整发布或者提供采购项目信息，妨碍供应商参与政府采购活动；

（七）强制要求采购人采用抓阄、摇号等随机方式或者比选方式选择采购代理机构，干预采购人自主选择采购代理机构；

《政府采购法》第六条[①] **【严格遵守采购预算】**政府采购应当严格按照批准的预算执行。

（八）设置没有法律法规依据的审批、备案、监管、处罚、收费等事项；

（九）除《政府采购货物和服务招标投标管理办法》第六十八条规定的情形外，要求采购人采用随机方式确定中标、成交供应商；

（十）违反法律法规相关规定的其他妨碍公平竞争的情形。

各地区、各部门要抓紧清理政府采购领域妨碍公平竞争的规定和做法，有关清理结果要及时向社会公开，并于2019年10月31日前报送财政部。

二、严格执行公平竞争审查制度

各地区、各部门制定涉及市场主体的政府采购制度办法，要严格执行公平竞争审查制度，充分听取市场主体和相关行业协会商会意见，评估对市场竞争的影响，防止出现排除、限制市场竞争问题。重点审查制度办法是否设置不合理和歧视性的准入条件排斥潜在供应商参与政府采购活动，是否设置没有法律法规依据的行政审批或者具有审批性质的备案，是否违规给予特定供应商优惠待遇等。经审查认为不具有排除、限制竞争效果的，可以颁布实施；具有排除、限制竞争效果的，应当不予出台或者调整至符合相关要求后出台；未经公平竞争审查的，不得出台。

在政府采购相关制度办法实施过程中，应当定期或者适时评估其对全国统一市场和公平竞争的影响，对妨碍统一市场和公平竞争的，要及时修改完善或者予以废止。

① 2013年11月18日，中共中央、国务院**《党政机关厉行节约反对浪费条例》**（中发〔2013〕13号）**第十二条** ……政府采购应当依法完整编制采购预算，严格执行经费预算和资产配置标准，合理确定采购需求，不得超标准采购，不得超出办公需要采购服务。

《政府采购法》第七条[①] **【集中采购目录】** 政府采购实行集中采购和分散采购相结合。集中采购的范围由省级以上人民政府公布的集中采购目录确定。

属于中央预算的政府采购项目，其集中采购目录由国务院确定并公布；属于地方预算的政府采购项目，其集中采购目录由省、自治区、直辖市人民政府或者其授权的机构确定并公布。

纳入集中采购目录的政府采购项目，应当实行集中采购。

《政府采购法实施条例》第三条【集中采购目录】 集中采购目录包括集中采购机构采购项目和部门集中采购项目。

技术、服务等标准统一，采购人普遍使用的项目，列为集中采购机构采购项目；采购人本部门、本系统基于业务需要有特殊要求，可以统一采购的项目，列为部门集中采购项目。

---

① 2019年12月31日，财政部**《关于印发〈地方预算单位政府集中采购目录及标准指引（2020年版）〉的通知》**（财库〔2019〕69号）规定：为推进统一全国集中采购目录及标准相关工作，财政部制定了《地方预算单位政府集中采购目录及标准指引（2020年版）》（以下简称《地方目录及标准指引》），现予印发，并就有关事项通知如下：

一、充分认识统一全国集中采购目录的重要意义

规范并逐步在全国统一集中采购目录是建立集中采购机构竞争机制的基础和保障。各地应逐步规范集中采购范围，取消市、县级集中采购目录，实现集中采购目录省域范围相对统一，充分发挥集中采购制度优势，不断提升集中采购服务质量和专业水平。

《政府采购法实施条例》第四条【集中采购和分散采购】政府采购法所称集中采购，是指采购人将列入集中采购目录的项目委托集中采购机构代理采购或者进行部门集中采购的行为；所称分散采购，是指采购人将采购限额标准以上的未列入集中采购目录的项目自行采购或者委托采购代理机构代理采购的行为。

二、关于集中采购机构采购项目

各地应依据《地方目录及标准指引》，结合本地区实际确定本地区货物、服务类集中采购机构采购项目，可在《地方目录及标准指引》基础上适当增加品目，原则上不超过10个。各地可结合本地区实际自行确定各品目具体执行范围、采购限额等。政府采购工程纳入集中采购机构采购的项目，由各地结合本地区实际确定。集中采购目录原则上不包含部门集中采购项目，部门集中采购项目由各主管预算单位结合自身业务特点自行确定，报省级财政部门备案后实施。

三、关于分散采购限额标准和公开招标数额标准

为落实“放管服”改革精神，降低行政成本，提高采购效率，省级单位政府采购货物、服务项目分散采购限额标准不应低于50万元，市县级单位政府采购货物、服务项目分散采购限额标准不应低于30万元，政府采购工程项目分散采购限额标准不应低于60万元；政府采购货物、服务项目公开招标数额标准不应低于200万元，政府采购工程以及与工程建设有关的货物、服务公开招标数额标准按照国务院有关规定执行。

四、关于《地方目录及标准指引》执行要求

各地可依据《地方目录及标准指引》确定的品目范围、限额标准等，结合本地区实际，将本地区集中采购目录及标准逐步调整到位，确保2021年1月1日起按照本通知规定实施。

附件：地方预算单位政府集中采购目录及标准指引（2020年版）（略）

《政府采购法》第八条【政府采购限额标准】政府采购限额标准，属于中央预算的政府采购项目，由国务院确定并公布；属于地方预算的政府采购项目，由省、自治区、直辖市人民政府或者其授权的机构确定并公布。

《政府采购法实施条例》第五条【集中采购目录和采购限额标准的确定】省、自治区、直辖市人民政府或者其授权的机构根据实际情况，可以确定分别适用于本行政区域省级、设区的市级、县级的集中采购目录和采购限额标准。

《政府采购法》第九条[①]**【政府采购政策】**政府采购应当有助于实现国家的经济和社会发展政策目标，包括保护环境，扶持不发达地区和少数民族地区，促进中小企业发展等。

2019年1月4日，财政部办公厅**《关于税务系统政府采购政策适用问题的复函》**（财办库〔2019〕5号）规定：为规范政府采购管理，自2019年度起，省及省以下税务部门统一执行中央预算单位集中采购目录及标准、信息统计等政府采购相关制度规定。

① 2013年11月18日，中共中央、国务院**《党政机关厉行节约反对浪费条例》**（中发〔2013〕13号）**第二十七条** 公务用车实行政府集中采购，应当选用国产汽车，优先选用新能源汽车。

第四十三条 ……健全节能产品政府采购政策，严格执行节能产品政府强制采购和优先采购制度。

2009年4月10日，国务院办公厅**《关于进一步加强政府采购管理工作的意见》**（国办发〔2009〕35号）指出，要坚持政策功能，进一步服务好经济和社会发展大局。政府采购应当有助于实现国家的经济和社会发展政策目标。强化政府采购的政策功能作用，是建立科学政府采购制度的客观要求。各地区、各部门要从政府采购政策功能上支持国家宏观调控，贯彻好扩大内需、调整结构等经济政策，认真落实节能环保、自主创新、进口产品审核等政府采购政策；进一步扩大政府采购政策功能范围，积极研究支持促进中小企业发展等政府采购政策。加大强制采购节能产品和优先购买环保产品的力度，凡采购产品涉及节能环保和自主创新产品的，必须执行财政部会同有关部门发布的节能环保和自主创新产品政府采购清单（目录）。要严格审核进口产品的采购，凡国内产品能够满足需求的都要采购国内产品。财政部门要加强政策实施的监督，跟踪政策实施情况，建立采购效果评价体系，保证政策规定落到实处。

2019年2月1日，财政部、发展改革委、生态环境部、市场监管总局**《关于调整优化节能产品、环境标志产品政府采购执行机制的通知》**（财库〔2019〕9号）规定，为落实“放管服”改革要求，完善政府绿色采购政策，简化节能（节水）产品、环境标志产品政府采购执行机制，优化供应商参与政府采购活动的市场环境，现就节能产品、环境标志产品政府采购有关事项通知如下：

一、对政府采购节能产品、环境标志产品实施品目清单管理

财政部、发展改革委、生态环境部等部门根据产品节能环保性能、技术水平和市场成熟程度等因素，确定实施政府优先采购和强制采购的产品类别及所依据的相关标准规范，以品目清单的形式发布并适时调整。不再发布“节能产品政府采购清单”和“环境标志产品政府采购清单”。

二、依据品目清单和认证证书实施政府优先采购和强制采购

采购人拟采购的产品属于品目清单范围的，采购人及其委托的采购代理机构应当依据国家确定的认证机构出具的、处于有效期之内的节能产品、环境标志产品认证证书，对获得证书的产品实施政府优先采购或强制采购。

三、逐步扩大节能产品、环境标志产品认证机构范围

根据认证机构发展状况，市场监管总局商有关部门按照试点先行、逐步放开、有序竞争的原则，逐步增加实施节能产品、环境标志产品认证的机构。加强对相关认证市场监管力度，推行“双随机、一公开”监管，建立认证机构信用监管机制，严厉打击认证违法行为。

四、发布认证机构和获证产品信息

市场监管总局组织建立节能产品、环境标志产品认证结果信息发布平台，公布相关认证机构和获证产品信息。节能产品、环境标志产品认证机构应当建立健全数据共享机制，及时向认证结果信息发布平台提供相关信息。中国政府采购网（www.ccgp.gov.cn）建立与认证结果信息发布平台的链接，方便采购人和采购代理机构查询、了解认证机构和获证产品相关情况。

五、加大政府绿色采购力度

对于已列入品目清单的产品类别，采购人可在采购需求中提出更高的节约资源和保护环境要求，对符合条件的获证产品给予优先待遇。对于未列入品目清单的产品类别，鼓励采购人综合考虑节能、节水、环保、循环、低碳、再生、有机等因素，参考相关国家标准、行业标准或团体标准，在采购需求中提出相关绿色采购要求，促进绿色产品推广应用。

六、本通知自2019年4月1日起执行

《财政部 生态环境部关于调整公布第二十二期环境标志产品政府采购清单的通知》（财库〔2018〕70号）和《财政部 国家发展改革委关于调整公布第二十四期节能产品政府采购清单的通知》（财库〔2018〕73号）同时停止执行。

2019年3月29日，财政部、生态环境部**《关于印发环境标志产品政府采购品目清单的通知》**（财库〔2019〕18号）规定，根据财政部 发展改革委 生态环境部 市场监管总局《关于调整优化节能产品、环境标志产品政府采购执行机制的通知》（财库〔2019〕9号），我们研究制定了环境标志产品政府采购品目清单，现印发给你们，请遵照执行。

附件：环境标志产品政府采购品目清单（略）

2019年4月2日，财政部、发展改革委**《关于印发节能产品政府采购品目清单的通知》**（财库〔2019〕19号）规定，根据**《财政部 发展改革委 生态环境部 市场监管总局关于调整优化节能产品、环境标志产品政府采购执行机制的通知》**（财库〔2019〕9号），我们研究制定了节能产品政府采购品目清单，现印发给你们，请遵照执行。

附件：节能产品政府采购品目清单（略）

2007年7月30日，国务院办公厅**《关于建立政府强制采购节能产品制度的通知》**（国办发〔2007〕51号）建立了政府强制采购节能产品制度。虽然，当时采取的是"节能产品政府采购清单"的方法已经被依据品目清单和认证证书实施政府优先采购和强制采购的方法取代，但是政府强制采购节能产品制度的其他内容仍然有效。现将有关内容摘录：**《国务院关于加强节能工作的决定》**（国发〔2006〕28号）和**《国务院关于印发节能减排综合性工作方案的通知》**（国发〔2007〕15号）提出，为切实加强政府机构节能工作，发挥政府采购的政策导向作用，建立政府强制采购节能产品制度，在积极推进政府机构优先采购节能（包括节水）产品的基础上，选择部分节能效果显著、性能比较成熟的产品，予以强制采购。经国务院同意，现就有关问题通知如下：

一、充分认识建立政府强制采购节能产品制度的重要意义

近年来，各级国家机关、事业单位和团体组织（以下统称政府机构）在政府采购活动中，积极采购、使用节能产品，大大降低了能耗水平，对在全社会形成节能风尚起到了良好的引导作用。同时也要看到，由于认识不够到位，措施不够配套，工作力度不够等原因，在一些地区和部门，政府机构采购节能产品的比例还比较低。目前，政府机构人均能耗、单位建筑能耗均高于社会平均水平，节能潜力较大，有责任、有义务严格按照规定采购节能产品，模范地做好节能工作。建立健全和严格执行政府强制采购节能产品制度，是贯彻落实《中华人民共和国政府采购法》以及国务院加强节能减排工作要求的有力措施，不仅有利于降低政府机构能耗水平，节约财政资金，而且有利于促进全社会做好节能减排工作。从短期看，使用节能产品可能会增加一次性投入，但从长远的节能效果看，经济效益是明显的。各地区、各部门和有关单位要充分认识政府强制采购节能产品的重要意义，增强执行制度的自觉性，采取措施大力推动政府采购节能产品工作。

二、明确政府强制采购节能产品的总体要求

各级政府机构使用财政性资金进行政府采购活动时，在技术、服务等指标满足采购需求的前提下，要优先采购节能产品，对部分节能效果、性能等达到要求的产品，实行强制采购，以促进节约能源，保护环境，降低政府机构能源费用开支。建立节能产品政府采购清单管理制度，明确政府优先采购的节能产品和政府强制采购的节能产品类别，指导政府机构采购节能产品。

采购单位应在政府采购招标文件（含谈判文件、询价文件）中载明对产品的节能要求、对节能产品的优惠幅度，以及评审标准和方法等，以体现优先采购的导向。拟采购产品属于节能产品政府采购清单规定必须强制采购的，应当在招标文件中明确载明，并在评审标准中予以充分体现。同时，采购招标文件不得指定特定的节能产品或供应商，不得含有倾向性或者排斥潜在供应商的内容，以达到充分竞争、择优采购的目的。

……

五、加强组织领导和督促检查

各有关部门要按照职责分工，明确责任和任务，确保政府强制采购节能产品制度的贯彻落实。财政部、发展改革委要加强与有关部门的沟通协商，共同研究解决政策实施中的问题。要完善节能产品政府采购信息发布和数据统计工作，及时掌握采购工作进展情况。要加强对节能产品政府采购工作的指导，积极开展调查研究，多方听取意见，及时发现问题，研究提出对策。要督促进入优先采购和强制采购产品范围的生产企业建立健全质量保证体系，认真落实国家有关产品质量、标准、检验等要求，确保节能等性能和质量持续稳定。质检总局要加强对节能产品认证机构的监管，督促其认真履行职责，提高认证质量和水平。国家采信的节能产品认证机构和相关检测机构应当严格按照国家有关规定，客观公正地开展认证和检测工作，并对纳入政府优先采购和强制采购清单的节能产品实施有效的跟踪调查。对于不能持续符合认证要求的，认证机构应当暂停生产企业使用直至撤销认证证书，并及时报告财政部和发展改革委。

各级财政部门要切实加强对政府采购节能产品的监督检查，加大对违规采购行为的处罚力度。对未按强制采购规定采购节能产品的单位，财政部门要及时采取有效措施责令其改正。拒不改正的，属于采购单位责任的，财政部门要给予通报批评，并不得拨付采购资金；属于政府采购代理机构责任的，财政部门要依法追究相关单位和责任人员的责任。

2005年12月3日，国务院**《关于落实科学发展观加强环境保护的决定》**（国发〔2005〕39号）要求推行有利于环境保护的经济政策。建立健全有利于环境保护的价格、税收、信贷、贸易、土地和政府采购等政策体系。

2005年7月2日，国务院**《关于加快发展循环经济的若干意见》**（国发〔2005〕22号）规定：政府机构要实行绿色采购。政府采购目录要优先考虑节能、节水和环保认证产品。

2019年8月5日，财政部、国务院扶贫办、供销合作总社**《政府采购贫困地区农副产品实施方案》**（财库〔2019〕41号）规定，为贯彻《国务院办公厅关于深入开展消费扶贫助力打赢脱贫攻坚战的指导意见》（国办发〔2018〕129号）要求，根据《财政部 国务院扶贫办关于运用政府采购政策支持脱贫攻坚的通知》（财库〔2019〕27号）有关规定，进一步运用好政府采购政策，鼓励动员各级预算单位等购买贫困地区农副产品，实施精准消费扶贫，带动建档立卡贫困户增收，助力打赢脱贫攻坚战，制定本方案。

一、总体要求

深入贯彻落实习近平总书记关于扶贫工作的重要论述，坚持精准扶贫精准脱贫基本方略，坚持政府引导、社会参与、市场运作、互利共赢原则，围绕贫困人口稳定脱贫和贫困地区长远发展，以国家级贫困县（以下简称贫困县）特别是深度贫困地区为重点，以促进贫困地区农副产品销售、建档立卡贫困户增收为目标，充分运用政府采购政策鼓励动员各级预算单位等通过优先采购、预留采购份额方式，采购贫困地区农副产品，助力打赢脱贫攻坚战。

二、任务目标

2019年10月底前，建成集“交易、服务、监管”于一体的贫困地区农副产品网络销售平台（以下简称网络销售平台），实现贫困地区农副产品在线展示、网上交易、物流跟踪、在线支付、产品追溯的一站式聚合。

2019年10月底前，编制国家级贫困县重点扶贫产品供应商名录（以下简称供应商名录），首批贫困地区农副产品入驻网络销售平台，鼓励各级预算单位通过网络销售平台先行启动贫困地区农副产品采购工作。建立政府采购政策支持消费扶贫数据库（以下简称消费扶贫数据库），启动政府采购贫困地区农副产品采购交易数据统计工作。

自2020年起，各级预算单位通过网络销售平台全面启动贫困地区农副产品采购工作，财政部、国务院扶贫办依托网络销售平台定期统计和通报采购情况。动态更新和丰富完善供应商名录，推动全社会广泛参与贫困地区农副产品采购工作，网络销售平台逐步向非政府采购领域拓展，全社会采购贫困地区农副产品的积极性活跃度显著增强。

三、重点工作

（一）加强贫困地区农副产品货源组织

国务院扶贫办组织指导相关省份加强贫困地区农副产品货源组织，建立完善供给体系。

贫困县扶贫部门在本地区党委、政府领导下做好农副产品货源组织工作，向省级扶贫部门推荐本地区农副产品和带贫能力强、产品质量好、有诚信的企业、合作社、家庭农场等市场主体，并对拟推荐的市场主体带贫益贫成效进行审核，出具相关证明。贫困县要引导本地区市场主体按照市场需求发展本地区特色优势产业，打造区域公共品牌，实现贫困地区农副产品产地、质量等可追溯。

有关省（区、市）扶贫办要结合本地区脱贫攻坚实际，会同有关部门对贫困县推荐的农副产品及市场主体进行审核，并向国务院扶贫办报送本地区重点扶贫农副产品和供应商建议名录。产品和供应商建议名录要向深度贫困地区倾斜，优先支持参与全国民营企业“万企帮万村”行动的市场主体。

国务院扶贫办对有关省（区、市）扶贫部门报送的重点扶贫产品及供应商进行甄别、汇总，形成供应商名录。

（二）搭建贫困地区农副产品销售平台

供销合作总社按照财政部、国务院扶贫办的有关要求，依托现有平台改造建设运营网络销售平台（网址：www.fupin832.com）。

网络销售平台按照落实政府采购支持脱贫攻坚政策要求、符合电商交易特点的原则，制定完善交易规则，编制用户操作手册，为采购人、供应商提供便捷高效的交易服务；列入供应商名录的市场主体按照网络销售平台有关要求注册上线，有关省份扶贫办和贫困县扶贫办在线对供应商身份进行审核把关；完善平台在线议价、价格监测、诚信评价等功能，按照市场化原则建立健全平台交易争议处理机制；做好交易信息统计工作，将各类采购主体纳入统计范围，为各级财政和扶贫部门交易监管、信息统计提供数据支撑。

网络销售平台实行“零收费”。除按商业原则由平台代收的通道费、第三方服务费及履约保证金外，不向供应商收取入场费、平台使用费等相关费用，不向预算单位收取交易服务费。

积极探索网络销售平台与其他经财政部和国务院扶贫办认可的贫困地区农副产品销售平台对接，拓宽预算单位采购贫困地区农副产品渠道，扩大平台影响力。

（三）组织引导预算单位购买贫困地区农副产品

各级财政部门负责汇总预算单位预留贫困地区农副产品采购比例等信息，指导本级预算单位采购贫困地区农副产品。各预算单位要加强农副产品采购工作的计划安排，按照预留比例通过网络销售平台采购贫困地区农副产品，严格按照合同约定支付货款，不得拖欠。

鼓励各级预算单位工会组织通过网络销售平台采购工会福利、慰问品等。有关单位工会采购金额纳入本单位扶贫统计范围。鼓励承担定点帮扶任务的中央企业和地方国有企业预留一定采购比例，通过网络销售平台采购贫困地区农副产品。

国务院扶贫办依托消费扶贫数据库统计、汇总各地区、各单位采购情况，作为其参与消费扶贫的重要依据。有下列情况之一者，可通过其他渠道购买，购买数额列入消费扶贫数据库统计范围：

1.承担扶贫协作任务的、贫困县定点扶贫任务的预算单位购买扶贫协作地区和定点贫困县农副产品，并能够提供任务证明、采购凭证、带贫成效等相关佐证材料的；

2.贫困县所属预算单位购买本县农副产品，并能够提供采购凭证、带贫成效等相关佐证材料的；

3.在国务院扶贫办指导下，各省（区、市）和中央定点扶贫单位通过产销对接会等方式，组织本地区、本系统、本行业集中采购贫困县农副产品，并能够提供采购凭证、带贫成效等相关佐证材料的；

4.其他经国务院扶贫办、财政部共同认可的采购行为。

有以上情况的预算单位需将佐证材料，按月上传至消费扶贫数据库，其中带贫成效主要是指带动建档立卡贫困人口数和增收数额，经贫困县扶贫办初审后报省级扶贫办审核认定。购买扶贫协作地区贫困县农副产品的预算单位还需本地区扶贫协作部门复核。

四、工作机制

（一）组织保障机制。财政部、国务院扶贫办会同供销合作总社等有关部门统筹推进贫困地区农副产品采购工作。各省级财政部门、扶贫部门要会同供销等有关部门建立协作机制，明确责任，形成合力，统筹推进、指导、协调本地区贫困地区农副产品采购工作。贫困县财政部门、扶贫部门要在地方党委、政府领导下，积极引导地方有关机构建立金融保障机制，运用保险、担保、小额贷款等方式为贫困地区农副产品销售提供金融支持；以电子商务进农村综合示范为基础，建设和完善贫困地区农村电商公共服务体系，加强物流配送体系建设。各级供销合作社要积极与供应商对接，协助扶贫部门做好货源组织、宣传培训和扶贫属性追溯等工作，为供应商提供仓储物流、电商运营等服务，配合有关部门做好产品质量追溯工作。

（二）利益联结机制。各级扶贫部门要把促进贫困地区农副产品销售、增加建档立卡贫困户收入作为主要目标，建立完善建档立卡贫困户和供应商之间的利益联结机制，切实把政府采购支持脱贫攻坚的成效体现在帮助贫困地区脱贫、贫困户增收上。对带贫益贫效果好的供应商可做优先重点推介。对带贫益贫效果弄虚作假的供应商，将取消供应商资格，情节严重的对所在贫困县和省份进行通报。

（三）宣传引导机制。各级财政部门、扶贫部门要做好本级预算单位培训指导工作，加强政府采购支持脱贫攻坚政策与成效宣传，在部分地区开展试点示范，及时总结推广典型案例和优秀做法，鼓励和引导各级预算单位加大采购贫困地区农副产品力度。

（四）激励约束机制。财政部和国务院扶贫办将定期对预算单位购买贫困地区农副产品、有关省份推进政府采购支持脱贫攻坚、供应商带贫益贫等情况进行通报。对工作积极、成效明显的预算单位和地方，予以通报表扬。建立供应商评价和退出机制。对存在弄虚作假、以次充好、扰乱市场行为的供应商取消入驻和上架资格，出现严重产品质量和食品安全问题的供应商，按照相关法律法规追究责任，并向所在贫困县进行通报；对供应商出现问题较多的贫困县及其所在省份进行通报，情节严重的限制或取消其推荐本地区农副产品和市场主体的资格。

（五）监督举报机制。坚持阳光操作，接受社会公众监督。发现平台或供应商有违法违规、虚假瞒报等情况，可及时向国务院扶贫办消费扶贫工作专班和“12317”监督举报电话举报。国务院扶贫办将委托第三方开展核查评估，组织专家、媒体等开展暗访，坚决杜绝弄虚作假、借机敛财、“搭便车”等现象。

五、实施步骤

2019年9月15日前，各省级扶贫部门将本地区贫困县填写的《贫困县重点扶贫产品供应商推荐名录》和审核认定后的《贫困县重点扶贫产品供应商建议名录》报国务院扶贫办汇总。

2019年10月底前，网络销售平台上线运行，消费扶贫数据库系统启用，部分地区启动试点示范。国务院扶贫办会同有关部门发布首批供应商名录，供销合作总社启动供应商培训工作。各省级财政部门会同扶贫部门按要求汇总本地区预算单位预留采购份额比例报财政部备案。

2020年起，各级预算单位全面启动贫困地区农副产品采购工作，财政部、国务院扶贫办定期通报预算单位购买贫困地区农副产品、有关省份推进政府采购支持脱贫攻坚、供应商带贫益贫等情况，国务院扶贫办组织开展核查评估等工作。

2021年4月24日，财政部、农业农村部、国家乡村振兴局**《关于运用政府采购政策支持乡村产业振兴的通知》**（财库〔2021〕19号）规定，为深入贯彻习近平总书记关于实施乡村振兴战略的重要论述和党的十九届五中全会精神，认真落实《中共中央国务院关于实现巩固拓展脱贫攻坚成果同乡村振兴有效衔接的意见》关于调整优化政府采购政策继续支持脱贫地区产业发展的工作部署，进一步做好运用政府采购政策支持乡村产业振兴工作，现就有关事项通知如下：

一、充分认识运用政府采购政策支持乡村产业振兴的重要意义

党的十九届五中全会提出巩固拓展脱贫攻坚成果同乡村振兴有效衔接，对全面建设社会主义现代化国家和实现第二个百年奋斗目标具有十分重要的意义。运用政府采购政策，组织预算单位采购脱贫地区农副产品，通过稳定的采购需求持续激发脱贫地区发展生产的内生动力，促进乡村产业振兴，是贯彻落实党中央、国务院关于调整优化政府采购政策支持脱贫地区产业发展工作部署，构建以国内大循环为主体新发展格局的具体举措，有助于推动脱贫地区实现更宽领域、更高层次的发展。各级财政、农业农村、乡村振兴部门及各级预算单位要充分认识运用政府采购政策支持乡村产业振兴的重要意义，以高度的责任感、使命感、紧迫感投身到政府采购脱贫地区农副产品工作中，确保政策取得实效。

二、预留份额采购脱贫地区农副产品

自2021年起，各级预算单位应当按照不低于10%的比例预留年度食堂食材采购份额，通过脱贫地区农副产品网络销售平台（原贫困地区农副产品网络销售平台）采购脱贫地区农副产品。脱贫地区农副产品是指在832个脱贫县域内注册的企业、农民专业合作社、家庭农场等出产的农副产品。确因地域、相关政策限制等特殊原因难以完成10%预留份额任务的预算单位，可由中央主管预算单位或省级财政部门报经财政部（国库司）审核同意后，适当放宽预留比例要求。

三、建立健全相关保障措施

财政部会同农业农村部、国家乡村振兴局等部门制定政府采购脱贫地区农副产品工作的实施意见，加强脱贫地区农副产品货源组织、供应链管理和网络销售平台运营管理，积极组织预算单位采购脱贫地区农副产品。地方各级财政、农业农村和乡村振兴部门要细化工作措施，加大工作力度，确保政府采购脱贫地区农副产品相关政策落实落细。

本通知自印发之日起施行。《财政部 国务院扶贫办关于运用政府采购政策支持脱贫攻坚的通知》（财库〔2019〕27号）同时废止。

2020年12月18日，财政部、工业和信息化部**《政府采购促进中小企业发展管理办法》**（财库〔2020〕46号）规定：

第一条　为了发挥政府采购的政策功能，促进中小企业健康发展，根据《中华人民共和国政府采购法》《中华人民共和国中小企业促进法》等有关法律法规，制定本办法。

第二条　本办法所称中小企业，是指在中华人民共和国境内依法设立，依据国务院批准的中小企业划分标准确定的中型企业、小型企业和微型企业，但与大企业的负责人为同一人，或者与大企业存在直接控股、管理关系的除外。

符合中小企业划分标准的个体工商户，在政府采购活动中视同中小企业。

第三条 采购人在政府采购活动中应当通过加强采购需求管理，落实预留采购份额、价格评审优惠、优先采购等措施，提高中小企业在政府采购中的份额，支持中小企业发展。

第四条 在政府采购活动中，供应商提供的货物、工程或者服务符合下列情形的，享受本办法规定的中小企业扶持政策：

（一）在货物采购项目中，货物由中小企业制造，即货物由中小企业生产且使用该中小企业商号或者注册商标；

（二）在工程采购项目中，工程由中小企业承建，即工程施工单位为中小企业；

（三）在服务采购项目中，服务由中小企业承接，即提供服务的人员为中小企业依照《中华人民共和国劳动合同法》订立劳动合同的从业人员。

在货物采购项目中，供应商提供的货物既有中小企业制造货物，也有大型企业制造货物的，不享受本办法规定的中小企业扶持政策。

以联合体形式参加政府采购活动，联合体各方均为中小企业的，联合体视同中小企业。其中，联合体各方均为小微企业的，联合体视同小微企业。

第五条 采购人在政府采购活动中应当合理确定采购项目的采购需求，不得以企业注册资本、资产总额、营业收入、从业人员、利润、纳税额等规模条件和财务指标作为供应商的资格要求或者评审因素，不得在企业股权结构、经营年限等方面对中小企业实行差别待遇或者歧视待遇。

第六条 主管预算单位应当组织评估本部门及所属单位政府采购项目，统筹制定面向中小企业预留采购份额的具体方案，对适宜由中小企业提供的采购项目和采购包，预留采购份额专门面向中小企业采购，并在政府采购预算中单独列示。

符合下列情形之一的，可不专门面向中小企业预留采购份额：

（一）法律法规和国家有关政策明确规定优先或者应当面向事业单位、社会组织等非企业主体采购的；

（二）因确需使用不可替代的专利、专有技术，基础设施限制，或者提供特定公共服务等原因，只能从中小企业之外的供应商处采购的；

（三）按照本办法规定预留采购份额无法确保充分供应、充分竞争，或者存在可能影响政府采购目标实现的情形；

（四）框架协议采购项目；

（五）省级以上人民政府财政部门规定的其他情形。

除上述情形外，其他均为适宜由中小企业提供的情形。

第七条 采购限额标准以上，200万元以下的货物和服务采购项目、400万元以下的工程采购项目，适宜由中小企业提供的，采购人应当专门面向中小企业采购。

第八条 超过200万元的货物和服务采购项目、超过400万元的工程采购项目中适宜由中小企业提供的，预留该部分采购项目预算总额的30%以上专门面向中小企业采购，其中预留给小微企业的比例不低于60%。预留份额通过下列措施进行：

（一）将采购项目整体或者设置采购包专门面向中小企业采购；

（二）要求供应商以联合体形式参加采购活动，且联合体中中小企业承担的部分达到一定比例；

（三）要求获得采购合同的供应商将采购项目中的一定比例分包给一家或者多家中小企业。

组成联合体或者接受分包合同的中小企业与联合体内其他企业、分包企业之间不得存在直接控股、管理关系。

第九条 对于经主管预算单位统筹后未预留份额专门面向中小企业采购的采购项目，以及预留份额项目中的非预留部分采购包，采购人、采购代理机构应当对符合本办法规定的小微企业报价给予6%—10%（工程项目为3%—5%）的扣除，用扣除后的价格参加评审。适用招标投标法的政府采购工程建设项目，采用综合评估法但未采用低价优先法计算价格分的，评标时应当在采用原报价进行评分的基础上增加其价格得分的3%—5%作为其价格分。

接受大中型企业与小微企业组成联合体或者允许大中型企业向一家或者多家小微企业分包的采购项目，对于联合协议或者分包意向协议约定小微企业的合同份额占到合同总金额30%以上的，采购人、采购代理机构应当对联合体或者大中型企业的报价给予2%—3%（工程项目为1%—2%）的扣除，用扣除后的价格参加评审。适用招标投标法的政府采购工程建设项目，采用综合评估法但未采用低价优先法计算价格分的，评标时应当在采用原报价进行评分的基础上增加其价格得分的1%—2%作为其价格分。组成联合体或者接受分包的小微企业与联合体内其他企业、分包企业之间存在直接控股、管理关系的，不享受价格扣除优惠政策。

价格扣除比例或者价格分加分比例对小型企业和微型企业同等对待，不作区分。具体采购项目的价格扣除比例或者价格分加分比例，由采购人根据采购标的相关行业平均利润率、市场竞争状况等，在本办法规定的幅度内确定。

第十条 采购人应当严格按照本办法规定和主管预算单位制定的预留采购份额具体方案开展采购活动。预留份额的采购项目或者采购包，通过发布公告方式邀请供应商后，符合资格条件的中小企业数量不足3家的，应当中止采购活动，视同未预留份额的采购项目或者采购包，按照本办法第九条有关规定重新组织采购活动。

第十一条 中小企业参加政府采购活动，应当出具本办法规定的《中小企业声明函》，否则不得享受相关中小企业扶持政策。任何单位和个人不得要求供应商提供《中小企业声明函》之外的中小企业身份证明文件。

第十二条 采购项目涉及中小企业采购的，采购文件应当明确以下内容：

（一）预留份额的采购项目或者采购包，明确该项目或相关采购包专门面向中小企业采购，以及相关标的及预算金额；

（二）要求以联合体形式参加或者合同分包的，明确联合协议或者分包意向协议中中小企业合同金额应当达到的比例，并作为供应商资格条件；

（三）非预留份额的采购项目或者采购包，明确有关价格扣除比例或者价格分加分比例；

（四）规定依据本办法规定享受扶持政策获得政府采购合同的，小微企业不得将合同分包给大中型企业，中型企业不得将合同分包给大型企业；

（五）采购人认为具备相关条件的，明确对中小企业在资金支付期限、预付款比例等方面的优惠措施；

（六）明确采购标的对应的中小企业划分标准所属行业；

（七）法律法规和省级以上人民政府财政部门规定的其他事项。

第十三条 中标、成交供应商享受本办法规定的中小企业扶持政策的，采购人、采购代理机构应当随中标、成交结果公开中标、成交供应商的《中小企业声明函》。

适用招标投标法的政府采购工程建设项目，应当在公示中标候选人时公开中标候选人的《中小企业声明函》。

第十四条 对于通过预留采购项目、预留专门采购包、要求以联合体形式参加或者合同分包等措施签订的采购合同，应当明确标注本合同为中小企业预留合同。其中，要求以联合体形式参加采购活动或者合同分包的，应当将联合协议或者分包意向协议作为采购合同的组成部分。

第十五条 鼓励各地区、各部门在采购活动中允许中小企业引入信用担保手段，为中小企业在投标（响应）保证、履约保证等方面提供专业化服务。鼓励中小企业依法合规通过政府采购合同融资。

第十六条 政府采购监督检查、投诉处理及政府采购行政处罚中对中小企业的认定，由货物制造商或者工程、服务供应商注册登记所在地的县级以上人民政府中小企业主管部门负责。

中小企业主管部门应当在收到财政部门或者有关招标投标行政监督

部门关于协助开展中小企业认定函后10个工作日内做出书面答复。

第十七条 各地区、各部门应当对涉及中小企业采购的预算项目实施全过程绩效管理，合理设置绩效目标和指标，落实扶持中小企业有关政策要求，定期开展绩效监控和评价，强化绩效评价结果应用。

第十八条 主管预算单位应当自2022年起向同级财政部门报告本部门上一年度面向中小企业预留份额和采购的具体情况，并在中国政府采购网公开预留项目执行情况。未达到本办法规定的预留份额比例的，应当作出说明。

第十九条 采购人未按本办法规定为中小企业预留采购份额，采购人、采购代理机构未按照本办法规定要求实施价格扣除或者价格分加分的，属于未按照规定执行政府采购政策，依照《中华人民共和国政府采购法》等国家有关规定追究法律责任。

第二十条 供应商按照本办法规定提供声明函内容不实的，属于提供虚假材料谋取中标、成交，依照《中华人民共和国政府采购法》等国家有关规定追究相应责任。

适用招标投标法的政府采购工程建设项目，投标人按照本办法规定提供声明函内容不实的，属于弄虚作假骗取中标，依照《中华人民共和国招标投标法》等国家有关规定追究相应责任。

第二十一条 财政部门、中小企业主管部门及其工作人员在履行职责中违反本办法规定及存在其他滥用职权、玩忽职守、徇私舞弊等违法违纪行为的，依照《中华人民共和国政府采购法》《中华人民共和国公务员法》《中华人民共和国监察法》《中华人民共和国政府采购法实施条例》等国家有关规定追究相应责任；涉嫌犯罪的，依法移送有关国家机关处理。

第二十二条 对外援助项目、国家相关资格或者资质管理制度另有规定的项目，不适用本办法。

第二十三条 关于视同中小企业的其他主体的政府采购扶持政策，由财政部会同有关部门另行规定。

第二十四条 省级财政部门可以会同中小企业主管部门根据本办法

的规定制定具体实施办法。

第二十五条 本办法自2021年1月1日起施行。《财政部 工业和信息化部关于印发〈政府采购促进中小企业发展暂行办法〉的通知》（财库〔2011〕181号）同时废止。

附：中小企业声明函（略）

2011年6月18日，工业和信息化部、国家统计局、国家发展和改革委员会、财政部**《中小企业划型标准规定》**（工信部联企业〔2011〕300号）规定：

一、根据《中华人民共和国中小企业促进法》和《国务院关于进一步促进中小企业发展的若干意见》（国发〔2009〕36号），制定本规定。

二、中小企业划分为中型、小型、微型三种类型，具体标准根据企业从业人员、营业收入、资产总额等指标，结合行业特点制定。

三、本规定适用的行业包括：农、林、牧、渔业，工业（包括采矿业，制造业，电力、热力、燃气及水生产和供应业），建筑业，批发业，零售业，交通运输业（不含铁路运输业），仓储业，邮政业，住宿业，餐饮业，信息传输业（包括电信、互联网和相关服务），软件和信息技术服务业，房地产开发经营，物业管理，租赁和商务服务业，其他未列明行业（包括科学研究和技术服务业，水利、环境和公共设施管理业，居民服务、修理和其他服务业，社会工作，文化、体育和娱乐业等）。

四、各行业划型标准

（一）农、林、牧、渔业。营业收入20000万元以下的为中小微型企业。其中，营业收入500万元及以上的为中型企业，营业收入50万元及以上的为小型企业，营业收入50万元以下的为微型企业。

（二）工业。从业人员1000人以下或营业收入40000万元以下的为中小微型企业。其中，从业人员300人及以上，且营业收入2000万元及以上的为中型企业；从业人员20人及以上，且营业收入300万元及以上的为小型企业；从业人员20人以下或营业收入300万元以下的为微型企业。

（三）建筑业。营业收入80000万元以下或资产总额80000万元以下的为中小微型企业。其中，营业收入6000万元及以上，且资产总额5000万元及以上的为中型企业；营业收入300万元及以上，且资产总额300万元及以上的为小型企业；营业收入300万元以下或资产总额300万元以下的为微型企业。

（四）批发业。从业人员200人以下或营业收入40000万元以下的为中小微型企业。其中，从业人员20人及以上，且营业收入5000万元及以上的为中型企业；从业人员5人及以上，且营业收入1000万元及以上的为小型企业；从业人员5人以下或营业收入1000万元以下的为微型企业。

（五）零售业。从业人员300人以下或营业收入20000万元以下的为中小微型企业。其中，从业人员50人及以上，且营业收入500万元及以上的为中型企业；从业人员10人及以上，且营业收入100万元及以上的为小型企业；从业人员10人以下或营业收入100万元以下的为微型企业。

（六）交通运输业。从业人员1000人以下或营业收入30000万元以下的为中小微型企业。其中，从业人员300人及以上，且营业收入3000万元及以上的为中型企业；从业人员20人及以上，且营业收入200万元及以上的为小型企业；从业人员20人以下或营业收入200万元以下的为微型企业。

（七）仓储业。从业人员200人以下或营业收入30000万元以下的为中小微型企业。其中，从业人员100人及以上，且营业收入1000万元及以上的为中型企业；从业人员20人及以上，且营业收入100万元及以上的为小型企业；从业人员20人以下或营业收入100万元以下的为微型企业。

（八）邮政业。从业人员1000人以下或营业收入30000万元以下的为中小微型企业。其中，从业人员300人及以上，且营业收入2000万元及以上的为中型企业；从业人员20人及以上，且营业收入100万元及以上的为小型企业；从业人员20人以下或营业收入100万元以下的为微型企业。

（九）住宿业。从业人员300人以下或营业收入10000万元以下的为中小微型企业。其中，从业人员100人及以上，且营业收入2000万元及以上的为中型企业；从业人员10人及以上，且营业收入100万元及以上的为小型企业；从业人员10人以下或营业收入100万元以下的为微型企业。

（十）餐饮业。从业人员300人以下或营业收入10000万元以下的为中小微型企业。其中，从业人员100人及以上，且营业收入2000万元及以上的为中型企业；从业人员10人及以上，且营业收入100万元及以上的为小型企业；从业人员10人以下或营业收入100万元以下的为微型企业。

（十一）信息传输业。从业人员2000人以下或营业收入100000万元以下的为中小微型企业。其中，从业人员100人及以上，且营业收入1000万元及以上的为中型企业；从业人员10人及以上，且营业收入100万元及以上的为小型企业；从业人员10人以下或营业收入100万元以下的为微型企业。

（十二）软件和信息技术服务业。从业人员300人以下或营业收入10000万元以下的为中小微型企业。其中，从业人员100人及以上，且营业收入1000万元及以上的为中型企业；从业人员10人及以上，且营业收入50万元及以上的为小型企业；从业人员10人以下或营业收入50万元以下的为微型企业。

（十三）房地产开发经营。营业收入200000万元以下或资产总额10000万元以下的为中小微型企业。其中，营业收入1000万元及以上，且资产总额5000万元及以上的为中型企业；营业收入100万元及以上，且资产总额2000万元及以上的为小型企业；营业收入100万元以下或资产总额2000万元以下的为微型企业。

（十四）物业管理。从业人员1000人以下或营业收入5000万元以下的为中小微型企业。其中，从业人员300人及以上，且营业收入1000万元及以上的为中型企业；从业人员100人及以上，且营业收入500万元及以上的为小型企业；从业人员100人以下或营业收入500万元以下的为微型企业。

（十五）租赁和商务服务业。从业人员300人以下或资产总额120000万元以下的为中小微型企业。其中，从业人员100人及以上，且资产总额8000万元及以上的为中型企业；从业人员10人及以上，且资产总额100万元及以上的为小型企业；从业人员10人以下或资产总额100万元以下的为微型企业。

（十六）其他未列明行业。从业人员300人以下的为中小微型企业。其中，从业人员100人及以上的为中型企业；从业人员10人及以上的为小型企业；从业人员10人以下的为微型企业。

五、企业类型的划分以统计部门的统计数据为依据。

六、本规定适用于在中华人民共和国境内依法设立的各类所有制和各种组织形式的企业。个体工商户和本规定以外的行业，参照本规定进行划型。

七、本规定的中型企业标准上限即为大型企业标准的下限，国家统计部门据此制定大中小微型企业的统计分类。国务院有关部门据此进行相关数据分析，不得制定与本规定不一致的企业划型标准。

八、本规定由工业和信息化部、国家统计局会同有关部门根据《国民经济行业分类》修订情况和企业发展变化情况适时修订。

九、本规定由工业和信息化部、国家统计局会同有关部门负责解释。

十、本规定自发布之日起执行，原国家经贸委、原国家计委、财政部和国家统计局2003年颁布的《中小企业标准暂行规定》同时废止。

2017年8月22日，财政部、民政部、中国残疾人联合会**《关于促进残疾人就业政府采购政策的通知》**（财库〔2017〕141号）规定：为了发挥政府采购促进残疾人就业的作用，进一步保障残疾人权益，依照《政府采购法》《残疾人保障法》等法律法规及相关规定，现就促进残疾人就业政府采购政策通知如下：

一、享受政府采购支持政策的残疾人福利性单位应当同时满足以下条件：

（一）安置的残疾人占本单位在职职工人数的比例不低于25%（含25%），并且安置的残疾人人数不少于10人（含10人）；

（二）依法与安置的每位残疾人签订了一年以上（含一年）的劳动合同或服务协议；

（三）为安置的每位残疾人按月足额缴纳了基本养老保险、基本医疗保险、失业保险、工伤保险和生育保险等社会保险费；

（四）通过银行等金融机构向安置的每位残疾人，按月支付了不低于单位所在区县适用的经省级人民政府批准的月最低工资标准的工资；

（五）提供本单位制造的货物、承担的工程或者服务（以下简称产品），或者提供其他残疾人福利性单位制造的货物（不包括使用非残疾人福利性单位注册商标的货物）。

前款所称残疾人是指法定劳动年龄内，持有《中华人民共和国残疾人证》或者《中华人民共和国残疾军人证（1至8级）》的自然人，包括具有劳动条件和劳动意愿的精神残疾人。在职职工人数是指与残疾人福利性单位建立劳动关系并依法签订劳动合同或者服务协议的雇员人数。

二、符合条件的残疾人福利性单位在参加政府采购活动时，应当提供本通知规定的《残疾人福利性单位声明函》，并对声明的真实性负责。任何单位或者个人在政府采购活动中均不得要求残疾人福利性单位提供其他证明声明函内容的材料。

中标、成交供应商为残疾人福利性单位的，采购人或者其委托的采购代理机构应当随中标、成交结果同时公告其《残疾人福利性单位声明函》，接受社会监督。

供应商提供的《残疾人福利性单位声明函》与事实不符的，依照《政府采购法》第七十七条第一款的规定追究法律责任。

三、在政府采购活动中，残疾人福利性单位视同小型、微型企业，享受预留份额、评审中价格扣除等促进中小企业发展的政府采购政策。向残疾人福利性单位采购的金额，计入面向中小企业采购的统计数据。残疾人福利性单位属于小型、微型企业的，不重复享受政策。

四、采购人采购公开招标数额标准以上的货物或者服务，因落实促进残疾人就业政策的需要，依法履行有关报批程序后，可采用公开招标以外的采购方式。

五、对于满足要求的残疾人福利性单位产品，集中采购机构可直接纳入协议供货或者定点采购范围。各地区建设的政府采购电子卖场、电子商城、网上超市等应当设立残疾人福利性单位产品专栏。鼓励采购人优先选择残疾人福利性单位的产品。

六、省级财政部门可以结合本地区残疾人生产、经营的实际情况，细化政府采购支持措施。对符合国家有关部门规定条件的残疾人辅助性就业机构，可通过上述措施予以支持。各地制定的有关文件应当报财政部备案。

七、本通知自2017年10月1日起执行。

2014年6月10日，财政部、司法部**《关于政府采购支持监狱企业发展有关问题的通知》**（财库〔2014〕68号）规定，政府采购支持监狱和戒毒企业（以下简称监狱企业）发展对稳定监狱企业生产，提高财政资金使用效益，为罪犯和戒毒人员提供长期可靠的劳动岗位，提高罪犯和戒毒人员的教育改造质量，减少重新违法犯罪，确保监狱、戒毒场所安全稳定，促进社会和谐稳定具有十分重要的意义。为进一步贯彻落实国务院《关于解决监狱企业困难的实施方案的通知》（国发〔2003〕7号）文件精神，发挥政府采购支持监狱企业发展的作用，现就有关事项通知如下：

一、监狱企业是指由司法部认定的为罪犯、戒毒人员提供生产项目和劳动对象，且全部产权属于司法部监狱管理局、戒毒管理局、直属煤矿管理局，各省、自治区、直辖市监狱管理局、戒毒管理局，各地（设区的市）监狱、强制隔离戒毒所、戒毒康复所，以及新疆生产建设兵团监狱管理局、戒毒管理局的企业。监狱企业参加政府采购活动时，应当提供由省级以上监狱管理局、戒毒管理局（含新疆生产建设兵团）出具的属于监狱企业的证明文件。

二、在政府采购活动中，监狱企业视同小型、微型企业，享受预留份额、评审中价格扣除等政府采购促进中小企业发展的政府采购政策。

向监狱企业采购的金额，计入面向中小企业采购的统计数据。

三、各地区、各部门要积极通过预留采购份额支持监狱企业。有制服采购项目的部门，应加强对政府采购预算和计划编制工作的统筹，预留本部门制服采购项目预算总额的30%以上，专门面向监狱企业采购。省级以上政府部门组织的公务员考试、招生考试、等级考试、资格考试的试卷印刷项目原则上应当在符合有关资质的监狱企业范围内采购。各地在免费教科书政府采购工作中，应当根据符合教科书印制资质的监狱企业情况，提出由监狱企业印刷的比例要求。

四、各地区可以结合本地区实际，对监狱企业生产的办公用品、家具用具、车辆维修和提供的保养服务、消防设备等，提出预留份额等政府采购支持措施，加大对监狱企业产品的采购力度。

五、各地区、各部门要高度重视，加强组织管理和监督，做好政府采购支持监狱企业发展的相关工作。有关部门要加强监管，确保面向监狱企业采购的工作依法依规进行。各监狱企业要不断提高监狱企业产品的质量和服务水平，为做好监狱企业产品政府采购工作提供有力保障。

2005年12月30日，财政部、国家发展改革委、信息产业部**《无线局域网产品政府采购实施意见》**（财库〔2005〕366号）规定：

为了保障国家信息安全，维护国家利益和社会公共利益，推进国民经济和社会信息化建设，根据《中华人民共和国政府采购法》，现就推行无线局域网产品政府采购提出如下意见：

一、各地区、各部门要高度重视，加强组织管理和监督，确保无线局域网产品政府采购工作落到实处。

二、各级国家机关、事业单位和团体组织（以下统称采购人）用财政性资金采购无线局域网产品和含有无线局域网功能的计算机、通信设备、打印机、复印机、投影仪等产品的，应当优先采购符合国家无线局域网安全标准（GB15629.11/1102）并通过国家产品认证的产品（以下简称认证产品）。其中，国家有特殊信息安全要求的项目必须采购认证产品。

三、财政部、国家发展改革委、信息产业部根据政府采购改革进展和无线局域网产品技术及市场成熟等情况，从国家指定的认证机构认证的生产厂商和产品型号中确定优先采购的产品，并以“无线局域网认证产品政府采购清单”（以下简称清单）的形式公布。

清单中新增认证产品厂商和型号，由财政部、国家发展改革委、信息产业部以文件形式确定、公布并适时调整。

四、中国政府采购网（http：//www.ccgp.gov.cn）、国家发展改革委网（http：//www.ndrc.gov.cn）、信息产业部网（http：//www.mii.gov.cn）为认证产品清单公告媒体。为确保上述信息的准确性，未经财政部、国家发展改革委、信息产业部允许，不得转载。

五、采购人采购无线局域网产品和含有无线局域网功能的计算机、通信设备、打印机、复印机、投影仪等产品时，在政府采购评审方法中，应当考虑信息安全认证因素，优先采购清单中的产品。采用最低评标价法的采购项目，清单中的产品不是最低报价但不高于排序第一的一般产品报价一定比例的，应当将采购合同授予提供认证产品的投标人。采用综合评标法的采购项目，应当在评审总分基础上对清单中的产品合理加分。

六、在政府采购活动中，采购人应当在政府采购招标文件（含谈判文件、询价文件）中载明对产品的认证要求、合格产品的条件和认证产品优先采购的评审标准。

七、采购人或其委托的采购代理机构未按上述要求采购的，有关部门要按照有关法律、法规和规章予以处理，财政部门视情况可以拒付采购资金。

八、本意见由财政部负责解释。

九、本意见自2006年2月1日起施行。

附：无线局域网认证产品政府采购清单（略）

2010年4月28日，财政部、工业和信息化部、质检总局、认监委**《关于信息安全产品实施政府采购的通知》**（财库〔2010〕48号）规定：

根据《中华人民共和国政府采购法》，现就贯彻落实质检总局、财政部、认监委《关于调整信息安全产品强制性认证实施要求的公告》

（2009年第33号）的规定通知如下：

一、各级国家机关、事业单位和团体组织（以下统称采购人）使用财政性资金采购信息安全产品的，应当采购经国家认证的信息安全产品。

二、在政府采购活动中，采购人或其委托的采购代理机构按照政府采购法的规定，在政府采购招标文件（包括谈判文件、询价文件）中应当载明对产品获得信息安全认证的要求，并要求产品供应商提供由中国信息安全认证中心按国家标准认证颁发的有效认证证书。

三、对采购人或其委托的采购代理机构未按上述要求采购的，有关部门要按照有关法律、法规和规章予以处理，财政部门视情况可以拒付采购资金。

2009年4月27日，国家质量监督检验检疫总局、财政部、国家认证认可监督管理委员会**《关于调整信息安全产品强制性认证实施要求的公告》**（2009年第33号）规定：国家质量监督检验检疫总局、国家认证认可监督管理委员会2008年第7号公告中涉及的信息安全产品强制性认证的强制实施时间延至2010年5月1日，在政府采购法规定的范围内强制实施。

附件：信息安全产品强制性认证实施规则（共13份）：1.安全操作系统产品强制性认证实施规则；2.安全隔离与信息交换产品强制性认证实施规则；3.安全路由器产品强制性认证实施规则；4.安全审计产品强制性认证实施规则；5.安全数据库系统产品强制性认证实施规则；6.反垃圾邮件产品强制性认证实施规则；7.防火墙产品强制性认证实施规则；8.入侵检测系统产品强制性认证实施规则；9.数据备份与恢复产品强制认证实施规则；10.网络安全隔离卡与线路选择器产品强制性认证实施规则；11.网络脆弱性扫描产品强制性认证实施规则；12.网站恢复产品强制性认证实施规则；13.智能卡cos产品强制性认证实施规则。（略）

2006年3月30日，国家版权局、信息产业部、财政部、国务院机关事务管理局**《关于政府部门购置计算机办公设备必须采购已预装正版操作系统软件产品的通知》**（国权联〔2006〕1号）规定：近年来，各级人民政府认真贯彻落实《国务院办公厅关于使用正版软件清理盗版软件的通知》（国办函〔2001〕57号）、《国务院办公厅关于地方人民政府使用正版软件的通知》（国办函〔2004〕41号）精神，积极推进政府部门软件正版化工作，并取得了显著成效。为进一步巩固政府部门软件正版化工作成果，建立使用正版软件的长效工作机制，营造良好的软件知识产权保护环境，维护计算机市场和软件市场秩序，根据《中华人民共和国著作权法》、《计算机软件保护条例》，以及《信息产业部国家版权局商务部关于计算机预装正版操作系统软件有关问题的通知》的规定，特通知如下：

一、今后各级政府部门在购置计算机办公设备时，必须采购预装正版操作系统软件的计算机产品。

二、各级政府部门购置计算机办公设备，必须提供必要的购买软件的配套资金。

三、各级人民政府的版权、信息产业和财政等部门要根据各自的职责，认真做好购置预装正版操作系统软件的计算机产品的资金保障、政府采购和监督检查工作，确保各级政府部门使用正版软件。

2010年10月18日，国务院办公厅**《关于进一步做好政府机关使用正版软件工作的通知》**（国办发〔2010〕47号）规定：

党中央、国务院一直高度重视软件知识产权保护工作，从2001年起在政府机关全面推广使用正版软件，基本实现了中央、省、市（地）三级政府机关使用正版软件的工作目标。为巩固政府机关使用正版软件的工作成果，建立长效机制，经国务院同意，现就进一步做好使用正版软件工作通知如下：

一、进一步提高认识

各级政府机关带头使用正版软件，有利于在全社会形成尊重知识、保护知识产权的良好环境，对于树立政府机关良好形象，促进软件产业发展具有重要意义。各级政府机关工作人员要切实增强保护知识产权意识，自觉使用正版软件。

二、开展使用正版软件专项检查工作

各级政府机关要对本单位使用正版软件情况进行一次专项检查，重点检查办公软件、杀毒软件使用情况。新闻出版（版权）部门会同有关部门对部分地区、单位进行重点抽查。使用非正版软件的，要及时进行整改。对需要的正版软件，要安排必要的资金并按照政府采购相关规定购买。各单位购置、更换计算机办公设备必须同时安排必要的软件购置资金。要认真落实有关要求，将软件作为资产纳入部门资产管理体系，加强软件的资产管理。其他国家机关使用正版软件的检查和整改工作，参照上述要求执行。

三、切实落实预装正版操作系统软件的规定

各级政府机关购买的计算机办公设备必须符合预装正版操作系统软件的要求，各单位更新计算机操作系统软件必须使用正版产品。工业和信息化部门要加强计算机预装操作系统软件的监督管理工作。

四、落实政府机关使用正版软件管理监督责任

各级政府、各部门主要负责同志作为第一责任人，保证本单位软件使用正版化。各有关部门要密切合作，根据职责分工，切实做好使用正版软件工作。工业和信息化部门要加强软件产品质量管理，督促企业做好售后服务。新闻出版（版权）、工商、商务部门要根据各自职责维护好软件市场秩序，促进公平竞争。财政部门负责正版软件的资金保障，加强对软件资产管理的指导。新闻出版（版权）部门要会同工业和信息化、财政等部门做好使用正版软件的日常监管和督促检查工作，新闻出版总署（国家版权局）每年都要会同有关部门组织检查，并将年度检查情况报告国务院。

五、中央国家机关软件正版化专项检查和整改工作于2011年5月底前完成，省、市（地）、县级政府机关软件正版化专项检查和整改工作于2011年10月底前完成

各地区、各部门要将完成情况及时报送新闻出版总署（国家版权

《政府采购法实施条例》第六条[①] **【政府采购政策的制定主体和实现措施】**国务院财政部门应当根据国家的经济和社会发展政策，会同国务院有关部门制定政府采购政策，通过制定采购需求标准、预留采购份额、价格评审优惠、优先采购等措施，实现节约能源、保护环境、扶持不发达地区和少数民族地区、促进中小企业发展等目标。

《政府采购法》第十条[②] **【保护本国产业以及例外情形】**政府采购应当采购本国货物、工程和服务。但有下列情形之一的除外：

（一）需要采购的货物、工程或者服务在中国境内无法获取或者无法以合理的商业条件获取的；

（二）为在中国境外使用而进行采购的；

（三）其他法律、行政法规另有规定的。

前款所称本国货物、工程和服务的界定，依照国务院有关规定执行。

局），新闻出版总署（国家版权局）汇总后报国务院。

① 2017年7月11日，财政部**《政府采购货物和服务招标投标管理办法》**（财政部第87号令）**第五条** 采购人应当在货物服务招标投标活动中落实节约能源、保护环境、扶持不发达地区和少数民族地区、促进中小企业发展等政府采购政策。

② 2007年12月27日，财政部**《政府采购进口产品管理办法》**（财库〔2007〕119号）规定：

第一章 总 则

第一条 为了贯彻落实《国务院关于印发实施〈国家中长期科学和技术发展规划纲要（2006—2020年）〉若干配套政策的通知》（国发〔2006〕6号），推动和促进自主创新政府采购政策的实施，规范进口产品政府采购行为，根据《中华人民共和国政府采购法》等法律法规规定，制定本办法。

第二条 国家机关、事业单位和团体组织（以下统称采购人）使用财政性资金以直接进口或委托方式采购进口产品（包括已进入中国境内的进口产品）的活动，适用本办法。

第三条 本办法所称进口产品是指通过中国海关报关验放进入中国境内且产自关境外的产品。

第四条 政府采购应当采购本国产品，确需采购进口产品的，实行审核管理。

第五条 采购人采购进口产品时，应当坚持有利于本国企业自主创新或消化吸收核心技术的原则，优先购买向我方转让技术、提供培训服务及其他补偿贸易措施的产品。

第六条 设区的市、自治州以上人民政府财政部门（以下简称为财政部门）应当依法开展政府采购进口产品审核活动，并实施监督管理。

第二章 审核管理

第七条 采购人需要采购的产品在中国境内无法获取或者无法以合理的商业条件获取，以及法律法规另有规定确需采购进口产品的，应当在获得财政部门核准后，依法开展政府采购活动。

第八条 采购人报财政部门审核时，应当出具以下材料：

（一）《政府采购进口产品申请表》；

（二）关于鼓励进口产品的国家法律法规政策文件复印件；

（三）进口产品所属行业的设区的市、自治州以上主管部门出具的《政府采购进口产品所属行业主管部门意见》；

（四）专家组出具的《政府采购进口产品专家论证意见》。

第九条 采购人拟采购的进口产品属于国家法律法规政策明确规定鼓励进口产品的，在报财政部门审核时，应当出具第八条第（一）款、第（二）款材料。

第十条 采购人拟采购的进口产品属于国家法律法规政策明确规定限制进口产品的，在报财政部门审核时，应当出具第八条第（一）款、第（三）款和第（四）款材料。

采购人拟采购国家限制进口的重大技术装备和重大产业技术的，应当出具发展改革委的意见。采购人拟采购国家限制进口的重大科学仪器和装备的，应当出具科技部的意见。

第十一条 采购人拟采购其他进口产品的，在报财政部门审核时，应当出具第八条第（一）款材料，并同时出具第（三）款或者第（四）款材料。

第十二条 本办法所称专家组应当由五人以上的单数组成，其中，必须包括一名法律专家，产品技术专家应当为非本单位并熟悉该产品的专家。

采购人代表不得作为专家组成员参与论证。

第十三条 参与论证的专家不得作为采购评审专家参与同一项目的采购评审工作。

第三章　采购管理

第十四条 政府采购进口产品应当以公开招标为主要方式。因特殊情况需要采用公开招标以外的采购方式的，按照政府采购有关规定执行。

第十五条 采购人及其委托的采购代理机构在采购进口产品的采购文件中应当载明优先采购向我国企业转让技术、与我国企业签订消化吸收再创新方案的供应商的进口产品。

第十六条 采购人因产品的一致性或者服务配套要求，需要继续从原供应商处添购原有采购项目的，不需要重新审核，但添购资金总额不超过原合同采购金额的10%。

第十七条 政府采购进口产品合同履行中，采购人确需追加与合同标的相同的产品，在不改变合同其他条款的前提下，且所有补充合同的采购金额不超过原合同采购金额的10%的，可以与供应商协商签订补充合同，不需要重新审核。

第十八条 政府采购进口产品合同应当将维护国家利益和社会公共利益作为必备条款。合同履行过程中出现危害国家利益和社会公共利益问题的，采购人应当立即终止合同。

第十九条 采购人或者其委托的采购代理机构应当依法加强对进口产品的验收工作，防止假冒伪劣产品。

第二十条 采购人申请支付进口产品采购资金时，应当出具政府采购进口产品相关材料和财政部门的审核文件。否则不予支付资金。

第四章 监督检查

第二十一条 采购人未获得财政部门采购进口产品核准，有下列情形之一的，责令限期改正，并给予警告，对直接负责的主管人员和其他直接责任人员，由其行政主管部门或者有关机关给予处分，并予通报：

（一）擅自采购进口产品的；

（二）出具不实申请材料的；

（三）违反本办法规定的其他情形。

第二十二条 采购代理机构在代理政府采购进口产品业务中有违法行为的，给予警告，可以按照有关法律规定并处罚款；情节严重的，可以依法取消其进行相关业务的资格；构成犯罪的，依法追究刑事责任。

第二十三条 供应商有下列情形之一的，处以采购金额5‰以上10‰以下的罚款，列入不良行为记录名单，在1—3年内禁止参加政府采购活动，有违法所得的，并处没收违法所得，情节严重的，由工商行政管理机关吊销营业执照；涉嫌犯罪的，移送司法机关处理：

（一）提供虚假材料谋取中标、成交的；

（二）采取不正当手段诋毁、排挤其他供应商的；

（三）与采购人、其他供应商或者采购代理机构恶意串通的；

（四）向采购人、采购代理机构行贿或者提供其他不正当利益的；

（五）在招标采购过程中与采购人进行协商谈判的；

（六）拒绝有关部门监督检查或者提供虚假情况的。

供应商有前款第（一）至（五）项情形之一的，中标、成交无效。

第二十四条 专家出具不实论证意见的，按照有关法律规定追究法律责任。

第五章 附 则

第二十五条 采购人采购进口产品的，应当同时遵守国家其他有关法律法规的规定。涉及进口机电产品招标投标的，应当按照国际招标有关办法执行。

第二十六条 本办法未作出规定的，按照政府采购有关规定执行。

第二十七条 涉及国家安全和秘密的项目不适用本办法。

第二十八条 本办法自印发之日起施行。

2008年7月9日，财政部办公厅**《关于政府采购进口产品管理有关问题的通知》**（财办库〔2008〕248号）规定：财政部于2007年12月印发了《政府采购进口产品管理办法》（财库〔2007〕119号）。该办法印发后，各地采取措施贯彻落实，对规范政府部门采购进口产品行为发挥了积极作用。但在实际工作中，也反映了一些具体操作性问题，经与海关总署研究，现就进口产品采购中有关问题规定如下：

一、关于办法适用范围

根据《中华人民共和国政府采购法》的规定，财库〔2007〕119号文件的适用范围为，各级国家机关、事业单位和团体组织使用财政性资金采购省级以上人民政府公布的政府集中采购目录以内或者采购限额标准以上的进口产品。

二、关于关境和海关特殊监管区域产品认定

根据《中华人民共和国海关法》（以下简称海关法）的规定，我国现行关境是指适用海关法的中华人民共和国行政管辖区域，不包括香港、澳门和台湾金马等单独关境地区。

保税区、出口加工区、保税港区、珠澳跨境工业区珠海园区、中哈霍尔果斯国际边境合作中心中方配套区、综合保税区等区域，为海关特殊监管区域，这些区域仅在关税待遇及贸易管制方面实施不同于我国关境内其他地区的特殊政策，但仍属于中华人民共和国关境内区域，由海关按照海关法实施监管.因此，凡在海关特殊监管区域内企业生产或加工（包括从境外进口料件）销往境内其他地区的产品，不作为政府采购项下进口产品。对从境外进入海关特殊监管区域，再经办理报关手续后从海关特殊监管区进入境内其他地区的产品，应当认定为进口产品。

三、关于已在境内多次流转进口产品认定

对经过多次流转、无法提供报关单证的产品，应按照以下方法进行查证：

（一）通过正常渠道进口的产品，无论在境内流转多少次，尽管中间商业环节没有保留进口报关单证，但通过层层倒推，最终可以找到进口代理商或者进口收货人，从而可以向海关查询进口报关记录。这种方法一般适用于生产设备、机械、汽车等大宗商品。

（二）通过走私违法方式进口的产品，由于未进行进口申报，不存在进口报关记录，因此，应当通过商品或者其包装上的原产地标识等其他证据来间接证明其为境外生产的产品。

四、关于行业主管部门意见

财库〔2007〕119号文件规定的国家限制进口产品，是指商务部、发展改革委、科技部等部门制订的相关目录。采购人采购产品属于国家限制进口产品时，除需要向设区的市、自治州以上人民政府财政部门（以下简称财政部门）出具专家论证意见外，还要同时出具产品所属行业主管部门的意见，其中，产品属于国家限制进口的重大技术装备和重大产业技术的，应当出具发展改革委的意见；属于国家限制进口的重大科学仪器和装备的，应当出具科技部的意见。当采购人的行政主管部门也是采购产品所属行业主管部门时，以产品所属行业主管部门出具意见。当采购人的行政主管部门与采购产品所属行业主管部门不一致时，仍以产品所属行业主管部门出具的意见为有效意见。

五、关于采购执行问题

采购人采购进口产品时，必须在采购活动开始前向财政部门提出申请并获得财政部门审核同意后，才能开展采购活动。在采购活动开始前没有获得财政部门同意而开展采购活动的，视同为拒绝采购进口产品，应当在采购文件中明确作出不允许进口产品参加的规定。未在采购文件中明确规定不允许进口产品参加的，也视为拒绝进口产品参加。采购活动组织开始后才报经财政部门审核同意的采购活动，属于违规行为。

财政部门审核同意购买进口产品的，应当在采购文件中明确规定可以采购进口产品，但如果因信息不对称等原因，仍有满足需求的国内产品要求参与采购竞争的，采购人及其委托的采购代理机构不得对其加以限制，应当按照公平竞争原则实施采购。

六、关于政府集中采购执行

对于实行协议供货的政府集中采购目录产品，集中采购机构在组织采购时，可以不限制进口产品入围，但采购人在采购入围进口产品前，需要报经财政部门审核同意。对于非协议供货的政府集中采购目录产品，采购人没有出具财政部门同意采购进口产品审核意见的，集中采购机构一律不得为其组织采购进口产品。

对于政府集中采购目录内的、采购量小且采购次数多的经常性产品，可以实行批量审核，即采购人向财政部门提出一揽子采购进口产品清单的申请、所需证明材料和采购计划，经财政部门审核同意后，在本年内随时按规定组织购买，无需再逐一申请报批。

七、关于论证专家问题

进口产品专家论证意见原则上由采购人自行组织，其论证专家应当是熟悉该产品，并且与采购人或采购代理机构没有经济和行政隶属等关系。因进口产品论证与采购文件评审不同，进口产品论证专家可以不从财政部门建立的专家库中抽取专家作为进口产品论证专家，凡从财政

《政府采购法》第十一条[①] **【政府采购信息发布】**政府采购的信息应当在政府采购监督管理部门指定的媒体上及时向社会公开发布，但涉及商业秘密的除外。

《政府采购法实施条例》第八条【政府采购项目信息公开】政府采购项目信息应当在省级以上人民政府财政部门指定的媒体上发布。采购项目预算金额达到国务院财政部门规定标准的，政府采购项目信息应当在国务院财政部门指定的媒体上发布。

部门专家库中抽取的专家，应当告知被抽取专家其论证内容和相应的责任。财政部门应当制定相应的论证专家考核标准和监督办法，加强对论证专家的管理，确保论证意见科学准确，原则上不得承担或组织其专家论证工作。

八、关于资金支付问题

采购人向财政部门申请支付政府采购进口产品资金时，应当提供财政部门审核同意文件、采购合同和产品报关单等材料，以确保所采购的产品规格、数量金额等与审批或采购文件规定的一致，否则不予支付。

九、关于文件执行时间衔接

财库〔2007〕119号文件规定，自2007年12月27日印发之日起施行。对于在该日期前已经通过公开招标等方式确定采购货物涉及进口产品的，在该日期前采购程序已经启动或启动后采购项目经财政部门批准需重新招标或采用其他采购方式的，不需要办理进口产品审核手续。

① **《政府信息公开条例》第二十条** 行政机关应当依照本条例第十九条的规定，主动公开本行政机关的下列政府信息：……（九）政府集中采购项目的目录、标准及实施情况；……

2020年3月1日，财政部**《政府采购信息发布管理办法》**（财政部第101号令）规定：

第一条 为了规范政府采购信息发布行为，提高政府采购透明度，根据《中华人民共和国政府采购法》《中华人民共和国政府采购法实施条例》等有关法律、行政法规，制定本办法。

第二条 政府采购信息发布，适用本办法。

第三条 本办法所称政府采购信息，是指依照政府采购有关法律制度规定应予公开的公开招标公告、资格预审公告、单一来源采购公示、中标（成交）结果公告、政府采购合同公告等政府采购项目信息，以及投诉处理结果、监督检查处理结果、集中采购机构考核结果等政府采购监管信息。

第四条 政府采购信息发布应当遵循格式规范统一、渠道相对集中、便于查找获得的原则。

第五条 财政部指导和协调全国政府采购信息发布工作，并依照政府采购法律、行政法规有关规定，对中央预算单位的政府采购信息发布活动进行监督管理。

地方各级人民政府财政部门（以下简称财政部门）对本级预算单位的政府采购信息发布活动进行监督管理。

第六条 财政部对中国政府采购网进行监督管理。省级（自治区、直辖市、计划单列市）财政部门对中国政府采购网省级分网进行监督管理。

第七条 政府采购信息应当按照财政部规定的格式编制。

第八条 中央预算单位政府采购信息应当在中国政府采购网发布，地方预算单位政府采购信息应当在所在行政区域的中国政府采购网省级分网发布。

除中国政府采购网及其省级分网以外，政府采购信息可以在省级以上财政部门指定的其他媒体同步发布。

第九条 财政部门、采购人和其委托的采购代理机构（以下统称发布主体）应当对其提供的政府采购信息的真实性、准确性、合法性负责。

中国政府采购网及其省级分网和省级以上财政部门指定的其他媒体

（以下统称指定媒体）应当对其收到的政府采购信息发布的及时性、完整性负责。

第十条 发布主体发布政府采购信息不得有虚假和误导性陈述，不得遗漏依法必须公开的事项。

第十一条 发布主体应当确保其在不同媒体发布的同一政府采购信息内容一致。

在不同媒体发布的同一政府采购信息内容、时间不一致的，以在中国政府采购网或者其省级分网发布的信息为准。同时在中国政府采购网和省级分网发布的，以在中国政府采购网上发布的信息为准。

第十二条 指定媒体应当采取必要措施，对政府采购信息发布主体的身份进行核验。

第十三条 指定媒体应当及时发布收到的政府采购信息。

中国政府采购网或者其省级分网应当自收到政府采购信息起1个工作日内发布。

第十四条 指定媒体应当加强安全防护，确保发布的政府采购信息不被篡改、不遗漏，不得擅自删除或者修改信息内容。

第十五条 指定媒体应当向发布主体免费提供信息发布服务，不得向市场主体和社会公众收取信息查阅费用。

第十六条 采购人或者其委托的采购代理机构未依法在指定媒体上发布政府采购项目信息的，依照政府采购法实施条例第六十八条追究法律责任。

采购人或者其委托的采购代理机构存在其他违反本办法规定行为的，由县级以上财政部门依法责令限期改正，给予警告，对直接负责的主管人员和其他直接责任人员，建议其行政主管部门或者有关机关依法依规处理，并予通报。

第十七条 指定媒体违反本办法规定的，由实施指定行为的省级以上财政部门依法责令限期改正，对直接负责的主管人员和其他直接责任人员，建议其行政主管部门或者有关机关依法依规处理，并予通报。

第十八条 财政部门及其工作人员在政府采购信息发布活动中存在懒政怠政、滥用职权、玩忽职守、徇私舞弊等违法违纪行为的，依照

《政府采购法》第十二条 【政府采购回避制度】在政府采购活动中，采购人员及相关人员与供应商有利害关系的，必须回避。供应商认为采购人员及相关人员与其他供应商有利害关系的，可以申请其回避。

前款所称相关人员，包括招标采购中评标委员会的组成人员，竞争性谈判采购中谈判小组的组成人员，询价采购中询价小组的组成人员等。

《中华人民共和国政府采购法》《中华人民共和国公务员法》《中华人民共和国监察法》《中华人民共和国政府采购法实施条例》等国家有关规定追究相应责任；涉嫌犯罪的，依法移送有关国家机关处理。

第十九条 涉密政府采购项目信息发布，依照国家有关规定执行。

第二十条 省级财政部门可以根据本办法制定具体实施办法。

第二十一条 本办法自2020年3月1日起施行。财政部2004年9月11日颁布实施的《政府采购信息公告管理办法》（财政部令第19号）同时废止。

2017年4月25日，财政部**《关于进一步做好政府采购信息公开工作有关事项的通知》**（财库〔2017〕86号）规定：

一、推进各地区政府采购信息发布网络平台建设

（一）加强中国政府采购网地方分网建设。中国政府采购网（www.ccgp.gov.cn）是财政部依法指定的、向世界贸易组织秘书处备案的唯一全国性政府采购信息发布网络媒体，中国政府采购网地方分网（以下简称地方分网）是其有机组成部分。省级（含计划单列市，下同）财政部门是地方分网建设管理的第一责任主体，应当切实做好地方分网的建设维护工作，把地方分网建成本地区政府采购信息的统一发布平台。

《政府采购法实施条例》第九条【政府采购回避制度】在政府采购活动中，采购人员及相关人员与供应商有下列利害关系之一的，应当回避：

（一）参加采购活动前3年内与供应商存在劳动关系；

（二）参加采购活动前3年内担任供应商的董事、监事；

（二）规范地方分网域名管理。省级财政部门应当严格执行中国政府采购网统一域名制度，使用财政部指定域名建设地方分网。地方分网采用双域名的，应当确保财政部指定域名可以正常访问，不得以其他网络媒体替代地方分网。

（三）提升地方分网服务功能。各地区要做好地方分网的升级改造和安全防护，改进栏目设置，完善地方分网信息发布和查询使用功能，确保数据安全和运行稳定。要建立健全地方分网与公共资源交易平台的信息互联互通机制，实现与公共资源交易电子服务系统之间的信息共享。

二、完整全面发布政府采购信息

（一）严格执行政府采购信息发布制度。各地区、各部门应当按照《政府采购法》《政府采购法实施条例》和《财政部关于做好政府采购信息公开工作的通知》（财库〔2015〕135号）规定，认真做好政府采购信息公开工作。采购人或者其委托的采购代理机构应当切实做好采购项目公告、采购文件、采购项目预算金额、采购结果、采购合同等采购项目信息公开工作，实现政府采购项目的全过程信息公开。对于采购项目预算金额、更正事项、采购合同、公共服务项目采购需求和验收结果等信息公开薄弱环节，应当进一步完善相关工作机制，切实履行公开责任。各级财政部门应当严格按照财库〔2015〕135号文件规定的时间、内容等要求，及时完整公开投诉和监督检查处理决定、集中采购机构考核结果以及违法失信行为记录等监管处罚信息。

（二）推进协议供货和定点采购等信息公开。集中采购机构应当切实推进协议供货和定点采购信息公开，自2017年9月1日开始，除按照规定在中国政府采购网及地方分网公开入围采购阶段的相关信息外，还应当公开具体成交记录，包括采购人和成交供应商的名称、成交金额以及成交标的的名称、规格型号、数量、单价等。电子卖场、电子商城、网上超市等的具体成交记录，也应当予以公开。

三、健全政府采购信息发布工作机制

（一）加强政府采购信息公开内控管理。采购人和集中采购机构应当将政府采购信息公开作为本部门、本单位政务信息公开工作的重要内容，列入主动公开基本目录，嵌入内控管理环节，确保政府采购信息发布的及时、完整、准确。

（二）严格政府采购信息发布和推送机制。中央预算单位的政府采购信息应当在中国政府采购网中央主网（以下简称中央主网）发布，地方预算单位的政府采购信息应当在地方分网发布。地方分网应当按照财库〔2015〕135号文件的规定向中央主网推送信息。

四、加强对政府采购信息公开工作的考核与监督

（一）加强监督检查。各级财政部门应当加大对政府采购信息公开情况的监督检查力度，将信息公开情况作为对集中采购机构考核和对采购人、社会代理机构监督检查的重点内容，进一步完善考核与检查指标体系，对监督检查中发现的信息公开违法违规行为依法追究责任。

（二）实施动态监管和大数据分析。各级财政部门应当将政府采购项目全流程信息公开纳入动态监管范围，重点加强对单一来源公示、采购文件、采购结果和采购合同等信息的比对，运用大数据分析技术开展对采购项目执行情况和信息公开情况的核查和动态监管，不断推进信息公开工作。

（三）开展第三方评估。从2017年开始，财政部将委托社会力量开展对政府采购透明度的第三方评估，重点围绕政府采购信息发布平台建设管理、信息发布和信息推送的及时性完整性等情况进行综合评估，并

（三）参加采购活动前3年内是供应商的控股股东或者实际控制人；

（四）与供应商的法定代表人或者负责人有夫妻、直系血亲、三代以内旁系血亲或者近姻亲关系；

对评估结果予以通报。

2015年7月17日，财政部**《关于做好政府采购信息公开工作的通知》**（财库〔2015〕135号）规定：为深入贯彻落实党的十八届三中、四中全会精神，按照深化财税体制改革、实施公开透明预算制度的总体部署，根据《中华人民共和国政府采购法》《中华人民共和国政府采购法实施条例》《中华人民共和国政府信息公开条例》《党政机关厉行节约反对浪费条例》等法律法规的规定，现就依法做好政府采购信息公开工作有关事项通知如下：

一、高度重视政府采购信息公开工作

公开透明是政府采购管理制度的重要原则。做好政府采购信息公开工作，既是全面深化改革、建立现代财政制度的必然要求，也是加强改进社会监督，提升政府公信力的重要举措，对于规范政府采购行为，维护政府采购活动的公开、公平和公正具有重要意义。《中华人民共和国预算法》《中华人民共和国政府采购法实施条例》和《党政机关厉行节约反对浪费条例》从不同层面和角度提出了提高政府采购透明度、推进信息公开、加强社会监督的新要求，并确定了政府采购全过程信息公开的目标导向。各地区、各部门要依法公开政府采购项目信息，并按照财政预决算公开的要求，公布本单位政府采购预算安排及执行的总体情况，实现从采购预算到采购过程及采购结果的全过程信息公开。各地区、各部门要高度重视，充分认识政府采购信息公开工作的重要性和紧迫性，认真做好政府采购信息公开工作，将政府采购活动置于阳光之下，管好“乱伸的权力之手”。

（五）与供应商有其他可能影响政府采购活动公平、公正进行的关系。

供应商认为采购人员及相关人员与其他供应商有利害关系的，可以向采购人或者采购代理机构书面提出回避申请，并说明理由。采购人或者采购代理机构应当及时询问被申请回避人员，有利害关系的被申请回避人员应当回避。

二、认真做好政府采购信息公开工作

（一）总体要求

建立健全责任明确的工作机制、简便顺畅的操作流程和集中统一的发布渠道，确保政府采购信息发布的及时、完整、准确，实现政府采购信息的全流程公开透明。

（二）公开范围及主体

1.采购项目信息，包括采购项目公告、采购文件、采购项目预算金额、采购结果等信息，由采购人或者其委托的采购代理机构负责公开；

2.监管处罚信息，包括财政部门作出的投诉、监督检查等处理决定，对集中采购机构的考核结果，以及违法失信行为记录等信息，由财政部门负责公开；

3.法律、法规和规章规定应当公开的其他政府采购信息，由相关主体依法公开。

（三）公开渠道

中央预算单位的政府采购信息应当在财政部指定的媒体上公开，地方预算单位的政府采购信息应当在省级（含计划单列市，下同）财政部门指定的媒体上公开。财政部指定的政府采购信息发布媒体包括中国政府采购网（ww.ccgp.gov.cn）、《中国财经报》(《中国政府采购报》)、《中国政府采购》杂志、《中国财政》杂志等。省级财政部门应当将中国政府采购网地方分网作为本地区指定的政府采购信息发布媒体之一。

为了便于政府采购当事人获取信息，在其他政府采购信息发布媒体公开的政府采购信息应当同时在中国政府采购网发布。对于预算金额在500万元以上的地方采购项目信息，中国政府采购网各地方分网应当通过数据接口同时推送至中央主网发布（相关标准规范和说明详见中国政府采购网）。政府采购违法失信行为信息记录应当在中国政府采购网中央主网发布。

（四）政府采购项目信息的公开要求

1.公开招标公告、资格预审公告

招标公告的内容应当包括采购人和采购代理机构的名称、地址和联系方法，采购项目的名称、数量、简要规格描述或项目基本概况介绍，采购项目预算金额，采购项目需要落实的政府采购政策，投标人的资格要求，获取招标文件的时间、地点、方式及招标文件售价，投标截止时间、开标时间及地点，采购项目联系人姓名和电话。

资格预审公告的内容应当包括采购人和采购代理机构的名称、地址和联系方法；采购项目名称、数量、简要规格描述或项目基本概况介绍；采购项目预算金额；采购项目需要落实的政府采购政策；投标人的资格要求，以及审查标准、方法；获取资格预审文件的时间、地点、方式；投标人应当提供的资格预审申请文件的组成和格式；提交资格预审申请文件的截止时间及资格审查日期、地点；采购项目联系人姓名和电话。

招标公告、资格预审公告的公告期限为5个工作日。

2.竞争性谈判公告、竞争性磋商公告和询价公告

竞争性谈判公告、竞争性磋商公告和询价公告的内容应当包括采购人和采购代理机构的名称、地址和联系方法，采购项目的名称、数量、简要规格描述或项目基本概况介绍，采购项目预算金额，采购项目需要落实的政府采购政策，对供应商的资格要求，获取谈判、磋商、询价文件的时间、地点、方式及文件售价，响应文件提交的截止时间、开启时间及地点，采购项目联系人姓名和电话。

竞争性谈判公告、竞争性磋商公告和询价公告的公告期限为3个工

作日。

3. 采购项目预算金额

采购项目预算金额应当在招标公告、资格预审公告、竞争性谈判公告、竞争性磋商公告和询价公告等采购公告，以及招标文件、谈判文件、磋商文件、询价通知书等采购文件中公开。采购项目的预算金额以财政部门批复的部门预算中的政府采购预算为依据；对于部门预算批复前进行采购的项目，以预算“二上数”中的政府采购预算为依据。对于部门预算已列明具体采购项目的，按照部门预算中具体采购项目的预算金额公开；部门预算未列明采购项目的，应当根据工作实际对部门预算进行分解，按照分解后的具体采购项目预算金额公开。对于部门预算分年度安排但不宜按年度拆分的采购项目，应当公开采购项目的采购年限、概算总金额和当年安排数。

4. 中标、成交结果

中标、成交结果公告的内容应当包括采购人和采购代理机构名称、地址、联系方式；项目名称和项目编号；中标或者成交供应商名称、地址和中标或者成交金额；主要中标或者成交标的的名称、规格型号、数量、单价、服务要求或者标的的基本概况；评审专家名单。协议供货、定点采购项目还应当公告入围价格、价格调整规则和优惠条件。采用书面推荐供应商参加采购活动的，还应当公告采购人和评审专家的推荐意见。

中标、成交结果应当自中标、成交供应商确定之日起2个工作日内公告，公告期限为1个工作日。

5. 采购文件

招标文件、竞争性谈判文件、竞争性磋商文件和询价通知书应当随中标、成交结果同时公告。中标、成交结果公告前采购文件已公告的，不再重复公告。

6. 更正事项

采购人或者采购代理机构对已发出的招标文件、资格预审文件，以及采用公告方式邀请供应商参与的竞争性谈判文件、竞争性磋商文件进行必要的澄清或者修改的，应当在原公告发布媒体上发布更正公告，并以书面形式通知所有获取采购文件的潜在供应商。采购信息更正公告的内容应当包括采购人和采购代理机构名称、地址、联系方式，原公告的采购项目名称及首次公告日期，更正事项、内容及日期，采购项目联系人和电话。

澄清或者修改的内容可能影响投标文件、资格预审申请文件、响应文件编制的，采购人或者采购代理机构发布澄清公告并以书面形式通知潜在供应商的时间，应当在投标截止时间至少15日前、提交资格预审申请文件截止时间至少3日前，或者提交首次响应文件截止之日3个工作日前；不足上述时间的，应当顺延提交投标文件、资格预审申请文件或响应文件的截止时间。

7. 采购合同

政府采购合同应当自合同签订之日起2个工作日内公告。批量集中采购项目应当公告框架协议。政府采购合同中涉及国家秘密、商业秘密的部分可以不公告，但其他内容应当公告。政府采购合同涉及国家秘密的内容，由采购人依据《保守国家秘密法》等法律制度规定确定。采购合同中涉及商业秘密的内容，由采购人依据《反不正当竞争法》《最高人民法院关于适用〈中华人民共和国民事诉讼法〉若干问题的意见》（法发〔1992〕22号）等法律制度的规定，与供应商在合同中约定。其中，合同标的名称、规格型号、单价及合同金额等内容不得作为商业秘密。合同中涉及个人隐私的姓名、联系方式等内容，除征得权利人同意外，不得对外公告。

2015年3月1日以后签订的政府采购合同，未按要求公告的，应当于2015年10月31日以前补充公告。

8. 单一来源公示

达到公开招标数额标准，符合《中华人民共和国政府采购法》第三十一条第一项规定情形，只能从唯一供应商处采购的，采购人、采购代理机构应当在省级以上财政部门指定媒体上进行公示。公示内容应当包括采购人、采购项目名称；拟采购的货物或者服务的说明、拟采购的货物或者服务的预算金额；采用单一来源方式的原因及相关说明；拟定的唯一供应商名称、地址；专业人员对相关供应商因专利、专有技术等原因具有唯一性的具体论证意见，以及专业人员的姓名、工作单位和职称；公示的期限；采购人、采购代理机构、财政部门的联系地址、联系人和联系电话。公示期限不得少于5个工作日。

9.终止公告

依法需要终止招标、竞争性谈判、竞争性磋商、询价、单一来源采购活动的，采购人或者采购代理机构应当发布项目终止公告并说明原因。

10.政府购买公共服务项目

对于政府向社会公众提供的公共服务项目，除按有关规定公开相关采购信息外，采购人还应当就确定采购需求在指定媒体上征求社会公众的意见，并将验收结果于验收结束之日起2个工作日内向社会公告。

（五）监管处罚信息的公开要求

财政部门作出的投诉、监督检查等处理决定公告的内容应当包括相关当事人名称及地址、投诉涉及采购项目名称及采购日期、投诉事项或监督检查主要事项、处理依据、处理结果、执法机关名称、公告日期等。投诉或监督检查处理决定应当自完成并履行有关报审程序后5个工作日内公告。

财政部门对集中采购机构的考核结果公告的内容应当包括集中采购机构名称、考核内容、考核方法、考核结果、存在问题、考核单位等。考核结果应当自完成并履行有关报审程序后5个工作日内公告。

供应商、采购代理机构和评审专家的违法失信行为记录公告的内容应当包括当事人名称、违法失信行为的具体情形、处理依据、处理结果、处理日期、执法机关名称等。供应商、采购代理机构和评审专家的违法失信行为信息月度记录应当不晚于次月10日前公告。

三、工作要求

（一）加强组织领导。各级财政部门、各部门、各单位要建立政府采购信息公开工作机制，落实责任分工，切实履行政府采购信息公开的责任和义务。省级财政部门要加强对本地区政府采购信息公开工作的指导和督促，指定并管理政府采购信息公开媒体，确保政府采购信息公开工作落到实处。

（二）落实技术保障。各级财政部门要及时做好相关信息系统和网络媒体的升级改造，创新信息公开方式，完善信息公开功能，提高政府采购信息公开的自动化水平，为政府采购信息公开和社会监督创造便利条件。中国政府采购网地方分网应当在2015年8月31日以前完成主要技术改造工作，确保合同公开等新的信息公开要求落到实处。

（三）强化监督检查。各级财政部门要将政府采购信息公开作为监督检查的重要内容，对采购人、采购代理机构未依法发布政府采购项目信息的，要依照《中华人民共和国政府采购法》第七十一条、第七十八条和《中华人民共和国政府采购法实施条例》第六十八条等规定追究法律责任。

（四）做好跟踪回应。各地区、各部门要主动回应信息公开工作中出现的情况和问题，做好预判、预案和跟踪，主动发声，及时解惑。各政府采购信息发布媒体要以高度负责的精神做好政府采购信息公开工作，及时、完整、准确地免费刊登信息。

2020年3月2日，财政部**《关于开展政府采购意向公开工作的通知》**（财库〔2020〕10号）规定：为进一步提高政府采购透明度，优化政府采购营商环境，根据《深化政府采购制度改革方案》和《财政部关于促进政府采购公平竞争优化营商环境的通知》（财库〔2019〕38号）有关要求，现就政府采购意向公开有关工作安排通知如下：

一、高度重视采购意向公开工作

推进采购意向公开是优化政府采购营商环境的重要举措。做好采购意向公开工作有助于提高政府采购透明度，方便供应商提前了解政府采购信息，对于保障各类市场主体平等参与政府采购活动，提升采购绩效，防范抑制腐败具有重要作用。各地区、各部门要充分认识此项工作的重要意义，高度重视、精心组织，认真做好采购意向公开工作。

二、关于采购意向公开工作推进步骤

采购意向公开工作遵循“试点先行，分步实施”的原则。2020年在中央预算单位和北京市、上海市、深圳市市本级预算单位开展试点。对2020年7月1日起实施的采购项目，中央预算单位和北京市、上海市、深圳市市本级预算单位应当按规定公开采购意向。各试点地区应根据地方实际尽快推进其他各级预算单位采购意向公开。其他地区可根据地方实际确定采购意向公开时间，原则上省级预算单位2021年1月1日起实施的采购项目，省级以下各级预算单位2022年1月1日起实施的采购项目，应当按规定公开采购意向；具备条件的地区可适当提前开展采购意向公开工作。

三、关于采购意向公开的主体和渠道

采购意向由预算单位负责公开。中央预算单位的采购意向在中国政府采购网（www.ccgp.gov.cn）中央主网公开，地方预算单位的采购意向在中国政府采购网地方分网公开，采购意向也可在省级以上财政部门指定的其他媒体同步公开。主管预算单位可汇总本部门、本系统所属预算单位的采购意向集中公开，有条件的部门可在其部门门户网站同步公开本部门、本系统的采购意向。

四、关于采购意向公开的内容

采购意向按采购项目公开。除以协议供货、定点采购方式实施的小额零星采购和由集中采购机构统一组织的批量集中采购外，按项目实施的集中采购目录以内或者采购限额标准以上的货物、工程、服务采购均应当公开采购意向。

采购意向公开的内容应当包括采购项目名称、采购需求概况、预算金额、预计采购时间等，政府采购意向公开参考文本见附件。其中，采购需求概况应当包括采购标的名称，采购标的需实现的主要功能或者目标，采购标的数量，以及采购标的需满足的质量、服务、安全、时限等要求。采购意向应当尽可能清晰完整，便于供应商提前做好参与采购活动的准备。采购意向仅作为供应商了解各单位初步采购安排的参考，采购项目实际采购需求、预算金额和执行时间以预算单位最终发布的采购公告和采购文件为准。

五、关于采购意向公开的依据和时间

采购意向由预算单位定期或者不定期公开。部门预算批复前公开的采购意向，以部门预算“二上”内容为依据；部门预算批复后公开的采购意向，以部门预算为依据。预算执行中新增采购项目应当及时公开采购意向。采购意向公开时间应当尽量提前，原则上不得晚于采购活动开始前30日公开采购意向。因预算单位不可预见的原因急需开展的采购项目，可不公开采购意向。

六、工作要求

各中央预算单位要加强采购活动的计划性，按照本通知要求及时、全面公开采购意向。各中央主管预算单位应当做好统筹协调工作，及时安排部署，加强对本部门所属预算单位的督促和指导，确保所属预算单位严格按规定公开采购意向，做到不遗漏、不延误。

各省级财政部门要根据本通知要求抓紧制定具体工作方案，对本地区采购意向公开工作进行布置，着重加强对市县级预算单位政府采购意向公开工作的指导，并在中国政府采购网地方分网设置相关专栏，确保本地区各级预算单位按要求完成采购意向公开工作。

各地区、各部门要认真总结采购意向公开工作中好的做法和经验，对推进过程中遇到的新情况、新问题，要研究完善有关举措，并及时向财政部反映。财政部将结合政府采购透明度评估工作，对采购意向公开情况进行检查并对检查结果予以通报。

特此通知。

附件：政府采购意向公开参考文本（略）

2020年3月18日，财政部办公厅**《政府采购公告和公示信息格式规范（2020年版）》**（财办库〔2020〕50号）规定：为规范政府采购公告和公示信息发布行为，提高政府采购活动透明度，财政部研究制定了

《政府采购公告和公示信息格式规范（2020年版）》，现印发给你们，请遵照执行。

各部门、各地区要高度重视政府采购信息公开工作，督促指导采购单位和采购代理机构自2020年7月1日起按照本格式规范编制发布政府采购信息。执行中如遇政策问题，请及时向财政部国库司反馈。

附件：政府采购公告和公示信息格式规范（2020年版）（略）

2020年11月25日，财政部办公厅**《关于做好政府采购网民咨询答复工作的通知》**（财办库〔2020〕233号）规定：网民咨询答复是落实“放管服”改革精神，与公众互动交流的重要方式。做好政府采购咨询答复工作，可以起到宣传解读政策、规范操作执行的作用，对推进深化政府采购制度改革，优化政府采购营商环境有重要意义。现就做好政府采购咨询答复工作有关事项通知如下：

一、完善网民咨询答复平台建设

各省级财政部门应当于2020年底前在本单位门户网站或中国政府采购网地方分网开设政府采购咨询专栏，也可依托现有网络咨询专栏，向预算单位和市场主体提供政府采购政策咨询服务。对于已答复的问题，应当予以公开，并列明答复日期、答复部门、答复内容等，设置查找功能，便于网民查看往期答复内容。

二、规范开展网民咨询答复工作

对政策咨询类问题，应当依据法律制度规定作出解释。对属于职责范围内、可以明确回复的，应尽快回复；对属于其他部门职责范围的，尽量告知咨询渠道；对无法回复的，应告知原因。问题答复应详实具体，言之有物，符合法律法规和政策要求，不得涉及涉密内容和敏感事项。

三、建立健全网民咨询答复工作机制

各级财政部门要切实提高理论政策水平和公共服务水平，建立和完善咨询答复工作机制，将咨询答复工作作为服务采购人、采购代理机构、评审专家以及供应商等相关市场主体的重要内容，明确答复责任，细化工作流程，建立内部审查机制，做好保密审查工作。有关咨询专栏的开设及答复情况，将作为2021年度政府采购透明度评估的重要内容。

2019年7月26日，财政部**《关于促进政府采购公平竞争优化营商环境的通知》**（财库〔2019〕38号）中规定：

一、全面清理政府采购领域妨碍公平竞争的规定和做法

各地区、各部门应当严格落实《中华人民共和国政府采购法》等相关法律法规的要求，依法保障各类市场主体平等参与政府采购活动的权利。要全面清理政府采购领域妨碍公平竞争的规定和做法，重点清理和纠正以下问题：……（六）不依法及时、有效、完整发布或者提供采购项目信息，妨碍供应商参与政府采购活动；……

五、进一步提升政府采购透明度

加强政府采购透明度建设。完善政府采购信息发布平台服务功能。中国政府采购网及地方分网等政府采购信息发布平台应当提供便捷、免费的在线检索服务，向市场主体无偿提供所有依法公开的政府采购信息。推进开标活动对外公开，在保证正常开标秩序的前提下，允许除投标人及其代表之外的其他人员观摩开标活动。

推进采购意向公开。采购意向包括主要采购项目、采购内容及需求概况、预算金额、预计采购时间等。为便于供应商提前了解采购信息，各地区、各部门应当创造条件积极推进采购意向公开（涉密信息除外）。自2020年起，选择部分中央部门和地方开展公开采购意向试点。在试点基础上，逐步实现各级预算单位采购意向公开。

2013年11月18日，中共中央、国务院**《党政机关厉行节约反对浪费条例》**（中发〔2013〕13号）**第五十四条** 党政机关应当建立健全厉行节约反对浪费信息公开制度。除依照法律法规和有关要求须保密的内容和事项外，下列内容应当按照及时、方便、多样的原则，以适当方式进行公开：……（二）政府采购文件、采购预算、中标成交结果、采购合同等情况；……

《政府采购法》第十三条[①]**【政府采购监督管理部门】**各级人民政府财政部门是负责政府采购监督管理的部门，依法履行对政府采购活动的监督管理职责。

---

① 2013年11月18日，中共中央、国务院**《党政机关厉行节约反对浪费条例》**（中发〔2013〕13号）**第五十三条** 财政部门应当加强对党政机关预算编制、执行等财政、财务、政府采购和会计事项的监督检查，依法处理发现的违规问题，并及时向本级党委和政府汇报监督检查结果。

2009年4月10日，国务院办公厅**《关于进一步加强政府采购管理工作的意见》**（国办发〔2009〕35号）中指出：财政部门要严格采购文件编制、信息公告、采购评审、采购合同格式和产品验收等环节的具体标准和程序要求；要建立统一的专家库、供应商产品信息库，逐步实现动态管理和加强违规行为的处罚；要会同国家保密部门制定保密项目采购的具体标准、范围和工作要求，防止借采购项目保密而逃避或简化政府采购的行为。

2016年11月28日，财政部办公厅**《关于进一步完善政府采购协同监管机制的通知》**（财办库〔2016〕427号）规定：一、各级财政部门要切实加强工作协调的主动性，在完善财政部门全流程业务监管职责的基础上，定期将政府采购执行情况、统计信息和监督检查工作开展情况抄报纪检监察部门和审计部门，促进三部门间政府采购监管相关信息互通与共享，实现对政府采购活动的全过程全方位监管，维护政府采购市场秩序。

二、各级财政部门要加强对政府采购项目的监督检查，建立台账制度，对监督检查处理情况进行认真梳理和归类，及时登记处理结果信息，涉及国家公职人员违纪线索的，财政部门应按照有关规定及时移交纪检监察部门。

各级人民政府其他有关部门依法履行与政府采购活动有关的监督管理职责。

三、各级财政部门要完善接收督办机制，对纪检监察和审计部门移交的政府采购违法违规问题线索，指定专人负责问题线索的登记和催办工作，确保依法调查处理，及时反馈处理结果。

四、各级财政部门要主动与审计部门沟通，及时提供政府采购监管工作重点，定期向审计部门提供政府采购管理信息系统数据，在条件许可的情况下将政府采购执行情况纳入审计部门开展的相关工作中，进一步加强对预算单位开展政府采购活动的监督管理。

五、各级财政部门内设机构要加强业务联系，专项检查和日常监管等工作中发现的涉及政府采购违法违规问题线索，应当及时移交政府采购监管机构处理。

2020年3月1日，财政部**《政府购买服务管理办法》**（财政部第102号令）**第四条**规定：财政部负责制定全国性政府购买服务制度，指导和监督各地区、各部门政府购买服务工作。县级以上地方人民政府财政部门负责本行政区域政府购买服务管理。

2019年8月12日，财政部办公厅**《关于消防救援和公特勤机构政府采购有关问题的复函》**（财办库〔2019〕240号）规定：机构改革后消防救援和公安特勤机构已明确为中央预算单位，应统一执行中央预算单位集中采购目录及标准、政府采购方式变更审批、采购进口产品审核、信息统计等政府采购管理制度，有关投诉举报由财政部处理。

《政府采购法实施条例》第十条[1]**【电子化政府采购】**国家实行统一的政府采购电子交易平台建设标准，推动利用信息网络进行电子化政府采购活动。

---

① 2013年11月18日，中共中央、国务院**《党政机关厉行节约反对浪费条例》**（中发〔2013〕13号）**第十二条** ……加快政府采购管理交易平台建设，推进电子化政府采购。

2019年7月26日，财政部**《关于促进政府采购公平竞争优化营商环境的通知》**（财库〔2019〕38号）要求加快推进电子化政府采购。要求推进采购项目电子化实施。要加快完善电子化政府采购平台的网上交易功能，实现在线发布采购公告、提供采购文件、提交投标（响应）文件，实行电子开标、电子评审。逐步建立电子化政府采购平台与财政业务、采购单位内部管理等信息系统的衔接，完善和优化合同签订、履约验收、信用评价、用户反馈、提交发票、资金支付等线上流程。要求加快实施"互联网+政府采购"行动。积极推进电子化政府采购平台和电子卖场建设，建立健全统一的技术标准和数据规范，逐步实现全国范围内的互联互通，推动与公共资源交易平台数据共享，提升供应商参与政府采购活动的便利程度。

第二章

政府采购当事人

《政府采购法》第十四条【政府采购当事人】政府采购当事人是指在政府采购活动中享有权利和承担义务的各类主体，包括采购人、供应商和采购代理机构等。

《政府采购法》第十五条[①]**【采购人的含义】**采购人是指依法进行政府采购的国家机关、事业单位、团体组织。

---

① 2020年3月1日，财政部**《政府购买服务管理办法》**（财政部第102号令）**第五条** 各级国家机关是政府购买服务的购买主体。

第八条 公益一类事业单位、使用事业编制且由财政拨款保障的群团组织，不作为政府购买服务的购买主体和承接主体。

……

第三十三条 党的机关、政协机关、民主党派机关、承担行政职能的事业单位和使用行政编制的群团组织机关使用财政性资金购买服务的，参照本办法执行。

2016年11月30日，财政部、中央编办**《关于做好事业单位政府购买服务改革工作的意见》**（财综〔2016〕53号）规定：……二、分类定

《政府采购法实施条例》第十一条[①]**【采购人的职责和义务及禁止行为】**采购人在政府采购活动中应当维护国家利益和社会公共利益，公正廉洁，诚实守信，执行政府采购政策，建立政府采购内部管理制度，厉行节约，科学合理确定采购需求。

位（一）完全或主要承担行政职能的事业单位可以比照政府行政部门，作为政府购买服务的购买主体。部分承担行政职能的事业单位完成剥离行政职能改革后，应当根据新的分类情况执行相应的政府购买服务政策。不承担行政职能的事业单位不属于政府购买服务的购买主体，因履职需要购买辅助性服务的，应当按照政府采购法律制度有关规定执行。

（二）承担义务教育、基础性科研、公共文化、公共卫生及基层的基本医疗服务等基本公益服务，不能或不宜由市场配置资源的公益一类事业单位，既不属于政府购买服务的购买主体，也不属于承接主体，不得参与承接政府购买服务。有关行政主管部门应当加强对所属公益一类事业单位的经费保障和管理，强化公益属性，有效发挥政府举办事业单位提供基本公共服务的职能作用。

2013年9月26日，国务院办公厅**《关于政府向社会力量购买服务的指导意见》**（国办发〔2013〕96号）规定：……三、规范有序开展政府向社会力量购买服务工作（一）购买主体。政府向社会力量购买服务的主体是各级行政机关和参照公务员法管理、具有行政管理职能的事业单位。纳入行政编制管理且经费由财政负担的群团组织，也可根据实际需要，通过购买服务方式提供公共服务。

① 2017年7月11日，财政部**《政府采购货物和服务招标投标管理办法》**（财政部第87号令）**第六条**　采购人应当按照行政事业单位内部控制规范要求，建立健全本单位政府采购内部控制制度，在编制政府采购预算和实施计划、确定采购需求、组织采购活动、履约验收、答复询问质疑、配合投诉处理及监督检查等重点环节加强内部控制管理。

采购人不得向供应商索要或者接受其给予的赠品、回扣或者与采购无关的其他商品、服务。

采购人不得向供应商索要或者接受其给予的赠品、回扣或者与采购无关的其他商品、服务。

2016年6月29日，财政部**《关于加强政府采购活动内部控制管理的指导意见》**（财库〔2016〕99号）规定：加强对政府采购活动的内部控制管理，是贯彻《中共中央关于全面推进依法治国若干重大问题的决定》的重要举措，也是深化政府采购制度改革的内在要求，对落实党风廉政建设主体责任、推进依法采购具有重要意义。近年来，一些采购人、集中采购机构和政府采购监管部门积极探索建立政府采购活动内部控制制度，取得了初步成效，但总体上还存在体系不完整、制度不健全、发展不平衡等问题。为了进一步规范政府采购活动中的权力运行，强化内部流程控制，促进政府采购提质增效，现提出如下意见：

一、总体要求

（一）指导思想

贯彻党的十八大和十八届三中、四中、五中全会精神，按照“四个全面”战略布局，适应政府职能转变和构建现代财政制度需要，落实政府采购法律法规要求，执行《行政事业单位内部控制规范（试行）》（财会〔2012〕21号）和《财政部关于全面推进行政事业单位内部控制建设的指导意见》（财会〔2015〕24号）相关规定，坚持底线思维和问题导向，创新政府采购管理手段，切实加强政府采购活动中的权力运行监督，有效防范舞弊和预防腐败，提升政府采购活动的组织管理水平和财政资金使用效益，提高政府采购公信力。

（二）基本原则

1.全面管控与突出重点并举。将政府采购内部控制管理贯穿于政府采购执行与监管的全流程、各环节，全面控制，重在预防。抓住关键环节、岗位和重大风险事项，从严管理，重点防控。

2.分工制衡与提升效能并重。发挥内部机构之间，相关业务、环节和岗位之间的相互监督和制约作用，合理安排分工，优化流程衔接，提高采购绩效和行政效能。

3.权责对等与依法惩处并行。在政府采购执行与监管过程中贯彻权责一致原则，因权定责、权责对应。严格执行法律法规的问责条款，有错必究、失责必惩。

（三）主要目标

以“分事行权、分岗设权、分级授权”为主线，通过制定制度、健全机制、完善措施、规范流程，逐步形成依法合规、运转高效、风险可控、问责严格的政府采购内部运转和管控制度，做到约束机制健全、权力运行规范、风险控制有力、监督问责到位，实现对政府采购活动内部权力运行的有效制约。

二、主要任务

（一）落实主体责任

采购人应当做好政府采购业务的内部归口管理和所属单位管理，明确内部工作机制，重点加强对采购需求、政策落实、信息公开、履约验收、结果评价等的管理。

集中采购机构应当做好流程控制，围绕委托代理、编制采购文件和拟订合同文本、执行采购程序、代理采购绩效等政府采购活动的重点内容和环节加强管理。

监管部门应当强化依法行政意识，围绕“放管服”改革要求，重点完善采购方式审批、采购进口产品审核、投诉处理、监督检查等内部管理制度和工作规程。

（二）明确重点任务

1.严防廉政风险。牢固树立廉洁是政府采购生命线的根本理念，把纪律和规矩挺在前面。针对政府采购岗位设置、流程设计、主体责任、与市场主体交往等重点问题，细化廉政规范、明确纪律规矩，形成严密、有效的约束机制。

2.控制法律风险。切实提升采购人、集中采购机构和监管部门的法治观念，依法依规组织开展政府采购活动，提高监管水平，切实防控政府采购执行与监管中的法律风险。

3.落实政策功能。准确把握政府采购领域政策功能落实要求，严格执行政策规定，切实发挥政府采购在实现国家经济和社会发展政策目标中的作用。

4.提升履职效能。落实精简、统一、效能的要求，科学确定事权归属、岗位责任、流程控制和授权关系，推进政府采购流程优化、执行顺畅，提升政府采购整体效率、效果和效益。

三、主要措施

（一）明晰事权，依法履职尽责

采购人、采购代理机构和监管部门应当根据法定职责开展工作，既不能失职不作为，也不得越权乱作为。

1.实施归口管理。采购人应当明确内部归口管理部门，具体负责本单位、本系统的政府采购执行管理。归口管理部门应当牵头建立本单位政府采购内部控制制度，明确本单位相关部门在政府采购工作中的职责与分工，建立政府采购与预算、财务（资金）、资产、使用等业务机构或岗位之间沟通协调的工作机制，共同做好编制政府采购预算和实施计划、确定采购需求、组织采购活动、履约验收、答复询问质疑、配合投诉处理及监督检查等工作。

2.明确委托代理权利义务。委托采购代理机构采购的，采购人应当和采购代理机构依法签订政府采购委托代理协议，明确代理采购的范围、权限和期限等具体事项。采购代理机构应当严格按照委托代理协议开展采购活动，不得超越代理权限。

3.强化内部监督。采购人、集中采购机构和监管部门应当发挥内部审计、纪检监察等机构的监督作用，加强对采购执行和监管工作的常规审计和专项审计。畅通问题反馈和受理渠道，通过检查、考核、设置监督电话或信箱等多种途径查找和发现问题，有效分析、预判、管理、处置风险事项。

（二）合理设岗，强化权责对应

合理设置岗位，明确岗位职责、权限和责任主体，细化各流程、各环节的工作要求和执行标准。

1.界定岗位职责。采购人、集中采购机构和监管部门应当结合自身特点，对照政府采购法律、法规、规章及制度规定，认真梳理不同业务、环节、岗位需要重点控制的风险事项，划分风险等级，建立制度规则、风险事项等台账，合理确定岗位职责。

2.不相容岗位分离。采购人、集中采购机构应当建立岗位间的制衡机制，采购需求制定与内部审核、采购文件编制与复核、合同签订与验收等岗位原则上应当分开设置。

3.相关业务多人参与。采购人、集中采购机构对于评审现场组织、单一来源采购项目议价、合同签订、履约验收等相关业务，原则上应当由2人以上共同办理，并明确主要负责人员。

4.实施定期轮岗。采购人、集中采购机构和监管部门应当按规定建立轮岗交流制度，按照政府采购岗位风险等级设定轮岗周期，风险等级高的岗位原则上应当缩短轮岗年限。不具备轮岗条件的应当定期采取专项审计等控制措施。建立健全政府采购在岗监督、离岗审查和项目责任追溯制度。

（三）分级授权，推动科学决策

明确不同级别的决策权限和责任归属，按照分级授权的决策模式，建立与组织机构、采购业务相适应的内部授权管理体系。

1.加强所属单位管理。主管预算单位应当明确与所属预算单位在政府采购管理、执行等方面的职责范围和权限划分，细化业务流程和工作要求，加强对所属预算单位的采购执行管理，强化对政府采购政策落实的指导。

2.完善决策机制。采购人、集中采购机构和监管部门应当建立健全内部政府采购事项集体研究、合法性审查和内部会签相结合的议事决策机制。对于涉及民生、社会影响较大的项目，采购人在制定采购需求时，还应当进行法律、技术咨询或者公开征求意见。监管部门处理政府采购投诉应当建立健全法律咨询机制。决策过程要形成完整记录，任何个人不得单独决策或者擅自改变集体决策。

3.完善内部审核制度。采购人、集中采购机构确定采购方式、组织采购活动，监管部门办理审批审核事项、开展监督检查、做出处理处罚决定等，应当依据法律制度和有关政策要求细化内部审核的各项要素、审核标准、审核权限和工作要求，实行办理、复核、审定的内部审核机制，对照要求逐层把关。

（四）优化流程，实现重点管控

加强对采购活动的流程控制，突出重点环节，确保政府采购项目规范运行。

1.增强采购计划性。采购人应当提高编报与执行政府采购预算、实施计划的系统性、准确性、及时性和严肃性，制定政府采购实施计划执行时间表和项目进度表，有序安排采购活动。

2.加强关键环节控制。采购人、集中采购机构应当按照有关法律法规及业务流程规定，明确政府采购重点环节的控制措施。未编制采购预算和实施计划的不得组织采购，无委托代理协议不得开展采购代理活动，对属于政府采购范围未执行政府采购规定、采购方式或程序不符合规定的及时予以纠正。

3.明确时限要求。采购人、集中采购机构和监管部门应当提高政府采购效率，对信息公告、合同签订、变更采购方式、采购进口产品、答复询问质疑、投诉处理以及其他有时间要求的事项，要细化各个节点的工作时限，确保在规定时间内完成。

4. 强化利益冲突管理。采购人、集中采购机构和监管部门应当厘清利益冲突的主要对象、具体内容和表现形式，明确与供应商等政府采购市场主体、评审专家交往的基本原则和界限，细化处理原则、处理方式和解决方案。采购人员及相关人员与供应商有利害关系的，应当严格执行回避制度。

5. 健全档案管理。采购人、集中采购机构和监管部门应当加强政府采购记录控制，按照规定妥善保管与政府采购管理、执行相关的各类文件。

四、保障措施

采购人、集中采购机构和监管部门要深刻领会政府采购活动中加强内部控制管理的重要性和必要性，结合廉政风险防控机制建设、防止权力滥用的工作要求，准确把握政府采购工作的内在规律，加快体制机制创新，强化硬的制度约束，切实提高政府采购内部控制管理水平。

（一）加强组织领导

建立政府采购内部控制管理工作的领导、协调机制，做好政府采购内部控制管理各项工作。要严格执行岗位分离、轮岗交流等制度，暂不具备条件的要创造条件逐步落实，确不具备条件的基层单位可适当放宽要求。集中采购机构以外的采购代理机构可以参照本意见建立和完善内部控制管理制度，防控代理执行风险。

（二）加快建章立制

抓紧梳理和评估本部门、本单位政府采购执行和监管中存在的风险，明确标准化工作要求和防控措施，完善内部管理制度，形成较为完备的内部控制体系。

（三）完善技术保障

运用信息技术落实政府采购内部控制管理措施，政府采购管理交易系统及采购人内部业务系统应当重点强化人员身份验证、岗位业务授权、系统操作记录、电子档案管理等系统功能建设。探索大数据分析在政府采购内部控制管理中的应用，将信息数据科学运用于项目管理、风险控制、监督预警等方面。

（四）强化运行监督

建立内部控制管理的激励约束机制，将内部控制制度的建设和执行情况纳入绩效考评体系，将日常评价与重点监督、内部分析和外部评价相结合，定期对内部控制的有效性进行总结，加强评估结果应用，不断改进内部控制管理体系。财政部门要将政府采购内部控制制度的建设和执行情况作为政府采购监督检查和对集中采购机构考核的重要内容，加强监督指导。

2012年11月29日，财政部**《行政事业单位内部控制规范（试行）》**（财会〔2012〕21号）规定：

第一章　总　则

第一条　为了进一步提高行政事业单位内部管理水平，规范内部控制，加强廉政风险防控机制建设，根据《中华人民共和国会计法》《中华人民共和国预算法》等法律法规和相关规定，制定本规范。

第二条　本规范适用于各级党的机关、人大机关、行政机关、政协机关、审判机关、检察机关、各民主党派机关、人民团体和事业单位（以下统称单位）经济活动的内部控制。

第三条　本规范所称内部控制，是指单位为实现控制目标，通过制定制度、实施措施和执行程序，对经济活动的风险进行防范和管控。

第四条　单位内部控制的目标主要包括：合理保证单位经济活动合法合规、资产安全和使用有效、财务信息真实完整，有效防范舞弊和预防腐败，提高公共服务的效率和效果。

第五条　单位建立与实施内部控制，应当遵循下列原则：

（一）全面性原则。内部控制应当贯穿单位经济活动的决策、执行和监督全过程，实现对经济活动的全面控制。

（二）重要性原则。在全面控制的基础上，内部控制应当关注单位重要经济活动和经济活动的重大风险。

（三）制衡性原则。内部控制应当在单位内部的部门管理、职责分工、业务流程等方面形成相互制约和相互监督。

（四）适应性原则。内部控制应当符合国家有关规定和单位的实际情况，并随着外部环境的变化、单位经济活动的调整和管理要求的提高，不断修订和完善。

第六条　单位负责人对本单位内部控制的建立健全和有效实施负责。

第七条　单位应当根据本规范建立适合本单位实际情况的内部控制

体系，并组织实施。具体工作包括梳理单位各类经济活动的业务流程，明确业务环节，系统分析经济活动风险，确定风险点，选择风险应对策略，在此基础上根据国家有关规定建立健全单位各项内部管理制度并督促相关工作人员认真执行。

第二章　风险评估和控制方法

第八条　单位应当建立经济活动风险定期评估机制，对经济活动存在的风险进行全面、系统和客观评估。

经济活动风险评估至少每年进行一次；外部环境、经济活动或管理要求等发生重大变化的，应及时对经济活动风险进行重估。

第九条　单位开展经济活动风险评估应当成立风险评估工作小组，单位领导担任组长。

经济活动风险评估结果应当形成书面报告并及时提交单位领导班子，作为完善内部控制的依据。

第十条　单位进行单位层面的风险评估时，应当重点关注以下方面：

（一）内部控制工作的组织情况。包括是否确定内部控制职能部门或牵头部门；是否建立单位各部门在内部控制中的沟通协调和联动机制。

（二）内部控制机制的建设情况。包括经济活动的决策、执行、监督是否实现有效分离；权责是否对等；是否建立健全议事决策机制、岗位责任制、内部监督等机制。

（三）内部管理制度的完善情况。包括内部管理制度是否健全；执行是否有效。

（四）内部控制关键岗位工作人员的管理情况。包括是否建立工作人员的培训、评价、轮岗等机制；工作人员是否具备相应的资格和能力。

（五）财务信息的编报情况。包括是否按照国家统一的会计制度对经济业务事项进行账务处理；是否按照国家统一的会计制度编制财务会计报告。

（六）其他情况。

第十一条　单位进行经济活动业务层面的风险评估时，应当重点关注以下方面：

（一）预算管理情况。包括在预算编制过程中单位内部各部门间沟通协调是否充分，预算编制与资产配置是否相结合、与具体工作是否相对应；是否按照批复的额度和开支范围执行预算，进度是否合理，是否存在无预算、超预算支出等问题；决算编报是否真实、完整、准确、及时。

（二）收支管理情况。包括收入是否实现归口管理，是否按照规定及时向财会部门提供收入的有关凭据，是否按照规定保管和使用印章和票据等；发生支出事项时是否按照规定审核各类凭据的真实性、合法性，是否存在使用虚假票据套取资金的情形。

（三）政府采购管理情况。包括是否按照预算和计划组织政府采购业务；是否按照规定组织政府采购活动和执行验收程序；是否按照规定保存政府采购业务相关档案。

（四）资产管理情况。包括是否实现资产归口管理并明确使用责任；是否定期对资产进行清查盘点，对账实不符的情况及时进行处理；是否按照规定处置资产。

（五）建设项目管理情况。包括是否按照概算投资；是否严格履行审核审批程序；是否建立有效的招投标控制机制；是否存在截留、挤占、挪用、套取建设项目资金的情形；是否按照规定保存建设项目相关档案并及时办理移交手续。

（六）合同管理情况。包括是否实现合同归口管理；是否明确应签订合同的经济活动范围和条件；是否有效监控合同履行情况，是否建立合同纠纷协调机制。

（七）其他情况。

第十二条　单位内部控制的控制方法一般包括：

（一）不相容岗位相互分离。合理设置内部控制关键岗位，明确划分职责权限，实施相应的分离措施，形成相互制约、相互监督的工作机制。

（二）内部授权审批控制。明确各岗位办理业务和事项的权限范围、审批程序和相关责任，建立重大事项集体决策和会签制度。相关工作人员应当在授权范围内行使职权、办理业务。

（三）归口管理。根据本单位实际情况，按照权责对等的原则，采取成立联合工作小组并确定牵头部门或牵头人员等方式，对有关经济活动实行统一管理。

（四）预算控制。强化对经济活动的预算约束，使预算管理贯穿于单位经济活动的全过程。

（五）财产保护控制。建立资产日常管理制度和定期清查机制，采取资产记录、实物保管、定期盘点、账实核对等措施，确保资产安全完整。

（六）会计控制。建立健全本单位财会管理制度，加强会计机构建设，提高会计人员业务水平，强化会计人员岗位责任制，规范会计基础工作，加强会计档案管理，明确会计凭证、会计账簿和财务会计报告处理程序。

（七）单据控制。要求单位根据国家有关规定和单位的经济活动业务流程，在内部管理制度中明确界定各项经济活动所涉及的表单和票据，要求相关工作人员按照规定填制、审核、归档、保管单据。

（八）信息内部公开。建立健全经济活动相关信息内部公开制度，根据国家有关规定和单位的实际情况，确定信息内部公开的内容、范围、方式和程序。

第三章　单位层面内部控制

第十三条　单位应当单独设置内部控制职能部门或者确定内部控制牵头部门，负责组织协调内部控制工作。同时，应当充分发挥财会、内部审计、纪检监察、政府采购、基建、资产管理等部门或岗位在内部控制中的作用。

第十四条　单位经济活动的决策、执行和监督应当相互分离。单位应当建立健全集体研究、专家论证和技术咨询相结合的议事决策机制。

重大经济事项的内部决策，应当由单位领导班子集体研究决定。重大经济事项的认定标准应当根据有关规定和本单位实际情况确定，一经确定，不得随意变更。

第十五条　单位应当建立健全内部控制关键岗位责任制，明确岗位职责及分工，确保不相容岗位相互分离、相互制约和相互监督。单位应当实行内部控制关键岗位工作人员的轮岗制度，明确轮岗周期。不具备轮岗条件的单位应当采取专项审计等控制措施。内部控制关键岗位主要包括预算业务管理、收支业务管理、政府采购业务管理、资产管理、建设项目管理、合同管理以及内部监督等经济活动的关键岗位。

第十六条　内部控制关键岗位工作人员应当具备与其工作岗位相适应的资格和能力。

单位应当加强内部控制关键岗位工作人员业务培训和职业道德教育，不断提升其业务水平和综合素质。

第十七条　单位应当根据《中华人民共和国会计法》的规定建立会计机构，配备具有相应资格和能力的会计人员。

单位应当根据实际发生的经济业务事项按照国家统一的会计制度及时进行账务处理、编制财务会计报告，确保财务信息真实、完整。

第十八条　单位应当充分运用现代科学技术手段加强内部控制。对信息系统建设实施归口管理，将经济活动及其内部控制流程嵌入单位信息系统中，减少或消除人为操纵因素，保护信息安全。

第四章　业务层面内部控制

第一节　预算业务控制

第十九条　单位应当建立健全预算编制、审批、执行、决算与评价等预算内部管理制度。

单位应当合理设置岗位，明确相关岗位的职责权限，确保预算编制、审批、执行、评价等不相容岗位相互分离。

第二十条 单位的预算编制应当做到程序规范、方法科学、编制及时、内容完整、项目细化、数据准确。

（一）单位应当正确把握预算编制有关政策，确保预算编制相关人员及时全面掌握相关规定。

（二）单位应当建立内部预算编制、预算执行、资产管理、基建管理、人事管理等部门或岗位的沟通协调机制，按照规定进行项目评审，确保预算编制部门及时取得和有效运用与预算编制相关的信息，根据工作计划细化预算编制，提高预算编制的科学性。

第二十一条 单位应当根据内设部门的职责和分工，对按照法定程序批复的预算在单位内部进行指标分解、审批下达，规范内部预算追加调整程序，发挥预算对经济活动的管控作用。

第二十二条 单位应当根据批复的预算安排各项收支，确保预算严格有效执行。

单位应当建立预算执行分析机制。定期通报各部门预算执行情况，召开预算执行分析会议，研究解决预算执行中存在的问题，提出改进措施，提高预算执行的有效性。

第二十三条 单位应当加强决算管理，确保决算真实、完整、准确、及时，加强决算分析工作，强化决算分析结果运用，建立健全单位预算与决算相互反映、相互促进的机制。

第二十四条 单位应当加强预算绩效管理，建立“预算编制有目标、预算执行有监控、预算完成有评价、评价结果有反馈、反馈结果有应用”的全过程预算绩效管理机制。

第二节 收支业务控制

第二十五条 单位应当建立健全收入内部管理制度。

单位应当合理设置岗位，明确相关岗位的职责权限，确保收款、会计核算等不相容岗位相互分离。

第二十六条 单位的各项收入应当由财会部门归口管理并进行会计核算，严禁设立账外账。

业务部门应当在涉及收入的合同协议签订后及时将合同等有关材料提交财会部门作为账务处理依据，确保各项收入应收尽收，及时入账。财会部门应当定期检查收入金额是否与合同约定相符；对应收未收项目应当查明情况，明确责任主体，落实催收责任。

第二十七条　有政府非税收入收缴职能的单位，应当按照规定项目和标准征收政府非税收入，按照规定开具财政票据，做到收缴分离、票款一致，并及时、足额上缴国库或财政专户，不得以任何形式截留、挪用或者私分。

第二十八条　单位应当建立健全票据管理制度。财政票据、发票等各类票据的申领、启用、核销、销毁均应履行规定手续。单位应当按照规定设置票据专管员，建立票据台账，做好票据的保管和序时登记工作。票据应当按照顺序号使用，不得拆本使用，做好废旧票据管理。负责保管票据的人员要配置单独的保险柜等保管设备，并做到人走柜锁。

单位不得违反规定转让、出借、代开、买卖财政票据、发票等票据，不得擅自扩大票据适用范围。

第二十九条　单位应当建立健全支出内部管理制度，确定单位经济活动的各项支出标准，明确支出报销流程，按照规定办理支出事项。单位应当合理设置岗位，明确相关岗位的职责权限，确保支出申请和内部审批、付款审批和付款执行、业务经办和会计核算等不相容岗位相互分离。

第三十条　单位应当按照支出业务的类型，明确内部审批、审核、支付、核算和归档等支出各关键岗位的职责权限。实行国库集中支付的，应当严格按照财政国库管理制度有关规定执行。

（一）加强支出审批控制。明确支出的内部审批权限、程序、责任和相关控制措施。审批人应当在授权范围内审批，不得越权审批。

（二）加强支出审核控制。全面审核各类单据。重点审核单据来源是否合法，内容是否真实、完整，使用是否准确，是否符合预算，审批手续是否齐全。

支出凭证应当附反映支出明细内容的原始单据，并由经办人员签字或盖章，超出规定标准的支出事项应由经办人员说明原因并附审批依据，确保与经济业务事项相符。

（三）加强支付控制。明确报销业务流程，按照规定办理资金支付手续。签发的支付凭证应当进行登记。使用公务卡结算的，应当按照公务卡使用和管理有关规定办理业务。

（四）加强支出的核算和归档控制。由财会部门根据支出凭证及时准确登记账簿；与支出业务相关的合同等材料应当提交财会部门作为账务处理的依据。

第三十一条 根据国家规定可以举借债务的单位应当建立健全债务内部管理制度，明确债务管理岗位的职责权限，不得由一人办理债务业务的全过程。大额债务的举借和偿还属于重大经济事项，应当进行充分论证，并由单位领导班子集体研究决定。

单位应当做好债务的会计核算和档案保管工作。加强债务的对账和检查控制，定期与债权人核对债务余额，进行债务清理，防范和控制财务风险。

第三节 政府采购业务控制

第三十二条 单位应当建立健全政府采购预算与计划管理、政府采购活动管理、验收管理等政府采购内部管理制度。

第三十三条 单位应当明确相关岗位的职责权限，确保政府采购需求制定与内部审批、招标文件准备与复核、合同签订与验收、验收与保管等不相容岗位相互分离。

第三十四条 单位应当加强对政府采购业务预算与计划的管理。建立预算编制、政府采购和资产管理等部门或岗位之间的沟通协调机制。根据本单位实际需求和相关标准编制政府采购预算，按照已批复的预算安排政府采购计划。

第三十五条 单位应当加强对政府采购活动的管理。对政府采购活动实施归口管理，在政府采购活动中建立政府采购、资产管理、财会、内部审计、纪检监察等部门或岗位相互协调、相互制约的机制。单位应当加强对政府采购申请的内部审核，按照规定选择政府采购方式、发布政府采购信息。对政府采购进口产品、变更政府采购方式等事项应当加强内部审核，严格履行审批手续。

第三十六条　单位应当加强对政府采购项目验收的管理。根据规定的验收制度和政府采购文件，由指定部门或专人对所购物品的品种、规格、数量、质量和其他相关内容进行验收，并出具验收证明。

第三十七条　单位应当加强对政府采购业务质疑投诉答复的管理。指定牵头部门负责、相关部门参加，按照国家有关规定做好政府采购业务质疑投诉答复工作。

第三十八条　单位应当加强对政府采购业务的记录控制。妥善保管政府采购预算与计划、各类批复文件、招标文件、投标文件、评标文件、合同文本、验收证明等政府采购业务相关资料。定期对政府采购业务信息进行分类统计，并在内部进行通报。

第三十九条　单位应当加强对涉密政府采购项目安全保密的管理。对于涉密政府采购项目，单位应当与相关供应商或采购中介机构签订保密协议或者在合同中设定保密条款。

第四节　资产控制

第四十条　单位应当对资产实行分类管理，建立健全资产内部管理制度。

单位应当合理设置岗位，明确相关岗位的职责权限，确保资产安全和有效使用。

第四十一条　单位应当建立健全货币资金管理岗位责任制，合理设置岗位，不得由一人办理货币资金业务的全过程，确保不相容岗位相互分离。

（一）出纳不得兼管稽核、会计档案保管和收入、支出、债权、债务账目的登记工作。

（二）严禁一人保管收付款项所需的全部印章。财务专用章应当由专人保管，个人名章应当由本人或其授权人员保管。负责保管印章的人员要配置单独的保管设备，并做到人走柜锁。

（三）按照规定应当由有关负责人签字或盖章的，应当严格履行签字或盖章手续。

第四十二条 单位应当加强对银行账户的管理，严格按照规定的审批权限和程序开立、变更和撤销银行账户。

第四十三条 单位应当加强货币资金的核查控制。指定不办理货币资金业务的会计人员定期和不定期抽查盘点库存现金，核对银行存款余额，抽查银行对账单、银行日记账及银行存款余额调节表，核对是否账实相符、账账相符。对调节不符、可能存在重大问题的未达账项应当及时查明原因，并按照相关规定处理。

第四十四条 单位应当加强对实物资产和无形资产的管理，明确相关部门和岗位的职责权限，强化对配置、使用和处置等关键环节的管控。

（一）对资产实施归口管理。明确资产使用和保管责任人，落实资产使用人在资产管理中的责任。贵重资产、危险资产、有保密等特殊要求的资产，应当指定专人保管、专人使用，并规定严格的接触限制条件和审批程序。

（二）按照国有资产管理相关规定，明确资产的调剂、租借、对外投资、处置的程序、审批权限和责任。

（三）建立资产台账，加强资产的实物管理。单位应当定期清查盘点资产，确保账实相符。财会、资产管理、资产使用等部门或岗位应当定期对账，发现不符的，应当及时查明原因，并按照相关规定处理。

（四）建立资产信息管理系统，做好资产的统计、报告、分析工作，实现对资产的动态管理。

第四十五条 单位应当根据国家有关规定加强对对外投资的管理。

（一）合理设置岗位，明确相关岗位的职责权限，确保对外投资的可行性研究与评估、对外投资决策与执行、对外投资处置的审批与执行等不相容岗位相互分离。

（二）单位对外投资，应当由单位领导班子集体研究决定。

（三）加强对投资项目的追踪管理，及时、全面、准确地记录对外投资的价值变动和投资收益情况。

（四）建立责任追究制度。对在对外投资中出现重大决策失误、未履行集体决策程序和不按规定执行对外投资业务的部门及人员，应当追究相应的责任。

第五节　建设项目控制

第四十六条　单位应当建立健全建设项目内部管理制度。

单位应当合理设置岗位，明确内部相关部门和岗位的职责权限，确保项目建议和可行性研究与项目决策、概预算编制与审核、项目实施与价款支付、竣工决算与竣工审计等不相容岗位相互分离。

第四十七条　单位应当建立与建设项目相关的议事决策机制，严禁任何个人单独决策或者擅自改变集体决策意见。决策过程及各方面意见应当形成书面文件，与相关资料一同妥善归档保管。

第四十八条　单位应当建立与建设项目相关的审核机制。项目建议书、可行性研究报告、概预算、竣工决算报告等应当由单位内部的规划、技术、财会、法律等相关工作人员或者根据国家有关规定委托具有相应资质的中介机构进行审核，出具评审意见。

第四十九条　单位应当依据国家有关规定组织建设项目招标工作，并接受有关部门的监督。

单位应当采取签订保密协议、限制接触等必要措施，确保标底编制、评标等工作在严格保密的情况下进行。

第五十条　单位应当按照审批单位下达的投资计划和预算对建设项目资金实行专款专用，严禁截留、挪用和超批复内容使用资金。财会部门应当加强与建设项目承建单位的沟通，准确掌握建设进度，加强价款支付审核，按照规定办理价款结算。实行国库集中支付的建设项目，单位应当按照财政国库管理制度相关规定支付资金。

第五十一条　单位应当加强对建设项目档案的管理。做好相关文件、材料的收集、整理、归档和保管工作。

第五十二条 经批准的投资概算是工程投资的最高限额，如有调整，应当按照国家有关规定报经批准。

单位建设项目工程洽商和设计变更应当按照有关规定履行相应的审批程序。

第五十三条 建设项目竣工后，单位应当按照规定的时限及时办理竣工决算，组织竣工决算审计，并根据批复的竣工决算和有关规定办理建设项目档案和资产移交等工作。

建设项目已实际投入使用但超时限未办理竣工决算的，单位应当根据对建设项目的实际投资暂估入账，转作相关资产管理。

第六节 合同控制

第五十四条 单位应当建立健全合同内部管理制度。

单位应当合理设置岗位，明确合同的授权审批和签署权限，妥善保管和使用合同专用章，严禁未经授权擅自以单位名义对外签订合同，严禁违规签订担保、投资和借贷合同。

单位应当对合同实施归口管理，建立财会部门与合同归口管理部门的沟通协调机制，实现合同管理与预算管理、收支管理相结合。

第五十五条 单位应当加强对合同订立的管理，明确合同订立的范围和条件。对于影响重大、涉及较高专业技术或法律关系复杂的合同，应当组织法律、技术、财会等工作人员参与谈判，必要时可聘请外部专家参与相关工作。谈判过程中的重要事项和参与谈判人员的主要意见，应当予以记录并妥善保管。

第五十六条 单位应当对合同履行情况实施有效监控。合同履行过程中，因对方或单位自身原因导致可能无法按时履行的，应当及时采取应对措施。

单位应当建立合同履行监督审查制度。对合同履行中签订补充合同，或变更、解除合同等应当按照国家有关规定进行审查。

第五十七条 财会部门应当根据合同履行情况办理价款结算和进行账务处理。未按照合同条款履约的，财会部门应当在付款之前向单位有关负责人报告。

第五十八条　合同归口管理部门应当加强对合同登记的管理，定期对合同进行统计、分类和归档，详细登记合同的订立、履行和变更情况，实行对合同的全过程管理。与单位经济活动相关的合同应当同时提交财会部门作为账务处理的依据。

单位应当加强合同信息安全保密工作，未经批准，不得以任何形式泄露合同订立与履行过程中涉及的国家秘密、工作秘密或商业秘密。

第五十九条　单位应当加强对合同纠纷的管理。合同发生纠纷的，单位应当在规定时效内与对方协商谈判。合同纠纷协商一致的，双方应当签订书面协议；合同纠纷经协商无法解决的，经办人员应向单位有关负责人报告，并根据合同约定选择仲裁或诉讼方式解决。

第五章　评价与监督

第六十条　单位应当建立健全内部监督制度，明确各相关部门或岗位在内部监督中的职责权限，规定内部监督的程序和要求，对内部控制建立与实施情况进行内部监督检查和自我评价。

内部监督应当与内部控制的建立和实施保持相对独立。

第六十一条　内部审计部门或岗位应当定期或不定期检查单位内部管理制度和机制的建立与执行情况，以及内部控制关键岗位及人员的设置情况等，及时发现内部控制存在的问题并提出改进建议。

第六十二条　单位应当根据本单位实际情况确定内部监督检查的方法、范围和频率。

第六十三条　单位负责人应当指定专门部门或专人负责对单位内部控制的有效性进行评价并出具单位内部控制自我评价报告。

第六十四条　国务院财政部门及其派出机构和县级以上地方各级人民政府财政部门应当对单位内部控制的建立和实施情况进行监督检查，有针对性地提出检查意见和建议，并督促单位进行整改。国务院审计机关及其派出机构和县级以上地方各级人民政府审计机关对单位进行审计时，应当调查了解单位内部控制建立和实施的有效性，揭示相关内

《政府采购法》第十六条[①] **【集中采购机构的性质及其设立】** 集中采购机构为采购代理机构。设区的市、自治州以上人民政府根据本级政府采购项目组织集中采购的需要设立集中采购机构。

集中采购机构是非营利事业法人，根据采购人的委托办理采购事宜。

部控制的缺陷，有针对性地提出审计处理意见和建议，并督促单位进行整改。

第六章　附　则

第六十五条　本规范自2014年1月1日起施行。

① 2016年6月24日，国家发展和改革委员会等**《公共资源交易平台管理暂行办法》**（国家发展和改革委员会第39号令）规定：

第一章　总　则

第一条　为规范公共资源交易平台运行，提高公共资源配置效率和效益，加强对权力运行的监督制约，维护国家利益、社会公共利益和交易当事人的合法权益，根据有关法律法规和《国务院办公厅关于印发整合建立统一的公共资源交易平台工作方案的通知》（国办发〔2015〕63号），制定本办法。

第二条　本办法适用于公共资源交易平台的运行、服务和监督管理。

第三条　本办法所称公共资源交易平台是指实施统一的制度和标准、具备开放共享的公共资源交易电子服务系统和规范透明的运行机制，为市场主体、社会公众、行政监督管理部门等提供公共资源交易综合服务的体系。

公共资源交易是指涉及公共利益、公众安全的具有公有性、公益性的资源交易活动。

第四条　公共资源交易平台应当立足公共服务职能定位，坚持电子化平台的发展方向，遵循开放透明、资源共享、高效便民、守法诚信的运行服务原则。

第五条　公共资源交易平台要利用信息网络推进交易电子化，实现全流程透明化管理。

第六条　国务院发展改革部门会同国务院有关部门统筹指导和协调全国公共资源交易平台相关工作。

设区的市级以上地方人民政府发展改革部门或政府指定的部门会同有关部门负责本行政区域的公共资源交易平台指导和协调等相关工作。

各级招标投标、财政、国土资源、国有资产等行政监督管理部门按照规定的职责分工，负责公共资源交易活动的监督管理。

第二章　平台运行

第七条　公共资源交易平台的运行应当遵循相关法律法规和国务院有关部门制定的各领域统一的交易规则，以及省级人民政府颁布的平台服务管理细则。

第八条　依法必须招标的工程建设项目招标投标、国有土地使用权和矿业权出让、国有产权交易、政府采购等应当纳入公共资源交易平台。

国务院有关部门和地方人民政府结合实际，推进其他各类公共资源交易纳入统一平台。纳入平台交易的公共资源项目，应当公开听取意见，并向社会公布。

第九条　公共资源交易平台应当按照国家统一的技术标准和数据规范，建立公共资源交易电子服务系统，开放对接各类主体依法建设的公共资源电子交易系统和政府有关部门的电子监管系统。

第十条　公共资源交易项目的实施主体根据交易标的专业特性，选择使用依法建设和运行的电子交易系统。

第十一条　公共资源交易项目依法需要评标、评审的，应当按照全国统一的专家专业分类标准，从依法建立的综合评标、政府采购评审等专家库中随机抽取专家，法律法规另有规定的除外。

有关行政监督管理部门按照规定的职责分工，对专家实施监督管理。

鼓励有条件的地方跨区域选择使用专家资源。

第十二条 公共资源交易平台应当按照省级人民政府规定的场所设施标准，充分利用已有的各类场所资源，为公共资源交易活动提供必要的现场服务设施。

市场主体依法建设的交易场所符合省级人民政府规定标准的，可以在现有场所办理业务。

第十三条 公共资源交易平台应当建立健全网络信息安全制度，落实安全保护技术措施，保障平台平稳运行。

第三章 平台服务

第十四条 公共资源交易平台的服务内容、服务流程、工作规范、收费标准和监督渠道应当按照法定要求确定，并通过公共资源交易电子服务系统向社会公布。

第十五条 公共资源交易平台应当推行网上预约和服务事项办理。确需在现场办理的，实行窗口集中，简化流程，限时办结。

第十六条 公共资源交易平台应当将公共资源交易公告、资格审查结果、交易过程信息、成交信息、履约信息等，通过公共资源交易电子服务系统依法及时向社会公开。涉及国家秘密、商业秘密、个人隐私以及其他依法应当保密的信息除外。

公共资源交易平台应当无偿提供依法必须公开的信息。

第十七条 交易服务过程中产生的电子文档、纸质资料以及音视频等，应当按照规定的期限归档保存。

第十八条 公共资源交易平台运行服务机构及其工作人员不得从事以下活动：

（一）行使任何审批、备案、监管、处罚等行政监督管理职能；

（二）违法从事或强制指定招标、拍卖、政府采购代理、工程造价等中介服务；

（三）强制非公共资源交易项目进入平台交易；

（四）干涉市场主体选择依法建设和运行的公共资源电子交易系统；

（五）非法扣押企业和人员的相关证照资料；

（六）通过设置注册登记、设立分支机构、资质验证、投标（竞买）许可、强制担保等限制性条件阻碍或者排斥其他地区市场主体进入本地区公共资源交易市场；

（七）违法要求企业法定代表人到场办理相关手续；

（八）其他违反法律法规规定的情形。

第十九条　公共资源交易平台运行服务机构提供公共服务确需收费的，不得以营利为目的。根据平台运行服务机构的性质，其收费分别纳入行政事业性收费和经营服务性收费管理，具体收费项目和收费标准按照有关规定执行。属于行政事业性收费的，按照本级政府非税收入管理的有关规定执行。

第二十条　公共资源交易平台运行服务机构发现公共资源交易活动中有违法违规行为的，应当保留相关证据并及时向有关行政监督管理部门报告。

第四章　信息资源共享

第二十一条　各级行政监督管理部门应当将公共资源交易活动当事人资质资格、信用奖惩、项目审批和违法违规处罚等信息，自作出行政决定之日起7个工作日内上网公开，并通过相关电子监管系统交换至公共资源交易电子服务系统。

第二十二条　各级公共资源交易平台应当依托统一的社会信用代码，记录公共资源交易过程中产生的市场主体和专家信用信息，并通过国家公共资源交易电子服务系统实现信用信息交换共享和动态更新。

第二十三条　国务院发展改革部门牵头建立国家公共资源交易电子服务系统，与省级公共资源交易电子服务系统和有关部门建立的电子系统互联互通，实现市场主体信息、交易信息、行政监管信息的集中交换和同步共享。

第二十四条 省级人民政府应当搭建全行政区域统一、终端覆盖市县的公共资源交易电子服务系统，对接国家公共资源交易电子服务系统和有关部门建立的电子系统，按照有关规定交换共享信息。有关电子招标投标、政府采购等系统应当分别与国家电子招标投标公共服务系统、政府采购管理交易系统对接和交换信息。

第二十五条 公共资源交易电子服务系统应当分别与投资项目在线审批监管系统、信用信息共享系统对接，交换共享公共资源交易相关信息、项目审批核准信息和信用信息。

第二十六条 市场主体已经在公共资源电子交易系统登记注册，并通过公共资源交易电子服务系统实现信息共享的，有关行政监督管理部门和公共资源交易平台运行服务机构不得强制要求其重复登记、备案和验证。

第二十七条 公共资源交易电子服务系统应当支持不同电子认证数字证书的兼容互认。

第二十八条 公共资源交易平台和有关行政监督管理部门在公共资源交易数据采集、汇总、传输、存储、公开、使用过程中，应加强数据安全管理。涉密数据的管理，按照有关法律规定执行。

第五章 监督管理

第二十九条 各级行政监督管理部门按照规定的职责分工，加强对公共资源交易活动的事中事后监管，依法查处违法违规行为。

对利用职权违规干预和插手公共资源交易活动的国家机关或国有企事业单位工作人员，依纪依法予以处理。

各级审计部门应当对公共资源交易平台运行依法开展审计监督。

第三十条 设区的市级以上地方人民政府应当推动建立公共资源交易电子监管系统，实现对项目登记，公告发布，开标评标或评审、竞价，成交公示，交易结果确认，投诉举报，交易履约等交易全过程监控。

公共资源交易电子服务系统和其对接的公共资源电子交易系统应当实时向监管系统推送数据。

第三十一条　建立市场主体公共资源交易活动事前信用承诺制度，要求市场主体以规范格式向社会作出公开承诺，并纳入交易主体信用记录，接受社会监督。

第三十二条　各级行政监督管理部门应当将公共资源交易主体信用信息作为市场准入、项目审批、资质资格审核的重要依据。

建立行政监督管理部门、司法机关等部门联合惩戒机制，对在公共资源交易活动中有不良行为记录的市场主体，依法限制或禁止其参加招标投标、国有土地使用权出让和矿业权出让、国有产权交易、政府采购等公共资源交易活动。

建立公共资源交易相关信息与同级税务机关共享机制，推进税收协作。

第三十三条　各级行政监督管理部门应当运用大数据技术，建立公共资源交易数据关联比对分析机制，开展监测预警，定期进行效果评估，及时调整监管重点。

第三十四条　各级行政监督管理部门应当建立联合抽查机制，对有效投诉举报多或有违法违规记录情况的市场主体，加大随机抽查力度。

行政监督管理部门履行监督管理职责过程中，有权查阅、复制公共资源交易活动有关文件、资料和数据。公共资源交易平台运行服务机构应当如实提供相关情况。

第三十五条　建立由市场主体以及第三方参与的社会评价机制，对所辖行政区域公共资源交易平台运行服务机构提供公共服务情况进行评价。

第三十六条　市场主体或社会公众认为公共资源交易平台运行服务机构及其工作人员存在违法违规行为的，可以依法向政府有关部门投诉、举报。

第三十七条　公共资源交易领域的行业协会应当发挥行业组织作用，加强自律管理和服务。

第六章　法律责任

第三十八条　公共资源交易平台运行服务机构未公开服务内容、服务流程、工作规范、收费标准和监督渠道，由政府有关部门责令限期改正。拒不改正的，予以通报批评。

第三十九条　公共资源交易平台运行服务机构及其工作人员违反本办法第十八条禁止性规定的，由政府有关部门责令限期改正，并予以通报批评。情节严重的，依法追究直接责任人和有关领导的责任。构成犯罪的，依法追究刑事责任。

第四十条　公共资源交易平台运行服务机构违反本办法第十九条规定收取费用的，由同级价格主管部门会同有关部门责令限期改正。拒不改正的，依照《中华人民共和国价格法》《价格违法行为行政处罚规定》等给予处罚，并予以公示。

第四十一条　公共资源交易平台运行服务机构未按照本办法规定在公共资源交易电子服务系统公开、交换、共享信息的，由政府有关部门责令限期改正。拒不改正的，对直接负责的主管人员和其他直接责任人员依法给予处分，并予以通报。

第四十二条　公共资源交易平台运行服务机构限制市场主体建设的公共资源电子交易系统对接公共资源交易电子服务系统的，由政府有关部门责令限期改正。拒不改正的，对直接负责的主管人员和其他直接责任人员依法给予处分，并予以通报。

第四十三条　公共资源交易平台运行服务机构及其工作人员向他人透露依法应当保密的公共资源交易信息的，由政府有关部门责令限期改正，并予以通报批评。情节严重的，依法追究直接责任人和有关领导的责任。构成犯罪的，依法追究刑事责任。

第四十四条　有关行政监督管理部门、公共资源交易平台运行服务机构及其工作人员徇私舞弊、滥用职权、弄虚作假、玩忽职守，未依法履行职责的，依法给予处分；构成犯罪的，依法追究刑事责任。

第七章　附　　则

第四十五条　公共资源电子交易系统是根据工程建设项目招标投标、土地使用权和矿业权出让、国有产权交易、政府采购等各类交易特点，按照有关规定建设、对接和运行，以数据电文形式完成公共资源交易活动的信息系统。

公共资源交易电子监管系统是指政府有关部门在线监督公共资源交易活动的信息系统。

公共资源交易电子服务系统是指联通公共资源电子交易系统、监管系统和其他电子系统，实现公共资源交易信息数据交换共享，并提供公共服务的枢纽。

第四十六条　公共资源交易平台运行服务机构是指由政府推动设立或政府通过购买服务等方式确定的，通过资源整合共享方式，为公共资源交易相关市场主体、社会公众、行政监督管理部门等提供公共服务的单位。

第四十七条　本办法由国务院发展改革部门会同国务院有关部门负责解释。

第四十八条　本办法自2016年8月1日起实施。

2015年8月10日，国务院办公厅**《整合建立统一的公共资源交易平台工作方案》**（国办发〔2015〕63号）规定：

为深入贯彻党的十八大和十八届二中、三中、四中全会精神，落实《国务院机构改革和职能转变方案》部署，现就整合建立统一的公共资源交易平台制定以下工作方案。

一、充分认识整合建立统一的公共资源交易平台的重要性

近年来，地方各级政府积极推进工程建设项目招标投标、土地使用权和矿业权出让、国有产权交易、政府采购等公共资源交易市场建设，对于促进和规范公共资源交易活动，加强反腐倡廉建设发挥了积极作用。但由于公共资源交易市场总体上仍处于发展初期，各地在建设运行和监督管理中暴露出不少突出问题：各类交易市场分散设立、重复建设，市场资源不共享；有些交易市场职能定位不准，运行不规范，公开性和透明度不够，违法干预交易主体自主权；有些交易市场存在乱收费现象，市场主体负担较重；公共资源交易服务、管理和监督职责不清，监管缺位、越位和错位现象不同程度存在。这些问题严重制约了公共资源交易市场的健康有序发展，加剧了地方保护和市场分割，不利于激发市场活力，亟需通过创新体制机制加以解决。

整合工程建设项目招标投标、土地使用权和矿业权出让、国有产权交易、政府采购等交易市场，建立统一的公共资源交易平台，有利于防止公共资源交易碎片化，加快形成统一开放、竞争有序的现代市场体系；有利于推动政府职能转变，提高行政监管和公共服务水平；有利于促进公共资源交易阳光操作，强化对行政权力的监督制约，推进预防和惩治腐败体系建设。

二、指导思想和基本原则

（一）指导思想

全面贯彻党的十八大和十八届二中、三中、四中全会精神，按照党中央、国务院决策部署，发挥市场在资源配置中的决定性作用和更好发挥政府作用，以整合共享资源、统一制度规则、创新体制机制为重点，以信息化建设为支撑，加快构筑统一的公共资源交易平台体系，着力推进公共资源交易法制化、规范化、透明化，提高公共资源配置的效率和效益。

（二）基本原则

坚持政府推动、社会参与。政府要统筹推进公共资源交易平台整合，完善管理规则，优化市场环境，促进公平竞争。鼓励通过政府购买服务等方式，引导社会力量参与平台服务供给，提高服务质量和效率。

坚持公共服务、资源共享。立足公共资源交易平台的公共服务职能定位，整合公共资源交易信息、专家和场所等资源，加快推进交易全过程电子化，实现交易全流程公开透明和资源共享。

坚持转变职能、创新监管。按照管办分离、依法监管的要求，进一步减少政府对交易活动的行政干预，强化事中事后监管和信用管理，创新电子化监管手段，健全行政监督和社会监督相结合的监督机制。

坚持统筹推进、分类指导。充分考虑行业特点和地区差异，统筹推进各项工作，加强分类指导，增强政策措施的系统性、针对性和有效性。

三、整合范围和整合目标

（一）整合范围

整合分散设立的工程建设项目招标投标、土地使用权和矿业权出让、国有产权交易、政府采购等交易平台，在统一的平台体系上实现信息和资源共享，依法推进公共资源交易高效规范运行。积极有序推进其他公共资源交易纳入统一平台体系。民间投资的不属于依法必须招标的项目，由建设单位自主决定是否进入统一平台。

统一的公共资源交易平台由政府推动建立，坚持公共服务职能定位，实施统一的制度规则、共享的信息系统、规范透明的运行机制，为市场主体、社会公众、行政监管部门等提供综合服务。

（二）整合目标

2016年6月底前，地方各级政府基本完成公共资源交易平台整合工作。2017年6月底前，在全国范围内形成规则统一、公开透明、服务高效、监督规范的公共资源交易平台体系，基本实现公共资源交易全过程电子化。在此基础上，逐步推动其他公共资源进入统一平台进行交易，实现公共资源交易平台从依托有形场所向以电子化平台为主转变。

四、有序整合资源

（一）整合平台层级

各省级政府应根据经济发展水平和公共资源交易市场发育状况，合理布局本地区公共资源交易平台。设区的市级以上地方政府应整合建立本地区统一的公共资源交易平台。县级政府不再新设公共资源交易平台，已经设立的应整合为市级公共资源交易平台的分支机构；个别需保留的，由省级政府根据县域面积和公共资源交易总量等实际情况，按照便民高效原则确定，并向社会公告。法律法规要求在县级层面开展交易的公共资源，当地尚未设立公共资源交易平台的，原交易市场可予以保留。鼓励整合建立跨行政区域的公共资源交易平台。各省级政府应积极创造条件，通过加强区域合作、引入竞争机制、优化平台结构等手段，在坚持依法监督前提下探索推进交易主体跨行政区域自主选择公共资源交易平台。

（二）整合信息系统

制定国家电子交易公共服务系统技术标准和数据规范，为全国公共资源交易信息的集中交换和共享提供制度和技术保障。各省级政府应整合本地区分散的信息系统，依据国家统一标准建立全行政区域统一、终端覆盖市县的电子交易公共服务系统。鼓励电子交易系统市场化竞争，各地不得限制和排斥市场主体依法建设运营的电子交易系统与电子交易公共服务系统对接。各级公共资源交易平台应充分发挥电子交易公共服务系统枢纽作用，通过连接电子交易和监管系统，整合共享市场信息和监管信息等。加快实现国家级、省级、市级电子交易公共服务系统互联互通。中央管理企业有关电子招标采购交易系统应与国家电子交易公共服务系统连接并按规定交换信息，纳入公共资源交易平台体系。

（三）整合场所资源

各级公共资源交易平台整合应充分利用现有政务服务中心、公共资源交易中心、建设工程交易中心、政府集中采购中心或其他交易场所，满足交易评标（评审）活动、交易验证以及有关现场业务办理需要。整合过程中要避免重复建设，严禁假借场所整合之名新建楼堂馆所。在统一场所设施标准和服务标准条件下，公共资源交易平台不限于一个场所。对于社会力量建设并符合标准要求的场所，地方各级政府可以探索通过购买服务等方式加以利用。

（四）整合专家资源

进一步完善公共资源评标专家和评审专家分类标准，各省级政府应按照全国统一的专业分类标准，整合本地区专家资源。推动实现专家资源及专家信用信息全国范围内互联共享，有条件的地方要积极推广专家远程异地评标、评审。评标或评审时，专家应采取随机方式确定，任何单位和个人不得以明示、暗示等任何方式指定或者变相指定专家。

五、统一规则体系

（一）完善管理规则

发展改革委要会同国务院有关部门制定全国统一的公共资源交易平台管理办法，规范平台运行、管理和监督。国务院有关部门要根据工程建设项目招标投标、土地使用权和矿业权出让、国有产权交易、政府采购等法律法规和交易特点，制定实施全国分类统一的平台交易规则和技术标准。各省级政府要根据全国统一的规则和办法，结合本地区实际，制定平台服务管理细则，完善服务流程和标准。

（二）开展规则清理

各省级政府要对本地区各级政府和有关部门发布的公共资源交易规则进行清理。对违法设置审批事项、以备案名义变相实施审批、干预交易主体自主权以及与法律法规相冲突的内容，要坚决予以纠正。清理过程和结果应在省级公共资源交易平台进行公告，接受社会监督。

六、完善运行机制

（一）推进信息公开共享

建立健全公共资源交易信息和信用信息公开共享制度。各级公共资源交易平台应加大信息公开力度，依法公开交易公告、资格审查结果、成交信息、履约信息以及有关变更信息等。加快建立市场信息共享数据库和验证互认机制。对市场主体通过公共资源交易平台电子交易公共服务系统实现登记注册共享的信息，相应行政区域内有关行政监督部门和其他公共资源交易平台不得要求企业重复登记、备案和验证，逐步推进全国范围内共享互认。各级行政监管部门要履行好信息公开职能，公开有关公共资源交易项目审核、市场主体和中介机构资质资格、行政处罚等监管信息。公共资源交易平台应依托统一的社会信用代码，建立公共资源交易市场主体信用信息库，并将相关信息纳入国家统一的信用信息平台，实现市场主体信用信息交换共享。加强公共资源交易数据统计分析、综合利用和风险监测预警，为市场主体、社会公众和行政监管部门提供信息服务。

（二）强化服务功能

按照简政放权、放管结合、优化服务的改革方向，简化交易环节，提高工作效率，完善公共资源交易平台服务功能，公开服务流程、工作规范和监督渠道，整治各种乱收费行为，切实降低市场主体交易成本、减轻相关负担。建立市场主体以及第三方参与的社会评价机制，对平台提供公共服务情况进行考核评价。各级公共资源交易平台不得取代依法设立的政府集中采购机构的法人地位、法定代理权以及依法设立的其他交易机构和代理机构从事的相关服务，不得违法从事或强制指定招标、拍卖等中介服务，不得行使行政审批、备案等管理职能，不得强制非公共资源交易项目在平台交易，不得通过设置注册登记、设立分支机构、资质验证、投标（竞买）许可、强制担保等限制性条件阻碍或者排斥其他地区市场主体进入本地区公共资源交易市场。凡是采取审核招标及拍卖文件、出让方案等实施行政审批，或者以备案名义变相实施行政审批的，一律限期取消。公共资源交易平台应与依法设立的相关专业服务机构加强业务衔接，保证法定职能正常履行。

七、创新监管体制

（一）完善监管体制机制

按照决策权、执行权、监督权既相互制约又相互协调的要求，深化公共资源交易管理体制改革，推进公共资源交易服务、管理与监督职能相互分离，完善监管机制，防止权力滥用。发展改革部门会同有关部门要加强对公共资源交易平台工作的指导和协调。各级招标投标行政监督、财政、国土资源、国有资产监督管理等部门要按照职责分工，加强对公共资源交易活动的监督执法，依法查处公共资源交易活动中的违法违规行为。健全行政监督部门与监察、审计部门协作配合机制，严肃查处领导干部利用职权违规干预和插手公共资源交易活动的腐败案件。审计部门要加强对公共资源交易及平台运行的审计监督。

（二）转变监督方式

各级行政主管部门要运用大数据等手段，实施电子化行政监督，强化对交易活动的动态监督和预警。将市场主体信用信息和公共资源交易活动信息作为实施监管的重要依据，健全守信激励和失信惩戒机制。对诚实守信主体参与公共资源交易活动要依法给予奖励，对失信主体参与公共资源交易活动要依法予以限制，对严重违法失信主体实行市场禁入。健全专家选聘与退出机制，建立专家黑名单制度，强化专家责任追究。加强社会监督，完善投诉处理机制，公布投诉举报电话，及时处理平台服务机构违法违规行为。发挥行业组织作用，建立公共资源交易平台服务机构和人员自律机制。

八、强化实施保障

（一）加强组织领导

各地区、各部门要充分认识整合建立统一的公共资源交易平台的重要性，加强领导，周密部署，有序推进整合工作。建立由发展改革委牵头，工业和信息化部、财政部、国土资源部、环境保护部、住房城乡建设部、交通运输部、水利部、商务部、卫生计生委、国资委、税务总局、林业局、国管局、铁路局、民航局等部门参加的部际联席会议制度，统筹指导和协调全国公共资源交易平台整合工作，适时开展试点示范。各省级政府要根据本方案要求，建立相应工作机制，对行政区域内已有的各类公共资源交易平台进行清理，限期提出具体实施方案。在公共资源交易平台清理整合工作完成前，要保障原交易市场正常履行职能，实现平稳过渡。

（二）严格督促落实

地方各级政府要将公共资源交易平台整合工作纳入目标管理考核，定期对本地区工作落实情况进行检查并通报有关情况。发展改革委要会同国务院有关部门加强对本方案执行情况的督促检查，协调解决工作中遇到的问题，确保各项任务措施落实到位。

《国务院办公厅关于进一步加强政府采购管理工作的意见》（国办发〔2009〕35号）规定：……二、坚持管采分离，进一步完善监管和运行机制……

集中采购机构要严格按照《政府采购法》规定组织采购活动，规范集中采购操作行为，增强集中采购目录执行的严肃性、科学性和有效性。在组织实施中不得违反国家规定收取采购代理费用和其他费用，也不得将采购单位委托的集中采购项目再委托给社会代理机构组织实施采购。要建立健全内部监督管理制度，实现采购活动不同环节之间权责明确、岗位分离。要重视和加强专业化建设，优化集中采购实施方式和内部操作程序，实现采购价格低于市场平均价格、采购效率更高、采购质量优良和服务良好。

在集中采购业务代理活动中要适当引入竞争机制，打破现有集中采购机构完全按行政隶属关系接受委托业务的格局，允许采购单位在所在区域内择优选择集中采购机构，实现集中采购活动的良性竞争。

2015年9月15日，财政部**《关于贯彻落实整合建立统一的公共资源交易平台工作方案有关问题的通知》**（财库〔2015〕163号）规定：为深入贯彻党的十八大和十八届二中、三中、四中全会精神，落实《国务院办公厅关于印发整合建立统一的公共资源交易平台工作方案的通知》（国办发〔2015〕63号，以下简称《方案》）要求，深入推进政府采购管理制度改革，根据《中华人民共和国政府采购法》（以下简称《政府采购法》）、《中华人民共和国政府采购法实施条例》（以下简称《政府采购法实施条例》）等法律法规规定，现将有关问题通知如下：

一、依法有序推进政府采购资源整合

（一）推进政府采购信息系统整合

各省级财政部门要认真落实《方案》基本实现公共资源交易全过程电子化和逐步推进公共资源交易平台从依托有形场所向电子化平台为主转变的整合目标要求，切实加强对全行政区域政府采购信息化建设工作的统一领导和组织，按照《财政部关于印发〈全国政府采购管理交易系统建设总体规划〉和〈政府采购业务基础数据规范〉的通知》（财库〔2013〕18号）提出的全国政府采购管理交易系统建设指导思想、建设目标和主要内容，整合本地区分散的政府采购信息系统，加快建设统一的电子化政府采购管理交易系统，逐步推动本地区所有政府采购项目进入政府采购管理交易系统进行交易，实现政府采购交易信息共享和全流程电子化操作，并按照《方案》的有关要求，实现政府采购管理交易系统与公共资源交易平台的交易信息共享。

（二）推进政府采购场所资源整合

具备评审场所的集中采购机构要按照《方案》有关整合场所要求，按照统一的场所设施标准和服务标准对现有场所进行改造，以满足政府采购评审、交易验证以及有关现场业务办理需要。在保障政府采购项目交易效率的基础上，政府集中采购机构应允许其他公共资源项目进入现有场所进行交易。对进入政府集中采购机构场所进行交易的公共资源项目，要保持公共资源项目的公益性特点和遵循非营利原则，不得违规收取费用。集中采购机构以外的采购代理机构，能实现交易信息与政府采购管理交易系统共享并符合监管要求的，其所代理的政府采购项目可以在现有场所进行交易，也可以进入公共资源交易场所进行交易。

（三）推进政府采购评审专家资源整合

各省级财政部门要按照《方案》有关整合专家资源要求，根据《财政部关于印发政府采购品目分类目录的通知》（财库〔2013〕189号）确定的全国统一的政府采购评审专家分类标准，整合本地区专家资源，在政府采购管理交易系统中建立本地区的政府采购评审专家库，逐步实现专家资格审核、培训、抽取、通知、评价等全流程电子化管理，并通过政府采购管理交易系统与公共资源交易平台的连接，推动实现政府采购评审专家和工程评标专家资源及专家信用信息在全国范围内互联共享。要依照《政府采购法实施条例》第六十二条的规定，加强对政府采购评审专家库的动态管理，除财政部规定的情形外，要从政府采购评审专家库中随机抽取评审专家，有条件的地方，要积极推广专家远程异地评审。

二、统一政府采购交易规则体系

（一）完善政府采购管理交易规则

财政部将依照《政府采购法实施条例》第三十二条和第四十七条规

定，加快制定政府采购招标文件标准文本和采购合同标准文本，并按照《方案》纵向统一交易规则要求，进一步完善和实施全国统一的政府采购管理交易系统交易规则和技术标准。

（二）开展政府采购交易规则清理

各省级财政部门要结合《政府采购法实施条例》和《方案》的贯彻落实，对本地区公共资源交易规则中涉及政府采购的内容进行清理，对违法设置审批事项、以备案名义变相实施审批、干预交易主体自主权，以及与政府采购法律法规相冲突的内容，要坚决予以纠正，维护全国政府采购交易规则的统一性。清理过程和结果应在省级公共资源交易平台进行公告，接受社会监督。

三、健全政府采购运行机制

（一）推进政府采购信息公开共享

各级财政部门要按照政府采购法律法规和财政部有关政府采购信息公开的要求，在省级以上财政部门指定的媒体上公开采购项目信息、采购文件、中标成交结果、政府采购合同、投诉处理结果等政府采购全过程信息。各省级财政部门要加快建立政府采购市场信息共享数据库和验证互认机制，对市场主体通过公共资源交易平台电子交易公共服务系统登记注册符合政府采购管理要求的信息，不得要求企业重复登记、备案和验证，并应当通过开放政府采购管理交易系统有关数据接口，实现与公共资源交易平台信息的交换共享和互认。应依托统一的社会信用代码，建立政府采购市场主体信用信息库，并将相关信息纳入国家统一的信用信息平台，实现与其他各类公共资源交易市场主体信用信息交换共享。

（二）健全集中和分散相结合的政府采购运行机制

各级财政部门要按照《方案》各级公共资源交易平台不得取代依法设立的政府集中采购机构的法人地位、法定代理权的要求，会同有关部门对前期试点中出现的有关违法违规问题进行清理纠正，并依据《政府采购法》第十六条、第六十条规定，重新明确集中采购机构的独立非营利事业法人地位和法定代理权，保证集中采购机构依法独立对外开展政府采购代理业务。要按照依法行政、依法采购的要求，督促采购人将列入集中采购目录的集中采购机构采购项目委托给政府依法设立的具有独立法人地位的集中采购机构代理采购，对采购限额标准以上的未列入集中采购目录的项目自行采购或者委托给采购代理机构代理采购。未依法独立设置集中采购机构的地区，可以将集中采购项目委托给上级或其他地区集中采购机构代理采购，也可以引入市场竞争机制，将集中采购项目择优委托给集中采购机构以外的采购代理机构代理采购。要正确处理好集中与分散的关系，规范集中采购目录及标准，合理确定集中采购范围，推动集中采购机构专业化服务机构的发展定位，推动集中采购机构以外的采购代理机构走差异化的发展道路。

四、完善政府采购监管体系

（一）完善监管体制机制

各级财政部门作为法定的政府采购监督管理部门，要在坚持“管采分离”管理体制的基础上，按照党中央、国务院有关决策权、执行权与监督权既相互制约又相互协调的要求，进一步完善政府采购管理体制，健全与监察、审计部门协作配合的监管机制，防止权力滥用。

（二）强化监督管理

各级财政部门要按照党的十八届四中全会“坚持法定职责必须为、法无授权不可为”的要求，依法全面履行政府采购制度政策制定、投诉处理、监督检查、评审专家管理等监管职责，并按照《方案》的部署，运用大数据等手段，实施电子化行政监督，强化对交易活动的动态监督和预警。要将市场主体信用信息和公共资源交易活动信息作为实施监管的重要依据，健全守信激励和失信惩戒机制，依法禁止失信行为当事人参与政府采购活动。要健全政府采购评审专家选聘与退出机制，建立专家黑名单制度，强化专家责任追究。

五、强化实施保障

（一）加强组织领导

整合建立统一的公共资源交易平台工作政策性强、涉及面广、技术难度大。各级财政部门要站在促进形成统一开放、竞争有序的现代市场体系和推动政府职能转变、推进预防和惩治腐败体系建设的高度，充分认识到该项工作的重要性，牢固树立大局意识，加强领导，周密部署，积极采取措施解决前期试点中存在的问题，切实将整合工作抓实、抓好。

（二）严格督促落实

各省级财政部门要加强对全行政区域财政部门落实本通知工作情况的督促和指导，及时将有关执行情况向财政部反馈。财政部将适时会同有关部门开展联合督查，确保有关法律法规和《方案》各项措施落实到位。

2014年10月11日，财政部**《关于公共资源交易中心开展政府采购活动有关问题的通知》**（财库〔2014〕165号）规定：政府采购活动应遵循政府采购法的规定。近期，一些公共资源交易中心（以下简称交易中心）开展政府采购工作业务时，违法改变政府采购法定评审程序、干预评审结果、乱收费，以及在交易中心建设中存在“管采不分”等问题。为规范交易中心的政府采购活动，进一步加强政府采购监督管理，依据《中华人民共和国政府采购法》等法律法规规定，现就有关事项通知如下：

一是进入交易中心的政府采购活动，应当严格遵守《中华人民共和国政府采购法》及政府采购货物服务招标投标管理、信息公告和评审管理等有关制度规定，规范采购文件编制、信息发布、专家抽取、项目评审、质疑投诉、档案管理等行为，保证政府采购的公开、公平和公正。交易中心在政府采购活动中，不得改变采购人、采购代理机构和供应商等主体的法定权利义务，不得在法定程序外新设登记、报名、备案、资格审核等程序，限制或阻止采购代理机构、供应商进入本地的政府采购市场；不得违规组织对评审活动进行现场监督，干预政府采购评审结果。

二是交易中心在政府采购活动中应遵循非营利性的原则，不得对采购代理机构、供应商违规收取费用，也不得要求采购代理机构或采购人

《政府采购法实施条例》第十二条[①]【采购代理机构的范围和职责】政府采购法所称采购代理机构，是指集中采购机构和集中采购机构以外的采购代理机构。

对现场监督人员支付评审费、劳务费等报酬，增加政府采购成本。集中采购机构应保留独立的法人地位，依法承担相应的法律责任，体现集中采购机构的公益性特征。

三是各级财政部门应依法履行对政府采购活动的监督管理职责，对进入交易中心的政府采购项目执行情况加强监督检查，依法受理供应商投诉，对违反政府采购法律法规的行为进行处理和处罚。对纳入交易中心的集中采购机构要加强考核与指导，促进落实政府采购政策功能等要求。要进一步落实"管采分离"的政府采购管理体制，财政部门不得违法采取授权、委托或者共同管理等方式，将政府采购的监管职责交由其他机构行使。对涉及政府采购活动的违法违规问题，交易中心应向政府采购监督管理部门如实反映情况，配合做好监督检查和投诉处理工作。

四是交易中心要对照政府采购法律法规和本通知规定开展自查，对存在的问题进行清理和整改。各级财政部门要切实加强对交易中心政府采购活动的业务指导和监督管理，督促交易中心做好清理整改工作。财政部将组织专项检查，对清理和整改不落实、不到位的单位予以通报。

2013年11月18日，中共中央、国务院**《党政机关厉行节约反对浪费条例》**（中发〔2013〕13号）**第十二条**　……加快政府采购管理交易平台建设，推进电子化政府采购。

① 2018年1月4日，财政部**《政府采购代理机构管理暂行办法》**（财库〔2018〕2号）规定：

第一章　总　则

第一条　为加强政府采购代理机构监督管理，促进政府采购代理机构规范发展，根据《中华人民共和国政府采购法》《中华人民共和国政府采购法实施条例》等法律法规，制定本办法。

集中采购机构是设区的市级以上人民政府依法设立的非营利事业法人，是代理集中采购项目的执行机构。集中采购机构应当根据采购人委托制定集中采购项目的实施方案，明确采购规程，组织政府采购活动，不得将集中采购项目转委托。集中采购机构以外的采购代理机构，是从事采购代理业务的社会中介机构。

《政府采购法》第十七条【对集中采购机构进行政府采购活动的要求】集中采购机构进行政府采购活动，应当符合采购价格低于市场平均价格、采购效率更高、采购质量优良和服务良好的要求。

《政府采购法实施条例》第十三条【对采购代理机构的要求】采购代理机构应当建立完善的政府采购内部监督管理制度，具备开展政府采购业务所需的评审条件和设施。

第二条　本办法所称政府采购代理机构（以下简称代理机构）是指集中采购机构以外、受采购人委托从事政府采购代理业务的社会中介机构。

第三条　代理机构的名录登记、从业管理、信用评价及监督检查适用本办法。

第四条　各级人民政府财政部门（以下简称财政部门）依法对代理机构从事政府采购代理业务进行监督管理。

第五条　财政部门应当加强对代理机构的政府采购业务培训，不断提高代理机构专业化水平。鼓励社会力量开展培训，增强代理机构业务能力。

采购代理机构应当提高确定采购需求，编制招标文件、谈判文件、询价通知书，拟订合同文本和优化采购程序的专业化服务水平，根据采购人委托在规定的时间内及时组织采购人与中标或者成交供应商签订政府采购合同，及时协助采购人对采购项目进行验收。

《政府采购法实施条例》第十四条【采购代理机构及其工作人员的禁止行为】采购代理机构不得以不正当手段获取政府采购代理业务，不得与采购人、供应商恶意串通操纵政府采购活动。

采购代理机构工作人员不得接受采购人或者供应商组织的宴请、旅游、娱乐，不得收受礼品、现金、有价证券等，不得向采购人或者供应商报销应当由个人承担的费用。

第二章　名录登记

第六条　代理机构实行名录登记管理。省级财政部门依托中国政府采购网省级分网（以下简称省级分网）建立政府采购代理机构名录（以下简称名录）。名录信息全国共享并向社会公开。

第七条　代理机构应当通过工商登记注册地（以下简称注册地）省级分网填报以下信息申请进入名录，并承诺对信息真实性负责：

（一）代理机构名称、统一社会信用代码、办公场所地址、联系电话等机构信息；

（二）法定代表人及专职从业人员有效身份证明等个人信息；

（三）内部监督管理制度；

（四）在自有场所组织评审工作的，应当提供评审场所地址、监控设备设施情况；

（五）省级财政部门要求提供的其他材料。

登记信息发生变更的，代理机构应当在信息变更之日起10个工作日内自行更新。

第八条 代理机构登记信息不完整的，财政部门应当及时告知其完善登记资料；代理机构登记信息完整清晰的，财政部门应当及时为其开通相关政府采购管理交易系统信息发布、专家抽取等操作权限。

第九条 代理机构在其注册地省级行政区划以外从业的，应当向从业地财政部门申请开通政府采购管理交易系统相关操作权限，从业地财政部门不得要求其重复提交登记材料，不得强制要求其在从业地设立分支机构。

第十条 代理机构注销时，应当向相关采购人移交档案，并及时向注册地所在省级财政部门办理名录注销手续。

第三章 从业管理

第十一条 代理机构代理政府采购业务应当具备以下条件：

（一）具有独立承担民事责任的能力；

（二）建立完善的政府采购内部监督管理制度；

（三）拥有不少于5名熟悉政府采购法律法规、具备编制采购文件和组织采购活动等相应能力的专职从业人员；

（四）具备独立办公场所和代理政府采购业务所必需的办公条件；

（五）在自有场所组织评审工作的，应当具备必要的评审场地和录音录像等监控设备设施并符合省级人民政府规定的标准。

第十二条 采购人应当根据项目特点、代理机构专业领域和综合信用评价结果，从名录中自主择优选择代理机构。

任何单位和个人不得以摇号、抽签、遴选等方式干预采购人自行选择代理机构。

第十三条 代理机构受采购人委托办理采购事宜，应当与采购人签订委托代理协议，明确采购代理范围、权限、期限、档案保存、代理费用收取方式及标准、协议解除及终止、违约责任等具体事项，约定双方权利义务。

第十四条　代理机构应当严格按照委托代理协议的约定依法依规开展政府采购代理业务，相关开标及评审活动应当全程录音录像，录音录像应当清晰可辨，音像资料作为采购文件一并存档。

第十五条　代理费用可以由中标、成交供应商支付，也可由采购人支付。由中标、成交供应商支付的，供应商报价应当包含代理费用。代理费用超过分散采购限额标准的，原则上由中标、成交供应商支付。

代理机构应当在采购文件中明示代理费用收取方式及标准，随中标、成交结果一并公开本项目收费情况，包括具体收费标准及收费金额等。

第十六条　采购人和代理机构在委托代理协议中约定由代理机构负责保存采购文件的，代理机构应当妥善保存采购文件，不得伪造、变造、隐匿或者销毁采购文件。采购文件的保存期限为从采购结束之日起至少十五年。

采购文件可以采用电子档案方式保存。采用电子档案方式保存采购文件的，相关电子档案应当符合《中华人民共和国档案法》《中华人民共和国电子签名法》等法律法规的要求。

……

第五章　附　则

第二十五条　政府采购行业协会按照依法制定的章程开展活动，加强代理机构行业自律。

第二十六条　省级财政部门可根据本办法规定制定具体实施办法。

第二十七条　本办法自2018年3月1日施行。

2018年2月13日，财政部办公厅**《关于做好政府采购代理机构名录登记有关工作的通知》**（财办库〔2018〕28号）规定：为确保《政府采购代理机构管理暂行办法》（财库〔2018〕2号，以下简称《办法》）顺利施行，现就相关事项通知如下：

一、做好名录登记工作衔接

2018年3月1日起，财政部不再办理政府采购代理机构（以下简称代理机构）名录登记事宜，由各省级财政部门按照《办法》要求做好新增代理机构名录登记工作。此前已通过中国政府采购网中央主网（以下简称中央主网）进行网上登记的代理机构，名录管理权限将于3月1日调整至其工商注册地省级财政部门。

二、及时补充完善登记信息

财政部将于3月1日前完成名录登记系统升级改造，并以短信、系统提示等方式统一通知此前已完成网上登记的代理机构按照《办法》规定补充完善专职从业人员、自有场所设施情况等登记信息。各省级财政部门应当对相关登记信息的完整性进行审核，并及时告知审核结果。5月1日起，各省级财政部门应当将登记信息不符合《办法》要求的代理机构从名录中暂时移出并暂停其信息发布、专家抽取等操作权限，待其登记信息符合要求后予以恢复。

三、进一步规范名录登记管理

名录登记系统以统一社会信用代码作为代理机构唯一标识。总公司已完成名录登记的，分公司无需重复登记。各省级财政部门应当对本地区代理机构进行梳理分类，名录中不再单独列示分公司。

四、落实信息公开要求

根据《办法》第十五条有关要求，财政部已对中国政府采购网采购公告发布系统数据接口规范进行调整，并在中央主网发布。各省级财政部门应当及时更新本地区政府采购中标、成交结果公告模板及数据接口规范，随政府采购项目中标、成交结果一并公告代理费用收费标准及金额。

五、严格落实政府采购行政处罚结果

名录登记系统将与中央主网“政府采购严重违法失信行为记录名单”进行关联。对被禁止参加政府采购活动的代理机构，各省级财政部门应当及时将其从名录中移除，并停止其信息发布和专家抽取等操作权限；处罚期满后，应当及时恢复。

各省级财政部门应当按照《办法》及本通知要求向代理机构做好政

《政府采购法》第十八条[①]**【集中采购机构代理采购的范围】**采购人采购纳入集中采购目录的政府采购项目，必须委托集中采购机构代理采购；采购未纳入集中采购目录的政府采购项目，可以自行采购，也可以委托集中采购机构在委托的范围内代理采购。

纳入集中采购目录属于通用的政府采购项目的，应当委托集中采购机构代理采购；属于本部门、本系统有特殊要求的项目，应当实行部门集中采购；属于本单位有特殊要求的项目，经省级以上人民政府批准，可以自行采购。

《政府采购法》第十九条[②]**【采购人有权委托采购】**采购人可以委托集中采购机构以外的采购代理机构，在委托的范围内办理政府采购事宜。

策解释和相关服务工作，对《办法》实施过程中存在的问题和建议请及时向财政部国库司反馈。

① 2017年7月11日，财政部**《政府采购货物和服务招标投标管理办法》**（财政部第87号令）**第九条**规定：未纳入集中采购目录的政府采购项目，采购人可以自行招标，也可以委托采购代理机构在委托的范围内代理招标。

采购人自行组织开展招标活动的，应当符合下列条件：

（一）有编制招标文件、组织招标的能力和条件；

（二）有与采购项目专业性相适应的专业人员。

② 2017年7月11日，财政部**《政府采购货物和服务招标投标管理办法》**（财政部第87号令）**第八条**规定：采购人委托采购代理机构代理招标的，采购代理机构应当在采购人委托的范围内依法开展采购活动。

采购代理机构及其分支机构不得在所代理的采购项目中投标或者代

采购人有权自行选择采购代理机构，任何单位和个人不得以任何方式为采购人指定采购代理机构。

《政府采购法实施条例》第十五条[①] **【采购文件编制】**采购人、采购代理机构应当根据政府采购政策、采购预算、采购需求编制采购文件。

理投标，不得为所代理的采购项目的投标人参加本项目提供投标咨询。

2019年7月26日，财政部**《关于促进政府采购公平竞争优化营商环境的通知》**（财库〔2019〕38号）规定：一、全面清理政府采购领域妨碍公平竞争的规定和做法

各地区、各部门应当严格落实《中华人民共和国政府采购法》等相关法律法规的要求，依法保障各类市场主体平等参与政府采购活动的权利。要全面清理政府采购领域妨碍公平竞争的规定和做法，重点清理和纠正以下问题：……（七）强制要求采购人采用抓阄、摇号等随机方式或者比选方式选择采购代理机构，干预采购人自主选择采购代理机构；

2016年8月8日，财政部办公厅**《关于做好政府采购有关信用主体标识码登记工作的通知》**（财办库〔2016〕320号）规定：……二、根据《财政部关于做好政府采购代理机构资格认定行政许可取消后相关政策衔接工作的通知》（财库〔2014〕122号）有关要求，代理机构在中国政府采购网或其工商注册地所在地省级分网站进行网上登记。各省级财政部门在组织本地区政府采购代理机构网上登记时，应当要求代理机构录入主体标识码。

三、各省级财政部门应当高度重视信用信息的登记和发布工作，确保信用信息的完整性和准确性，做好相关组织工作，及时调整相关系统设置，并通知本地区各级财政部门和社会代理机构做好有关工作。

① 2021年4月30日，财政部**《政府采购需求管理办法》**（财库〔2021〕22号）规定：

采购需求应当符合法律法规以及政府采购政策规定的技术、服务、安全等要求。政府向社会公众提供的公共服务项目，应当就确定采购需求征求社会公众的意见。除因技术复杂或者性质特殊，不能确定详细规格或者具体要求外，采购需求应当完整、明确。必要时，应当就确定采购需求征求相关供应商、专家的意见。

《政府采购法》第二十条【委托采购应当签订委托代理协议】 采购人依法委托采购代理机构办理采购事宜的，应当由采购人与采购代理机构签订委托代理协议，依法确定委托代理的事项，约定双方的权利义务。

第一章　总　则

第一条　为加强政府采购需求管理，实现政府采购项目绩效目标，根据《中华人民共和国政府采购法》和《中华人民共和国政府采购法实施条例》等有关法律法规，制定本办法。

第二条　政府采购货物、工程和服务项目的需求管理适用本办法。

第三条　本办法所称政府采购需求管理，是指采购人组织确定采购需求和编制采购实施计划，并实施相关风险控制管理的活动。

第四条　采购需求管理应当遵循科学合理、厉行节约、规范高效、权责清晰的原则。

第五条　采购人对采购需求管理负有主体责任，按照本办法的规定开展采购需求管理各项工作，对采购需求和采购实施计划的合法性、合规性、合理性负责。主管预算单位负责指导本部门采购需求管理工作。

第二章　采购需求

第六条　本办法所称采购需求，是指采购人为实现项目目标，拟采购的标的及其需要满足的技术、商务要求。

《政府采购法实施条例》第十六条【委托代理协议】政府采购法第二十条规定的委托代理协议，应当明确代理采购的范围、权限和期限等具体事项。

采购人和采购代理机构应当按照委托代理协议履行各自义务，采购代理机构不得超越代理权限。

技术要求是指对采购标的的功能和质量要求，包括性能、材料、结构、外观、安全，或者服务内容和标准等。

商务要求是指取得采购标的的时间、地点、财务和服务要求，包括交付（实施）的时间（期限）和地点（范围），付款条件（进度和方式），包装和运输，售后服务，保险等。

第七条 采购需求应当符合法律法规、政府采购政策和国家有关规定，符合国家强制性标准，遵循预算、资产和财务等相关管理制度规定，符合采购项目特点和实际需要。

采购需求应当依据部门预算（工程项目概预算）确定。

第八条 确定采购需求应当明确实现项目目标的所有技术、商务要求，功能和质量指标的设置要充分考虑可能影响供应商报价和项目实施风险的因素。

第九条 采购需求应当清楚明了、表述规范、含义准确。

技术要求和商务要求应当客观，量化指标应当明确相应等次，有连续区间的按照区间划分等次。需由供应商提供设计方案、解决方案或者组织方案的采购项目，应当说明采购标的的功能、应用场景、目标等基本要求，并尽可能明确其中的客观、量化指标。

采购需求可以直接引用相关国家标准、行业标准、地方标准等标准、规范，也可以根据项目目标提出更高的技术要求。

第十条　采购人可以在确定采购需求前，通过咨询、论证、问卷调查等方式开展需求调查，了解相关产业发展、市场供给、同类采购项目历史成交信息，可能涉及的运行维护、升级更新、备品备件、耗材等后续采购，以及其他相关情况。

面向市场主体开展需求调查时，选择的调查对象一般不少于3个，并应当具有代表性。

第十一条　对于下列采购项目，应当开展需求调查：

（一）1000万元以上的货物、服务采购项目，3000万元以上的工程采购项目；

（二）涉及公共利益、社会关注度较高的采购项目，包括政府向社会公众提供的公共服务项目等；

（三）技术复杂、专业性较强的项目，包括需定制开发的信息化建设项目、采购进口产品的项目等；

（四）主管预算单位或者采购人认为需要开展需求调查的其他采购项目。

编制采购需求前一年内，采购人已就相关采购标的开展过需求调查的可以不再重复开展。

按照法律法规的规定，对采购项目开展可行性研究等前期工作，已包含本办法规定的需求调查内容的，可以不再重复调查；对在可行性研究等前期工作中未涉及的部分，应当按照本办法的规定开展需求调查。

第三章　采购实施计划

第十二条　本办法所称采购实施计划，是指采购人围绕实现采购需求，对合同的订立和管理所做的安排。

采购实施计划根据法律法规、政府采购政策和国家有关规定，结合采购需求的特点确定。

第十三条　采购实施计划主要包括以下内容：

（一）合同订立安排，包括采购项目预（概）算、最高限价，开展采购活动的时间安排，采购组织形式和委托代理安排，采购包划分与合同分包，供应商资格条件，采购方式、竞争范围和评审规则等。

（二）合同管理安排，包括合同类型、定价方式、合同文本的主要条款、履约验收方案、风险管控措施等。

第十四条 采购人应当通过确定供应商资格条件、设定评审规则等措施，落实支持创新、绿色发展、中小企业发展等政府采购政策功能。

第十五条 采购人要根据采购项目实施的要求，充分考虑采购活动所需时间和可能影响采购活动进行的因素，合理安排采购活动实施时间。

第十六条 采购人采购纳入政府集中采购目录的项目，必须委托集中采购机构采购。政府集中采购目录以外的项目可以自行采购，也可以自主选择委托集中采购机构，或者集中采购机构以外的采购代理机构采购。

第十七条 采购人要按照有利于采购项目实施的原则，明确采购包或者合同分包要求。

采购项目划分采购包的，要分别确定每个采购包的采购方式、竞争范围、评审规则和合同类型、合同文本、定价方式等相关合同订立、管理安排。

第十八条 根据采购需求特点提出的供应商资格条件，要与采购标的的功能、质量和供应商履约能力直接相关，且属于履行合同必需的条件，包括特定的专业资格或者技术资格、设备设施、业绩情况、专业人才及其管理能力等。

业绩情况作为资格条件时，要求供应商提供的同类业务合同一般不超过2个，并明确同类业务的具体范围。涉及政府采购政策支持的创新产品采购的，不得提出同类业务合同、生产台数、使用时长等业绩要求。

第十九条 采购方式、评审方法和定价方式的选择应当符合法定适用情形和采购需求特点，其中，达到公开招标数额标准，因特殊情况需要采用公开招标以外的采购方式的，应当依法获得批准。

采购需求客观、明确且规格、标准统一的采购项目，如通用设备、物业管理等，一般采用招标或者询价方式采购，以价格作为授予合同的主要考虑因素，采用固定总价或者固定单价的定价方式。

采购需求客观、明确，且技术较复杂或者专业性较强的采购项目，如大型装备、咨询服务等，一般采用招标、谈判（磋商）方式采购，通过综合性评审选择性价比最优的产品，采用固定总价或者固定单价的定价方式。

不能完全确定客观指标，需由供应商提供设计方案、解决方案或者组织方案的采购项目，如首购订购、设计服务、政府和社会资本合作等，一般采用谈判（磋商）方式采购，综合考虑以单方案报价、多方案报价以及性价比要求等因素选择评审方法，并根据实现项目目标的要求，采取固定总价或者固定单价、成本补偿、绩效激励等单一或者组合定价方式。

第二十条　除法律法规规定可以在有限范围内竞争或者只能从唯一供应商处采购的情形外，一般采用公开方式邀请供应商参与政府采购活动。

第二十一条　采用综合性评审方法的，评审因素应当按照采购需求和与实现项目目标相关的其他因素确定。

采购需求客观、明确的采购项目，采购需求中客观但不可量化的指标应当作为实质性要求，不得作为评分项；参与评分的指标应当是采购需求中的量化指标，评分项应当按照量化指标的等次，设置对应的不同分值。不能完全确定客观指标，需由供应商提供设计方案、解决方案或者组织方案的采购项目，可以结合需求调查的情况，尽可能明确不同技术路线、组织形式及相关指标的重要性和优先级，设定客观、量化的评审因素、分值和权重。价格因素应当按照相关规定确定分值和权重。

采购项目涉及后续采购的，如大型装备等，要考虑兼容性要求。可以要求供应商报出后续供应的价格，以及后续采购的可替代性、相关产品和估价，作为评审时考虑的因素。

需由供应商提供设计方案、解决方案或者组织方案，且供应商经验和能力对履约有直接影响的，如订购、设计等采购项目，可以在评审因素中适当考虑供应商的履约能力要求，并合理设置分值和权重。需由供应商提供设计方案、解决方案或者组织方案，采购人认为有必要考虑全生命周期成本的，可以明确使用年限，要求供应商报出安装调试费用、使用期间能源管理、废弃处置等全生命周期成本，作为评审时考虑的因素。

第二十二条　合同类型按照民法典规定的典型合同类别，结合采购标的的实际情况确定。

第二十三条　合同文本应当包含法定必备条款和采购需求的所有内容，包括但不限于标的名称，采购标的的质量、数量（规模），履行时间（期限）、地点和方式，包装方式，价款或者报酬、付款进度安排、资金支付方式，验收、交付标准和方法，质量保修范围和保修期，违约责任与解决争议的方法等。

采购项目涉及采购标的的知识产权归属、处理的，如订购、设计、定制开发的信息化建设项目等，应当约定知识产权的归属和处理方式。采购人可以根据项目特点划分合同履行阶段，明确分期考核要求和对应的付款进度安排。对于长期运行的项目，要充分考虑成本、收益以及可能出现的重大市场风险，在合同中约定成本补偿、风险分担等事项。

合同权利义务要围绕采购需求和合同履行设置。国务院有关部门依法制定了政府采购合同标准文本的，应当使用标准文本。属于本办法第十一条规定范围的采购项目，合同文本应当经过采购人聘请的法律顾问审定。

第二十四条　履约验收方案要明确履约验收的主体、时间、方式、程序、内容和验收标准等事项。采购人、采购代理机构可以邀请参加本项目的其他供应商或者第三方专业机构及专家参与验收，相关验收意见作为验收的参考资料。政府向社会公众提供的公共服务项目，验收时应当邀请服务对象参与并出具意见，验收结果应当向社会公告。

验收内容要包括每一项技术和商务要求的履约情况，验收标准要包括所有客观、量化指标。不能明确客观标准、涉及主观判断的，可以通过在采购人、使用人中开展问卷调查等方式，转化为客观、量化的验收标准。

分期实施的采购项目，应当结合分期考核的情况，明确分期验收要求。货物类项目可以根据需要设置出厂检验、到货检验、安装调试检验、配套服务检验等多重验收环节。工程类项目的验收方案应当符合行业管理部门规定的标准、方法和内容。

履约验收方案应当在合同中约定。

第二十五条　对于本办法第十一条规定的采购项目，要研究采购过程和合同履行过程中的风险，判断风险发生的环节、可能性、影响程度和管控责任，提出有针对性的处置措施和替代方案。

采购过程和合同履行过程中的风险包括国家政策变化、实施环境变化、重大技术变化、预算项目调整、因质疑投诉影响采购进度、采购失败、不按规定签订或者履行合同、出现损害国家利益和社会公共利益情形等。

第二十六条　各级财政部门应当按照简便、必要的原则，明确报财政部门备案的采购实施计划具体内容，包括采购项目的类别、名称、采购标的、采购预算、采购数量（规模）、组织形式、采购方式、落实政府采购政策有关内容等。

第四章　风险控制

第二十七条　采购人应当将采购需求管理作为政府采购内控管理的重要内容，建立健全采购需求管理制度，加强对采购需求的形成和实现过程的内部控制和风险管理。

第二十八条　采购人可以自行组织确定采购需求和编制采购实施计划，也可以委托采购代理机构或者其他第三方机构开展。

第二十九条　采购人应当建立审查工作机制，在采购活动开始前，针对采购需求管理中的重点风险事项，对采购需求和采购实施计划进行审查，审查分为一般性审查和重点审查。

对于审查不通过的，应当修改采购需求和采购实施计划的内容并重新进行审查。

第三十条　一般性审查主要审查是否按照本办法规定的程序和内容确定采购需求、编制采购实施计划。审查内容包括，采购需求是否符合预算、资产、财务等管理制度规定；对采购方式、评审规则、合同类型、定价方式的选择是否说明适用理由；属于按规定需要报相关监管部门批准、核准的事项，是否作出相关安排；采购实施计划是否完整。

第三十一条 重点审查是在一般性审查的基础上，进行以下审查：

（一）非歧视性审查。主要审查是否指向特定供应商或者特定产品，包括资格条件设置是否合理，要求供应商提供超过2个同类业务合同的，是否具有合理性；技术要求是否指向特定的专利、商标、品牌、技术路线等；评审因素设置是否具有倾向性，将有关履约能力作为评审因素是否适当。

（二）竞争性审查。主要审查是否确保充分竞争，包括应当以公开方式邀请供应商的，是否依法采用公开竞争方式；采用单一来源采购方式的，是否符合法定情形；采购需求的内容是否完整、明确，是否考虑后续采购竞争性；评审方法、评审因素、价格权重等评审规则是否适当。

（三）采购政策审查。主要审查进口产品的采购是否必要，是否落实支持创新、绿色发展、中小企业发展等政府采购政策要求。

（四）履约风险审查。主要审查合同文本是否按规定由法律顾问审定，合同文本运用是否适当，是否围绕采购需求和合同履行设置权利义务，是否明确知识产权等方面的要求，履约验收方案是否完整、标准是否明确，风险处置措施和替代方案是否可行。

（五）采购人或者主管预算单位认为应当审查的其他内容。

第三十二条 审查工作机制成员应当包括本部门、本单位的采购、财务、业务、监督等内部机构。采购人可以根据本单位实际情况，建立相关专家和第三方机构参与审查的工作机制。

参与确定采购需求和编制采购实施计划的专家和第三方机构不得参与审查。

第三十三条 一般性审查和重点审查的具体采购项目范围，由采购人根据实际情况确定。主管预算单位可以根据本部门实际情况，确定由主管预算单位统一组织重点审查的项目类别或者金额范围。

属于本办法第十一条规定范围的采购项目，应当开展重点审查。

第三十四条　采购需求和采购实施计划的调查、确定、编制、审查等工作应当形成书面记录并存档。

采购文件应当按照审核通过的采购需求和采购实施计划编制。

第五章　监督检查与法律责任

第三十五条　财政部门应当依法加强对政府采购需求管理的监督检查，将采购人需求管理作为政府采购活动监督检查的重要内容，不定期开展监督检查工作，采购人应当如实反映情况，提供有关材料。

第三十六条　在政府采购项目投诉、举报处理和监督检查过程中，发现采购人未按本办法规定建立采购需求管理内控制度、开展采购需求调查和审查工作的，由财政部门采取约谈、书面关注等方式责令采购人整改，并告知其主管预算单位。对情节严重或者拒不改正的，将有关线索移交纪检监察、审计部门处理。

第三十七条　在政府采购项目投诉、举报处理和监督检查过程中，发现采购方式、评审规则、供应商资格条件等存在歧视性、限制性、不符合政府采购政策等问题的，依照《中华人民共和国政府采购法》等国家有关规定处理。

第三十八条　在政府采购项目投诉、举报处理和监督检查过程中，发现采购人存在无预算或者超预算采购、超标准采购、铺张浪费、未按规定编制政府采购实施计划等问题的，依照《中华人民共和国政府采购法》《中华人民共和国预算法》《财政违法行为处罚处分条例》《党政机关厉行节约反对浪费条例》等国家有关规定处理。

第六章　附　则

第三十九条　采购项目涉及国家秘密的，按照涉密政府采购有关规定执行。

第四十条　因采购人不可预见的紧急情况实施采购的，可以适当简化相关管理要求。

第四十一条　由集中采购机构组织的批量集中采购和框架协议采购

的需求管理，按照有关制度规定执行。

第四十二条 各省、自治区、直辖市财政部门可以根据本办法制定具体实施办法。

第四十三条 本办法所称主管预算单位是指负有编制部门预算职责，向本级财政部门申报预算的国家机关、事业单位和团体组织。

第四十四条 本办法自2021年7月1日起施行。

2016年11月25日，财政部**《关于进一步加强政府采购需求和履约验收管理的指导意见》**（财库〔2016〕205号）规定：

一、高度重视政府采购需求和履约验收管理

依法加强政府采购需求和履约验收管理，是深化政府采购制度改革、提高政府采购效率和质量的重要保证。科学合理确定采购需求是加强政府采购源头管理的重要内容，是执行政府采购预算、发挥采购政策功能、落实公平竞争交易规则的重要抓手，在采购活动整体流程中具有承上启下的重要作用。严格规范开展履约验收是加强政府采购结果管理的重要举措，是保证采购质量、开展绩效评价、形成闭环管理的重要环节，对实现采购与预算、资产及财务等管理工作协调联动具有重要意义。各地区、各部门要充分认识政府采购需求和履约验收管理的重要性和必要性，切实加强政府采购活动的源头和结果管理。

二、科学合理确定采购需求

（一）采购人负责确定采购需求。采购人负责组织确定本单位采购项目的采购需求。采购人委托采购代理机构编制采购需求的，应当在采购活动开始前对采购需求进行书面确认。

（二）采购需求应当合规、完整、明确。采购需求应当符合国家法律法规规定，执行国家相关标准、行业标准、地方标准等标准规范，落实政府采购支持节能环保、促进中小企业发展等政策要求。除因技术复杂或者性质特殊，不能确定详细规格或者具体要求外，采购需求应当完整、明确。必要时，应当就确定采购需求征求相关供应商、专家的意见。采购需求应当包括采购对象需实现的功能或者目标，满足项目需要的所有技术、服务、安全等要求，采购对象的数量、交付或实施的时间和地点，采购对象的验收标准等内容。采购需求描述应当清楚明了、规范表述、含义准确，能够通过客观指标量化的应当量化。

（三）加强需求论证和社会参与。采购人可以根据项目特点，结合预算编制、相关可行性论证和需求调研情况对采购需求进行论证。政府向社会公众提供的公共服务项目，采购人应当就确定采购需求征求社会公众的意见。需求复杂的采购项目可引入第三方专业机构和专家，吸纳社会力量参与采购需求编制及论证。

（四）严格依据采购需求编制采购文件及合同。采购文件及合同应当完整反映采购需求的有关内容。采购文件设定的评审因素应当与采购需求对应，采购需求相关指标有区间规定的，评审因素应当量化到相应区间。采购合同的具体条款应当包括项目的验收要求、与履约验收挂钩的资金支付条件及时间、争议处理规定、采购人及供应商各自权利义务等内容。采购需求、项目验收标准和程序应当作为采购合同的附件。

……

四、工作要求

（一）强化采购人对采购需求和履约验收的主体责任。采购人应当切实做好需求编制和履约验收工作，完善内部机制、强化内部监督、细化内部流程，把采购需求和履约验收嵌入本单位内控管理流程，加强相关工作的组织、人员和经费保障。

（二）加强采购需求和履约验收的业务指导。各级财政部门应当按照结果导向的改革要求，积极研究制定通用产品需求标准和采购文件标准文本，探索建立供应商履约评价制度，推动在政府采购评审中应用履约验收和绩效评价结果。

（三）细化相关制度规定。各地区、各部门可根据本意见精神，研究制定符合本地区、本部门实际情况的具体办法和工作细则，切实加强政府采购活动中的需求和履约验收管理。

2017年7月11日，财政部**《政府采购货物和服务招标投标管理办法》**（财政部第87号令）**第十条**规定：采购人应当对采购标的的市场技术或者服务水平、供应、价格等情况进行市场调查，根据调查情况、资产配置标准等科学、合理地确定采购需求，进行价格测算。

第十一条 采购需求应当完整、明确，包括以下内容：

（一）采购标的需实现的功能或者目标，以及为落实政府采购政策需满足的要求；

（二）采购标的需执行的国家相关标准、行业标准、地方标准或者其他标准、规范；

（三）采购标的需满足的质量、安全、技术规格、物理特性等要求；

（四）采购标的的数量、采购项目交付或者实施的时间和地点；

（五）采购标的需满足的服务标准、期限、效率等要求；

（六）采购标的的验收标准；

（七）采购标的的其他技术、服务等要求。

第十二条 采购人根据价格测算情况，可以在采购预算额度内合理设定最高限价，但不得设定最低限价。

2020年3月1日，财政部**《政府购买服务管理办法》**（财政部第102号令）**第十五条** 政府购买服务应当突出公共性和公益性，重点考虑、优先安排与改善民生密切相关，有利于转变政府职能、提高财政资金绩效的项目。

政府购买的基本公共服务项目的服务内容、水平、流程等标准要素，应当符合国家基本公共服务标准相关要求。

第十七条 购买主体应当根据购买内容及市场状况、相关供应商服务能力和信用状况等因素，通过公平竞争择优确定承接主体。

第十八条 购买主体向个人购买服务，应当限于确实适宜实施政府购买服务并且由个人承接的情形，不得以政府购买服务名义变相用工。

第二十四条 政府购买服务合同履行期限一般不超过1年；在预算保障的前提下，对于购买内容相对固定、连续性强、经费来源稳定、价格变化幅度小的政府购买服务项目，可以签订履行期限不超过3年的政府购买服务合同。

2014年4月14日，**《财政部关于推进和完善服务项目政府采购有关**

问题的通知》（财库〔2014〕37号）规定：……二、加强政府采购服务项目采购需求管理推进制定完整、明确、符合国家法律法规以及政府采购政策规定的服务采购需求标准。第一类中列入政府集中采购目录的服务项目，采购需求标准由集中采购机构提出。其他服务项目的采购需求标准由采购人（购买主体）提出。采购人、集中采购机构制定采购需求标准时，应当广泛征求相关供应商（承接主体）、专家意见。对于第三类服务项目，还应当征求社会公众的意见。各省级财政部门可以根据实际情况，分品目制定发布适用于本行政区域的服务项目采购需求标准。

加强采购需求制定相关的内控管理。采购人、集中采购机构应当明确相关岗位的职责和权限，确保政府采购需求制定与内部审批、采购文件准备与验收等不相容岗位分设。

2017年12月26日，**《政务信息系统政府采购管理暂行办法》**（财库〔2017〕210号）**第四条**　采购人应当按照可行性研究报告、初步设计报告、预算审批时核准的内容和实际工作需要确定政务信息系统采购需求（以下简称采购需求）并组织采购。

采购需求应当科学合理、明确细化，包括项目名称、采购人、预算金额、经费渠道、运行维护要求、数据共享要求、安全审查和保密要求、等级保护要求、分级保护要求、需落实的政府采购政策和履约验收方案等内容。

第五条　采购需求应当符合法律法规，满足国家、行业相关标准的要求，鼓励使用市场自主制定的团体标准。

专业性强、技术要求较高的政务信息系统，可以邀请行业专家或者第三方专业机构参与需求制定工作。采购人和实际使用者或受益者分离的项目，在制定需求时，应当征求实际使用者或受益者的意见。

第六条　采购需求应当落实政务信息系统整合共享要求，符合政务信息共享标准体系，确保相关系统能够按照规定接入国家共享数据交换平台。采购需求要与现有系统功能协调一致，避免重复建设。

采购需求应当体现公共数据开放有关要求，推动原始性、可机器读取、可供社会化再利用的数据集向社会开放。

《政府采购法》第二十一条[①]**【供应商的含义】**供应商是指向采购人提供货物、工程或者服务的法人、其他组织或者自然人。

第七条　采购需求应当落实国家支持云计算的政策要求，推动政务服务平台集约化建设管理。不含国家秘密、面向社会主体提供服务的政务信息系统，原则上应当采用云计算模式进行建设，

采购需求应当包括相关设备、系统和服务支持互联网协议第六版（IPv6）的技术要求。

第八条　采购需求应当落实国家密码管理有关法律法规、政策和标准规范的要求，同步规划、同步建设、同步运行密码保障系统并定期进行评估。

2011年2月22日，**《财政部关于进一步规范和加强政府机关软件资产管理的意见》**（财行〔2011〕7号）规定：……四、切实加强正版软件采购工作

要严格执行软件正版化的有关规定，全面采购和使用正版软件。要进一步规范软件产品政府采购行为，建立健全相关工作机制，采取切实措施，加强采购过程中知识产权的审核管理，防止侵权仿冒商品进入政府采购渠道。对需要购置的纳入政府集中采购目录的软件资产，应当严格按照《中华人民共和国政府采购法》的有关规定，实行政府集中采购。对于达到公开招标数额标准以上的软件资产，应当严格履行公开招标程序。采购正版软件应当对软件互相兼容、授权方式、信息安全、升级等售后服务提出具体要求，维护软件市场公平竞争秩序。同时，要注意加强软硬件采购的衔接，确保采购的计算机办公设备符合预装正版操作系统软件的要求。

①　2017年7月11日，财政部**《政府采购货物和服务招标投标管理办法》**（财政部第87号令）**第三十条**　投标人，是指响应招标、参加投标竞争的法人、其他组织或者自然人。

第三十一条　采用最低评标价法的采购项目，提供相同品牌产品的不同投标人参加同一合同项下投标的，以其中通过资格审查、符合性审查且报价最低的参加评标；报价相同的，由采购人或者采购人委托评标委员会按照招标文件规定的方式确定一个参加评标的投标人，招标文件未规定的采取随机抽取方式确定，其他投标无效。

使用综合评分法的采购项目，提供相同品牌产品且通过资格审查、符合性审查的不同投标人参加同一合同项下投标的，按一家投标人计算，评审后得分最高的同品牌投标人获得中标人推荐资格；评审得分相同的，由采购人或者采购人委托评标委员会按照招标文件规定的方式确定一个投标人获得中标人推荐资格，招标文件未规定的采取随机抽取方式确定，其他同品牌投标人不作为中标候选人。

非单一产品采购项目，采购人应当根据采购项目技术构成、产品价格比重等合理确定核心产品，并在招标文件中载明。多家投标人提供的核心产品品牌相同的，按前两款规定处理。

2020年3月1日，财政部**《政府购买服务管理办法》**（财政部第102号令）**第六条**　依法成立的企业、社会组织（不含由财政拨款保障的群团组织），公益二类和从事生产经营活动的事业单位，农村集体经济组织，基层群众性自治组织，以及具备条件的个人可以作为政府购买服务的承接主体。

第八条　公益一类事业单位、使用事业编制且由财政拨款保障的群团组织，不作为政府购买服务的购买主体和承接主体。

2016年11月30日，财政部、中央编办**《关于做好事业单位政府购买服务改革工作的意见》**（财综〔2016〕53号）规定：……二、分类定位

（一）完全或主要承担行政职能的事业单位可以比照政府行政部门，作为政府购买服务的购买主体。部分承担行政职能的事业单位完成剥离行政职能改革后，应当根据新的分类情况执行相应的政府购买服务政策。不承担行政职能的事业单位不属于政府购买服务的购买主体，因履职需要购买辅助性服务的，应当按照政府采购法律制度有关规定执行。

（二）承担义务教育、基础性科研、公共文化、公共卫生及基层的基本医疗服务等基本公益服务，不能或不宜由市场配置资源的公益一类事业单位，既不属于政府购买服务的购买主体，也不属于承接主体，不得参与承接政府购买服务。有关行政主管部门应当加强对所属公益一类事业单位的经费保障和管理，强化公益属性，有效发挥政府举办事业单位提供基本公共服务的职能作用。

（三）承担高等教育、非营利医疗等公益服务，可部分由市场配置资源的公益二类事业单位，可以作为政府购买服务的承接主体。现由公益二类事业单位承担并且适宜由社会力量提供的服务事项，应当纳入政府购买服务指导性目录，并根据条件逐步转为通过政府购买服务方式提供。有关行政主管部门应当创造条件积极支持公益二类事业单位与其他社会力量公平竞争参与承接政府购买服务，激发事业单位活力，增强提供公共服务能力。

（四）生产经营类事业单位可以作为政府购买服务的承接主体，在参与承接政府购买服务时，应当与社会力量平等竞争。

2013年9月26日，国务院办公厅**《关于政府向社会力量购买服务的指导意见》**（国办发〔2013〕96号）规定：……三、规范有序开展政府向社会力量购买服务工作……（二）承接主体。承接政府购买服务的主体包括依法在民政部门登记成立或经国务院批准免予登记的社会组织，以及依法在工商管理或行业主管部门登记成立的企业、机构等社会力量。承接政府购买服务的主体应具有独立承担民事责任的能力，具备提供服务所必需的设施、人员和专业技术的能力，具有健全的内部治理结构、财务会计和资产管理制度，具有良好的社会和商业信誉，具有依法缴纳税收和社会保险的良好记录，并符合登记管理部门依法认定的其他条件。承接主体的具体条件由购买主体会同财政部门根据购买服务项目的性质和质量要求确定。

2003年4月14日，**《财政部办公厅关于多家代理商代理一家制造商的产品参加投标如何计算供应商家数的复函》**（财办库〔2003〕38号）指出：

根据国际惯例以及《政府采购法》的立法精神，公开竞争是政府采

《政府采购法》第二十二条[①]**【供应商条件】**供应商参加政府采购活动应当具备下列条件：

购的基石。政府采购的竞争是指符合采购人采购需求的不同品牌或者不同生产制造商之间的竞争，原则上同一品牌同一型号产品只能有一家投标人，但应当在招标文件中对此作出明确规定。如中央单位2002年实行的计算机、打印机和复印机协议供货制度，在招标文件中明确规定，只允许投标产品的生产制造商总部参加投标，或者由生产制造商总部全权委托一家代理商参加。否则，作无效标处理。

《政府采购法》实施后，为了避免同一品牌同一型号产品出现多个投标人的现象，应当在招标文件中明确规定，同一品牌同一型号产品只能由一家供应商参加。如果有多家代理商参加同一品牌同一型号产品投标的，应当作为一个供应商计算。公开招标以外采购方式以及政府采购服务和工程，也按此方法计算供应商家数。

① 2015年10月22日，最高人民法院发布了十大经济行政典型案例，其中"**上海辉慈医疗器械有限公司诉崇明县财政局行政决定案**"指出，本案是涉及政府采购的典型案例。政府采购通常指国家机关、事业单位等使用财政资金按法定要求和标准采购货物、工程和服务的行为，是受一定限制、底线清晰的市场交易活动，需要考虑公共资金的合理使用、采购产品或服务的质量及供应商的合理收益等多重因素，如果不依法规制、精打细算，会造成成本浪费、质次价高甚至滋生腐败，损害公共利益、破坏政府形象。政府采购法第二十二条规定了不得以不合理的条件对供应商实行差别待遇或者歧视待遇原则，第十条规定了除特定例外情形外，应当优先采购本国货物、工程和服务原则。本案中，涉案医疗器械招标文件设定产品为"欧美一线品牌"，排斥了非欧美品牌产品供应商，未平等地给予所有潜在供应商公平竞争的机会，带有明显的倾向性，违反了上述原则。人民法院据此支持县财政局的被诉处理决定，判决驳回辉慈公司的诉讼请求，凸显了上述政府采购原则的实践价值，对今后类似案件的审理具有重要借鉴意义。

（一）具有独立承担民事责任的能力；

（二）具有良好的商业信誉和健全的财务会计制度；

（三）具有履行合同所必需的设备和专业技术能力；

（四）有依法缴纳税收和社会保障资金的良好记录；

（五）参加政府采购活动前三年内，在经营活动中没有重大违法记录；

（六）法律、行政法规规定的其他条件。

采购人可以根据采购项目的特殊要求，规定供应商的特定条件，但不得以不合理的条件对供应商实行差别待遇或者歧视待遇。

《政府采购法实施条例》第十七条[①]**【供应商资格条件的证明材料】参加政府采购活动的供应商应当具备政府采购法第二十二条第一款规定的条件，提供下列材料：**

① 2020年3月1日，财政部**《政府购买服务管理办法》**（财政部第102号令）**第七条** 政府购买服务的承接主体应当符合政府采购法律、行政法规规定的条件。

购买主体可以结合购买服务项目的特点规定承接主体的具体条件，但不得违反政府采购法律、行政法规，以不合理的条件对承接主体实行差别待遇或者歧视待遇。

2016年8月1日，财政部**《关于在政府采购活动中查询及使用信用记录有关问题的通知》**（财库〔2016〕125号）规定：

为落实《国务院关于印发社会信用体系建设规划纲要（2014–2020年）的通知》（国发〔2014〕21号）、《国务院关于建立完善守信联合激励和失信联合惩戒制度加快推进社会诚信体系建设的指导意见》（国发

（一）法人或者其他组织的营业执照等证明文件，自然人的身份证明；

（二）财务状况报告，依法缴纳税收和社会保障资金的相关材料；

（三）具备履行合同所必需的设备和专业技术能力的证明材料；

（四）参加政府采购活动前3年内在经营活动中没有重大违法记录的书面声明；

（五）具备法律、行政法规规定的其他条件的证明材料。

采购项目有特殊要求的，供应商还应当提供其符合特殊要求的证明材料或者情况说明。

〔2016〕33号）以及《国务院办公厅关于运用大数据加强对市场主体服务和监管的若干意见》（国办发〔2015〕51号）有关要求，推进社会信用体系建设、健全守信激励失信约束机制，现就政府采购活动中查询及使用信用记录有关事项通知如下：

一、高度重视信用记录查询及使用工作

诚实信用是政府采购活动的基本原则之一。在政府采购活动中查询及使用信用记录，对参与政府采购活动的供应商、采购代理机构及评审专家进行守信激励、失信约束，是政府相关部门开展协同监管和联合惩戒的重要举措，对降低市场运行成本、改善营商环境、高效开展市场经济活动具有重要作用，有利于形成“一处违规、处处受限”的信用机制。

近年来，财政部与有关部门联合签署了《关于对重大税收违法案件当事人实施联合惩戒措施的合作备忘录》（发改财金〔2014〕3062号）、《失信企业协同监管和联合惩戒合作备忘录》（发改财金〔2015〕2045号）、《关于对违法失信上市公司相关责任主体实施联合惩戒的合作备忘录》（发改财金〔2015〕3062号）、《关于对失信被执行人实施联合惩戒的合作备忘录》（发改财金〔2016〕141号）、《关于对安全生产领域失信生产经营单位及其有关人员开展联合惩戒的合作备忘录》（发改财金〔2016〕1001号），依法限制相关失信主体参与政府采购活动。各地区各部门要进一步提高认识，推动建立政府采购活动信用记录查询及使用工作机制，加快建立政府采购信用评价制度，有效应用信用信息和信用报告，积极推进政府采购领域联合惩戒工作。

二、认真做好信用记录查询及使用工作

（一）总体要求

各地区各部门应当按照社会信用体系建设有关要求，根据社会信用体系建设情况，创造条件将相关主体的信用记录作为供应商资格审查、采购代理机构委托、评审专家管理的重要依据。

（二）信用记录查询渠道

各级财政部门、采购人、采购代理机构应当通过“信用中国”网站（www.creditchina.gov.cn）、中国政府采购网（www.ccgp.gov.cn）等渠道查询相关主体信用记录，并采取必要方式做好信用信息查询记录和证据留存，信用信息查询记录及相关证据应当与其他采购文件一并保存。

（三）信用记录的使用

1.采购人或者采购代理机构应当在采购文件中明确信用信息查询的查询渠道及截止时点、信用信息查询记录和证据留存的具体方式、信用信息的使用规则等内容。采购人或者采购代理机构应当对供应商信用记录进行甄别，对列入失信被执行人、重大税收违法案件当事人名单、政府采购严重违法失信行为记录名单及其他不符合《中华人民共和国政府采购法》第二十二条规定条件的供应商，应当拒绝其参与政府采购活动。

两个以上的自然人、法人或者其他组织组成一个联合体，以一个供应商的身份共同参加政府采购活动的，应当对所有联合体成员进行信用记录查询，联合体成员存在不良信用记录的，视同联合体存在不良信用记录。

2.各级财政部门应当在评审专家选聘及日常管理中查询有关信用记录，对具有行贿、受贿、欺诈等不良信用记录的人员不得聘用为评审专家，已聘用的应当及时解聘。

依法自行选定评审专家的，采购人或者采购代理机构应当查询有关信用记录，不得选定具有行贿、受贿、欺诈等不良信用记录的人员。

3.采购人委托采购代理机构办理政府采购事宜的，应当查询其信用记录，优先选择无不良信用记录的采购代理机构。

4.采购人及采购代理机构应当妥善保管相关主体信用信息，不得用于政府采购以外事项。

三、工作要求

（一）各级财政部门和有关部门应当根据政府采购法及其实施条例相关规定，对参加政府采购活动的供应商、采购代理机构、评审专家的不良行为予以记录，并纳入统一的信用信息平台。

（二）各级财政部门应当切实加强政府采购信息化建设，做好相关技术保障，建立与相关信用信息平台的数据共享机制，逐步实现信用信息推送、接收、查询、应用的自动化。

（三）各地区各部门应当根据上述原则和要求，在政府采购活动中积极推进信用信息的共享和使用，研究制定符合本地本部门实际情况的具体操作程序和办法，落实相关工作要求，及时将信用信息使用情况反馈至财政部。

2016年8月8日，财政部办公厅**《关于做好政府采购有关信用主体标识码登记工作的通知》**（财办库〔2016〕320号）规定：一、按照《关于报送政府采购严重违法失信行为信息记录的通知》（财办库〔2014〕

《政府采购法实施条例》第十八条[①] **【对供应商的限制】** 单位负责人为同一人或者存在直接控股、管理关系的不同供应商，不得参加同一合同项下的政府采购活动。

除单一来源采购项目外，为采购项目提供整体设计、规范编制或者项目管理、监理、检测等服务的供应商，不得再参加该采购项目的其他采购活动。

526号）有关要求，财政部在中国政府采购网建立“政府采购严重违法失信行为记录名单”专栏，集中发布全国政府采购严重违法失信行为信息记录。地方各级财政部门在登记政府采购严重违法失信行为信息记录时，若信用主体为企业法人，应录入统一社会信用代码、组织机构代码、工商登记号、税务登记号中的任意一项（以下简称主体标识码）；若信用主体为自然人，应当录入当事人身份证号码。

……

三、各省级财政部门应当高度重视信用信息的登记和发布工作，确保信用信息的完整性和准确性，做好相关组织工作，及时调整相关系统设置，并通知本地区各级财政部门和社会代理机构做好有关工作。

① 2015年9月7日，财政部办公厅**《关于〈中华人民共和国政府采购法实施条例〉第十八条第二款法律适用的函》**（财办库〔2015〕295号）指出：为促进政府采购公平竞争，加强采购项目的实施监管，《中华人民共和国政府采购法实施条例》第十八条规定，“除单一来源采购项目外，为采购项目提供整体设计、规范编制或者项目管理、监理、检测等服务的供应商，不得再参加该采购项目的其他采购活动。”其中，“其他采购活动”指为采购项目提供整体设计、规范编制和项目管理、监理、检测等服务之外的采购活动。因此，同一供应商可以同时承担项目的整体设计、规范编制和项目管理、监理、检测等服务。

《政府采购法实施条例》第十九条[①]**【重大违法记录】**政府采购法第二十二条第一款第五项所称重大违法记录，是指供应商因违法经营受到刑事处罚或者责令停产停业、吊销许可证或者执照、较大数额罚款等行政处罚。

供应商在参加政府采购活动前3年内因违法经营被禁止在一定期限内参加政府采购活动，期限届满的，可以参加政府采购活动。

《政府采购法》第二十三条[②]**【采购人有权对供应商进行资格审查】**采购人可以要求参加政府采购的供应商提供有关资质证明文件和业绩情况，并根据本法规定的供应商条件和采购项目对供应商的特定要求，对供应商的资格进行审查。

---

① 2022年1月5日，财政部**《关于〈中华人民共和国政府采购法实施条例〉第十九条第一款“较大数额罚款”具体适用问题的意见》**（财库〔2022〕3号）规定:《中华人民共和国政府采购法实施条例》第十九条第一款规定的“较大数额罚款”认定为200万元以上的罚款，法律、行政法规以及国务院有关部门明确规定相关领域“较大数额罚款”标准高于200万元的，从其规定。

② 2017年7月11日，财政部**《政府采购货物和服务招标投标管理办法》**（财政部第87号令）规定：**第十三条**　公开招标公告应当包括以下主要内容:

……

（四）投标人的资格要求；

……

第十四条 采用邀请招标方式的，采购人或者采购代理机构应当通过以下方式产生符合资格条件的供应商名单，并从中随机抽取3家以上供应商向其发出投标邀请书：

（一）发布资格预审公告征集；

（二）从省级以上人民政府财政部门（以下简称财政部门）建立的供应商库中选取；

（三）采购人书面推荐。

采用前款第一项方式产生符合资格条件供应商名单的，采购人或者采购代理机构应当按照资格预审文件载明的标准和方法，对潜在投标人进行资格预审。

采用第一款第二项或者第三项方式产生符合资格条件供应商名单的，备选的符合资格条件供应商总数不得少于拟随机抽取供应商总数的两倍。

随机抽取是指通过抽签等能够保证所有符合资格条件供应商机会均等的方式选定供应商。随机抽取供应商时，应当有不少于两名采购人工作人员在场监督，并形成书面记录，随采购文件一并存档。

投标邀请书应当同时向所有受邀请的供应商发出。

第十五条 资格预审公告应当包括以下主要内容：

（一）本办法第十三条第一至四项、第六项和第八项内容；

（二）获取资格预审文件的时间期限、地点、方式；

（三）提交资格预审申请文件的截止时间、地点及资格预审日期。

第十六条 招标公告、资格预审公告的公告期限为5个工作日。公告内容应当以省级以上财政部门指定媒体发布的公告为准。公告期限自省级以上财政部门指定媒体最先发布公告之日起算。

第十七条 采购人、采购代理机构不得将投标人的注册资本、资产总额、营业收入、从业人员、利润、纳税额等规模条件作为资格要求或者评审因素，也不得通过将除进口货物以外的生产厂家授权、承诺、证明、背书等作为资格要求，对投标人实行差别待遇或者歧视待遇。

第十八条 采购人或者采购代理机构应当按照招标公告、资格预审公告或者投标邀请书规定的时间、地点提供招标文件或者资格预审文件，提供期限自招标公告、资格预审公告发布之日起计算不得少于5个工作日。提供期限届满后，获取招标文件或者资格预审文件的潜在投标人不足3家的，可以顺延提供期限，并予公告。

公开招标进行资格预审的，招标公告和资格预审公告可以合并发布，招标文件应当向所有通过资格预审的供应商提供。

第十九条 采购人或者采购代理机构应当根据采购项目的实施要求，在招标公告、资格预审公告或者投标邀请书中载明是否接受联合体投标。如未载明，不得拒绝联合体投标。

第二十条 采购人或者采购代理机构应当根据采购项目的特点和采购需求编制招标文件。招标文件应当包括以下主要内容：

……

（三）投标人应当提交的资格、资信证明文件；

……

第二十一条 采购人或者采购代理机构应当根据采购项目的特点和采购需求编制资格预审文件。资格预审文件应当包括以下主要内容：

（一）资格预审邀请；

（二）申请人须知；

（三）申请人的资格要求；

（四）资格审核标准和方法；

（五）申请人应当提供的资格预审申请文件的内容和格式；

（六）提交资格预审申请文件的方式、截止时间、地点及资格审核日期；

（七）申请人信用信息查询渠道及截止时点、信用信息查询记录和证据留存的具体方式、信用信息的使用规则等内容；

（八）省级以上财政部门规定的其他事项。

资格预审文件应当免费提供。

……

第二十五条 招标文件、资格预审文件的内容不得违反法律、行政法规、强制性标准、政府采购政策，或者违反公开透明、公平竞争、公正和诚实信用原则。

有前款规定情形，影响潜在投标人投标或者资格预审结果的，采购人或者采购代理机构应当修改招标文件或者资格预审文件后重新招标。

……

第二十七条 采购人或者采购代理机构可以对已发出的招标文件、资格预审文件、投标邀请书进行必要的澄清或者修改，但不得改变采购标的和资格条件。澄清或者修改应当在原公告发布媒体上发布澄清公告。澄清或者修改的内容为招标文件、资格预审文件、投标邀请书的组成部分。

澄清或者修改的内容可能影响投标文件编制的，采购人或者采购代理机构应当在投标截止时间至少15日前，以书面形式通知所有获取招标文件的潜在投标人；不足15日的，采购人或者采购代理机构应当顺延提交投标文件的截止时间。

澄清或者修改的内容可能影响资格预审申请文件编制的，采购人或者采购代理机构应当在提交资格预审申请文件截止时间至少3日前，以书面形式通知所有获取资格预审文件的潜在投标人；不足3日的，采购人或者采购代理机构应当顺延提交资格预审申请文件的截止时间。

……

第二十九条 采购人、采购代理机构在发布招标公告、资格预审公告或者发出投标邀请书后，除因重大变故采购任务取消情况外，不得擅自终止招标活动。

……

第四十三条 公开招标数额标准以上的采购项目，投标截止后投标人不足3家或者通过资格审查或符合性审查的投标人不足3家的，除采购任务取消情形外，按照以下方式处理：

（一）招标文件存在不合理条款或者招标程序不符合规定的，采购人、采购代理机构改正后依法重新招标；

（二）招标文件没有不合理条款、招标程序符合规定，需要采用其他采购方式采购的，采购人应当依法报财政部门批准。

第四十四条　公开招标采购项目开标结束后，采购人或者采购代理机构应当依法对投标人的资格进行审查。

合格投标人不足3家的，不得评标。

……

第七十八条　采购人、采购代理机构有下列情形之一的，由财政部门责令限期改正，情节严重的，给予警告，对直接负责的主管人员和其他直接责任人员，由其行政主管部门或者有关机关给予处分，并予通报；采购代理机构有违法所得的，没收违法所得，并可以处以不超过违法所得3倍、最高不超过3万元的罚款，没有违法所得的，可以处以1万元以下的罚款：

……

（三）未按照规定进行资格预审或者资格审查的；

2013年12月19日，财政部《**政府采购非招标采购方式管理办法**》（财政部第74号令）规定：**第八条**　竞争性谈判小组或者询价小组在采购活动过程中应当履行下列职责：

……

（二）从符合相应资格条件的供应商名单中确定不少于3家的供应商参加谈判或者询价；

……

第十条　谈判文件、询价通知书应当根据采购项目的特点和采购人的实际需求制定，并经采购人书面同意。采购人应当以满足实际需求为原则，不得擅自提高经费预算和资产配置等采购标准。

谈判文件、询价通知书不得要求或者标明供应商名称或者特定货物的品牌，不得含有指向特定供应商的技术、服务等条件。

第十一条　谈判文件、询价通知书应当包括供应商资格条件、采购邀请、采购方式、采购预算、采购需求、采购程序、价格构成或者报价要求、响应文件编制要求、提交响应文件截止时间及地点、保证金交纳数额和形式、评定成交的标准等。

谈判文件除本条第一款规定的内容外，还应当明确谈判小组根据与供应商谈判情况可能实质性变动的内容，包括采购需求中的技术、服务要求以及合同草案条款。

第十二条 采购人、采购代理机构应当通过发布公告、从省级以上财政部门建立的供应商库中随机抽取或者采购人和评审专家分别书面推荐的方式邀请不少于3家符合相应资格条件的供应商参与竞争性谈判或者询价采购活动。

符合政府采购法第二十二条第一款规定条件的供应商可以在采购活动开始前加入供应商库。财政部门不得对供应商申请入库收取任何费用，不得利用供应商库进行地区和行业封锁。

采取采购人和评审专家书面推荐方式选择供应商的，采购人和评审专家应当各自出具书面推荐意见。采购人推荐供应商的比例不得高于推荐供应商总数的50%。

……

第二十一条 除资格性审查认定错误和价格计算错误外，采购人或者采购代理机构不得以任何理由组织重新评审。采购人、采购代理机构发现谈判小组、询价小组未按照采购文件规定的评定成交的标准进行评审的，应当重新开展采购活动，并同时书面报告本级财政部门。

《政府采购竞争性磋商采购方式管理暂行办法》规定：**第六条** 采购人、采购代理机构应当通过发布公告、从省级以上财政部门建立的供应商库中随机抽取或者采购人和评审专家分别书面推荐的方式邀请不少于3家符合相应资格条件的供应商参与竞争性磋商采购活动。

符合政府采购法第二十二条第一款规定条件的供应商可以在采购活动开始前加入供应商库。财政部门不得对供应商申请入库收取任何费用，不得利用供应商库进行地区和行业封锁。

采取采购人和评审专家书面推荐方式选择供应商的，采购人和评审专家应当各自出具书面推荐意见。采购人推荐供应商的比例不得高于推荐供应商总数的50%。

第七条 采用公告方式邀请供应商的，采购人、采购代理机构应当在省级以上人民政府财政部门指定的政府采购信息发布媒体发布竞争性磋商公告。竞争性磋商公告应当包括以下主要内容：

……

（四）供应商资格条件；

……

第八条　竞争性磋商文件（以下简称磋商文件）应当根据采购项目的特点和采购人的实际需求制定，并经采购人书面同意。采购人应当以满足实际需求为原则，不得擅自提高经费预算和资产配置等采购标准。

磋商文件不得要求或者标明供应商名称或者特定货物的品牌，不得含有指向特定供应商的技术、服务等条件。

第九条　磋商文件应当包括供应商资格条件、采购邀请、采购方式、采购预算、采购需求、政府采购政策要求、评审程序、评审方法、评审标准、价格构成或者报价要求、响应文件编制要求、保证金交纳数额和形式以及不予退还保证金的情形、磋商过程中可能实质性变动的内容、响应文件提交的截止时间、开启时间及地点以及合同草案条款等。

……

第三十二条　除资格性检查认定错误、分值汇总计算错误、分项评分超出评分标准范围、客观分评分不一致、经磋商小组一致认定评分畸高、畸低的情形外，采购人或者采购代理机构不得以任何理由组织重新评审。采购人、采购代理机构发现磋商小组未按照磋商文件规定的评审标准进行评审的，应当重新开展采购活动，并同时书面报告本级财政部门。

2022年3月1日，财政部**《政府采购框架协议采购方式管理暂行办法》**（财政部第110号令）规定：**第二十二条**　征集人应当发布征集公告。征集公告应当包括以下主要内容：

……

（三）供应商的资格条件；

……

《政府采购法实施条例》第二十一条[①] **【资格预审】**采购人或者采购代理机构对供应商进行资格预审的，资格预审公告应当在省级以上人民政府财政部门指定的媒体上发布。已进行资格预审的，评审阶段可以不再对供应商资格进行审查。资格预审合格的供应商在评审阶段资格发生变化的，应当通知采购人和采购代理机构。

资格预审公告应当包括采购人和采购项目名称、采购需求、对供应商的资格要求以及供应商提交资格预审申请文件的时间和地点。提交资格预审申请文件的时间自公告发布之日起不得少于5个工作日。

第二十三条 征集人应当编制征集文件。征集文件应当包括以下主要内容：

……

（三）资格审查方法和标准；

……

第三十八条 订立开放式框架协议的，征集人应当发布征集公告，邀请供应商加入框架协议。征集公告应当包括以下主要内容：

（一）本办法第二十二条第一项至四项和第二十三条第二项至三项、第十三项至十六项内容；

① 2017年7月11日，财政部**《政府采购货物和服务招标投标管理办法》**（财政部第87号令）规定：**第十五条** 资格预审公告应当包括以下主要内容：

（一）本办法第十三条第一至四项、第六项和第八项内容；

（二）获取资格预审文件的时间期限、地点、方式；

（三）提交资格预审申请文件的截止时间、地点及资格预审日期。

第十六条　招标公告、资格预审公告的公告期限为5个工作日。公告内容应当以省级以上财政部门指定媒体发布的公告为准。公告期限自省级以上财政部门指定媒体最先发布公告之日起算。

……

第十八条　采购人或者采购代理机构应当按照招标公告、资格预审公告或者投标邀请书规定的时间、地点提供招标文件或者资格预审文件，提供期限自招标公告、资格预审公告发布之日起计算不得少于5个工作日。提供期限届满后，获取招标文件或者资格预审文件的潜在投标人不足3家的，可以顺延提供期限，并予公告。

公开招标进行资格预审的，招标公告和资格预审公告可以合并发布，招标文件应当向所有通过资格预审的供应商提供。

第十九条　采购人或者采购代理机构应当根据采购项目的实施要求，在招标公告、资格预审公告或者投标邀请书中载明是否接受联合体投标。如未载明，不得拒绝联合体投标。

……

第二十一条　采购人或者采购代理机构应当根据采购项目的特点和采购需求编制资格预审文件。资格预审文件应当包括以下主要内容：

（一）资格预审邀请；

（二）申请人须知；

（三）申请人的资格要求；

（四）资格审核标准和方法；

（五）申请人应当提供的资格预审申请文件的内容和格式；

（六）提交资格预审申请文件的方式、截止时间、地点及资格审核日期；

（七）申请人信用信息查询渠道及截止时点、信用信息查询记录和证据留存的具体方式、信用信息的使用规则等内容；

（八）省级以上财政部门规定的其他事项。

资格预审文件应当免费提供。

……

第二十五条 招标文件、资格预审文件的内容不得违反法律、行政法规、强制性标准、政府采购政策，或者违反公开透明、公平竞争、公正和诚实信用原则。

有前款规定情形，影响潜在投标人投标或者资格预审结果的，采购人或者采购代理机构应当修改招标文件或者资格预审文件后重新招标。

……

第二十七条 采购人或者采购代理机构可以对已发出的招标文件、资格预审文件、投标邀请书进行必要的澄清或者修改，但不得改变采购标的和资格条件。澄清或者修改应当在原公告发布媒体上发布澄清公告。澄清或者修改的内容为招标文件、资格预审文件、投标邀请书的组成部分。

澄清或者修改的内容可能影响投标文件编制的，采购人或者采购代理机构应当在投标截止时间至少15日前，以书面形式通知所有获取招标文件的潜在投标人；不足15日的，采购人或者采购代理机构应当顺延提交投标文件的截止时间。

澄清或者修改的内容可能影响资格预审申请文件编制的，采购人或者采购代理机构应当在提交资格预审申请文件截止时间至少3日前，以书面形式通知所有获取资格预审文件的潜在投标人；不足3日的，采购人或者采购代理机构应当顺延提交资格预审申请文件的截止时间。

……

第二十九条 采购人、采购代理机构在发布招标公告、资格预审公告或者发出投标邀请书后，除因重大变故采购任务取消情况外，不得擅自终止招标活动。

2014年12月31日，财政部**《政府和社会资本合作项目政府采购管理办法》**（财库〔2014〕215号）规定：**第五条** PPP项目采购应当实行资格预审。项目实施机构应当根据项目需要准备资格预审文件，发布资格预审公告，邀请社会资本和与其合作的金融机构参与资格预审，验证项目能否获得社会资本响应和实现充分竞争。

第六条 资格预审公告应当在省级以上人民政府财政部门指定的政

府采购信息发布媒体上发布。资格预审合格的社会资本在签订PPP项目合同前资格发生变化的，应当通知项目实施机构。

资格预审公告应当包括项目授权主体、项目实施机构和项目名称、采购需求、对社会资本的资格要求、是否允许联合体参与采购活动、是否限定参与竞争的合格社会资本的数量及限定的方法和标准、以及社会资本提交资格预审申请文件的时间和地点。提交资格预审申请文件的时间自公告发布之日起不得少于15个工作日。

第七条　项目实施机构、采购代理机构应当成立评审小组，负责PPP项目采购的资格预审和评审工作。评审小组由项目实施机构代表和评审专家共5人以上单数组成，其中评审专家人数不得少于评审小组成员总数的2/3。评审专家可以由项目实施机构自行选定，但评审专家中至少应当包含1名财务专家和1名法律专家。项目实施机构代表不得以评审专家身份参加项目的评审。

第八条　项目有3家以上社会资本通过资格预审的，项目实施机构可以继续开展采购文件准备工作；项目通过资格预审的社会资本不足3家的，项目实施机构应当在调整资格预审公告内容后重新组织资格预审；项目经重新资格预审后合格社会资本仍不够3家的，可以依法变更采购方式。

资格预审结果应当告知所有参与资格预审的社会资本，并将资格预审的评审报告提交财政部门（政府和社会资本合作中心）备案。

第九条　项目采购文件应当包括采购邀请、竞争者须知（包括密封、签署、盖章要求等）、竞争者应当提供的资格、资信及业绩证明文件、采购方式、政府对项目实施机构的授权、实施方案的批复和项目相关审批文件、采购程序、响应文件编制要求、提交响应文件截止时间、开启时间及地点、保证金交纳数额和形式、评审方法、评审标准、政府采购政策要求、PPP项目合同草案及其他法律文本、采购结果确认谈判中项目合同可变的细节，以及是否允许未参加资格预审的供应商参与竞争并进行资格后审等内容。项目采购文件中还应当明确项目合同必须报请本级人民政府审核同意，在获得同意前项目合同不得生效。

《政府采购法实施条例》第二十条[1]【对供应商实行差别待遇或者歧视待遇的情形】采购人或者采购代理机构有下列情形之一的，属于以不合理的条件对供应商实行差别待遇或者歧视待遇：

采用竞争性谈判或者竞争性磋商采购方式的，项目采购文件除上款规定的内容外，还应当明确评审小组根据与社会资本谈判情况可能实质性变动的内容，包括采购需求中的技术、服务要求以及项目合同草案条款。

第十条 项目实施机构应当在资格预审公告、采购公告、采购文件、项目合同中列明采购本国货物和服务、技术引进和转让等政策要求，以及对社会资本参与采购活动和履约保证的担保要求。

……

第十二条 评审小组成员应当按照客观、公正、审慎的原则，根据资格预审公告和采购文件规定的程序、方法和标准进行资格预审和独立评审。已进行资格预审的，评审小组在评审阶段可以不再对社会资本进行资格审查。允许进行资格后审的，由评审小组在响应文件评审环节对社会资本进行资格审查。

评审小组成员应当在资格预审报告和评审报告上签字，对自己的评审意见承担法律责任。对资格预审报告或者评审报告有异议的，应当在报告上签署不同意见，并说明理由，否则视为同意资格预审报告和评审报告。

评审小组发现采购文件内容违反国家有关强制性规定的，应当停止评审并向项目实施机构说明情况。

① **政府采购货物和服务招标投标管理办法》第十七条** 采购人、采购代理机构不得将投标人的注册资本、资产总额、营业收入、从业人员、利润、纳税额等规模条件作为资格要求或者评审因素，也不得通过将除进口货物以外的生产厂家授权、承诺、证明、背书等作为资格要求，对投标人实行差别待遇或者歧视待遇。

2021年10月13日，财政部**《关于在政府采购活动中落实平等对待内外资企业有关政策的通知》**（财库〔2021〕35号）规定：

（一）就同一采购项目向供应商提供有差别的项目信息；

（二）设定的资格、技术、商务条件与采购项目的具体特点和实际需要不相适应或者与合同履行无关；

（三）采购需求中的技术、服务等要求指向特定供应商、特定产品；

（四）以特定行政区域或者特定行业的业绩、奖项作为加分条件或者中标、成交条件；

（五）对供应商采取不同的资格审查或者评审标准；

（六）限定或者指定特定的专利、商标、品牌或者供应商；

（七）非法限定供应商的所有制形式、组织形式或者所在地；

一、保障内外资企业平等参与政府采购

政府采购依法对内外资企业在中国境内生产的产品（包括提供的服务，下同）平等对待。各级预算单位应当严格执行《中华人民共和国政府采购法》和《中华人民共和国外商投资法》等相关法律法规，在政府采购活动中，除涉及国家安全和国家秘密的采购项目外，不得区别对待内外资企业在中国境内生产的产品。在中国境内生产的产品，不论其供应商是内资还是外资企业，均应依法保障其平等参与政府采购活动的权利。

二、在政府采购活动中落实平等对待内外资企业的要求

各级预算单位在政府采购活动中，不得在政府采购信息发布、供应商资格条件确定和资格审查、评审标准等方面，对内资企业或外商投资企业实行差别待遇或者歧视待遇，不得以所有制形式、组织形式、股权结构、投资者国别、产品品牌以及其他不合理的条件对供应商予以限定，切实保障内外资企业公平竞争。

三、平等维护内外资企业的合法权益

内外资企业在政府采购活动中，凡认为采购文件、采购过程、中标或者成交结果使自身权益受到损害的，均可依照相关规定提起质疑和投诉。各级财政部门应当严格落实《政府采购质疑和投诉办法》（财政部令第94号），畅通投诉渠道，依法受理并公平处理供应商的投诉，不得在投诉处理中对内外资企业实施差别待遇或者歧视待遇，维护政府采购供应商的合法权益。

对于违反本通知要求的规定和做法，以及违规设立产品、供应商等各类备选库、名录库、资格库等规定和做法，各地要及时予以清理纠正，并将清理纠正情况于11月底前报送财政部。

2019年7月26日，财政部**《关于促进政府采购公平竞争优化营商环境的通知》**（财库〔2019〕38号）规定：

一、全面清理政府采购领域妨碍公平竞争的规定和做法

各地区、各部门应当严格落实《中华人民共和国政府采购法》等相关法律法规的要求，依法保障各类市场主体平等参与政府采购活动的权利。要全面清理政府采购领域妨碍公平竞争的规定和做法，重点清理和纠正以下问题：

（一）以供应商的所有制形式、组织形式或者股权结构，对供应商实施差别待遇或者歧视待遇，对民营企业设置不平等条款，对内资企业和外资企业在中国境内生产的产品、提供的服务区别对待；

（二）除小额零星采购适用的协议供货、定点采购以及财政部另有规定的情形外，通过入围方式设置备选库、名录库、资格库作为参与政府采购活动的资格条件，妨碍供应商进入政府采购市场；

（三）要求供应商在政府采购活动前进行不必要的登记、注册，或者要求设立分支机构，设置或者变相设置进入政府采购市场的障碍；

（四）设置或者变相设置供应商规模、成立年限等门槛，限制供应商参与政府采购活动；

（五）要求供应商购买指定软件，作为参加电子化政府采购活动的

（八）以其他不合理条件限制或者排斥潜在供应商。

《政府采购法》第二十四条[①]**【联合体】**两个以上的自然人、法人或者其他组织可以组成一个联合体，以一个供应商的身份共同参加政府采购。

以联合体形式进行政府采购的，参加联合体的供应商均应当具备本法第二十二条规定的条件，并应当向采购人提交联合协议，载明联合体各方承担的工作和义务。联合体各方应当共同与采购人签订采购合同，就采购合同约定的事项对采购人承担连带责任。

条件；

……

（八）设置没有法律法规依据的审批、备案、监管、处罚、收费等事项；

……

（十）违反法律法规相关规定的其他妨碍公平竞争的情形。

2014年4月14日，财政部**《关于推进和完善服务项目政府采购有关问题的通知》**（财库〔2014〕37号）规定：……三、灵活开展服务项目政府采购活动……积极培育政府购买服务供给市场。对于有服务区域范围要求、但本地区供应商无法形成有效竞争的服务项目，采购人可以采取将大额项目拆分采购、新增项目向其他供应商采购等措施，促进建立良性的市场竞争关系……

① 2017年7月11日，财政部**《政府采购货物和服务招标投标管理办法》**（财政部第87号令）**第十九条**　采购人或者采购代理机构应当根据采购项目的实施要求，在招标公告、资格预审公告或者投标邀请书中载明是否接受联合体投标。如未载明，不得拒绝联合体投标。

《政府采购法实施条例》第二十二条【联合体要求】联合体中有同类资质的供应商按照联合体分工承担相同工作的，应当按照资质等级较低的供应商确定资质等级。

以联合体形式参加政府采购活动的，联合体各方不得再单独参加或者与其他供应商另外组成联合体参加同一合同项下的政府采购活动。

《政府采购法》第二十五条【政府采购当事人的禁止性行为】政府采购当事人不得相互串通损害国家利益、社会公共利益和其他当事人的合法权益；不得以任何手段排斥其他供应商参与竞争。

供应商不得以向采购人、采购代理机构、评标委员会的组成人员、竞争性谈判小组的组成人员、询价小组的组成人员行贿或者采取其他不正当手段谋取中标或者成交。

采购代理机构不得以向采购人行贿或者采取其他不正当手段谋取非法利益。

第三章

政府采购方式

《政府采购法》第二十六条[①]**【政府采购方式】**政府采购采用以下方式：

---

① 2013年11月18日，中共中央、国务院**《党政机关厉行节约反对浪费条例》**（中发〔2013〕13号）**第十二条**……严格执行政府采购程序，不得违反规定以任何方式和理由指定或者变相指定品牌、型号、产地。采购公开招标数额标准以上的货物、工程和服务，应当进行公开招标，确需改变采购方式的，应当严格执行有关公示和审批程序。列入政府集中采购目录范围的，应当委托集中采购机构代理采购，并逐步实行批量集中采购。严格控制协议供货采购的数量和规模，不得以协议供货拆分项目的方式规避公开招标。

2015年5月28日，财政部办公厅**《关于未达到公开招标数额标准政府采购项目采购方式适用等问题的函》**（财办库〔2015〕111号）指出：根据《中华人民共和国政府采购法》第二十七条规定，未达到公开招标数额标准符合政府采购法第三十一条第一项规定情形只能从唯一供应商处采购的政府采购项目，可以依法采用单一来源采购方式。此类项目在采购活动开始前，无需获得设区的市、自治州以上人民政府采购监督管理部门的批准，也不用按照政府采购法实施条例第三十八条的规定在省

（一）公开招标；

（二）邀请招标；

（三）竞争性谈判；

（四）单一来源采购；

（五）询价；

（六）国务院政府采购监督管理部门认定的其他采购方式。

公开招标应作为政府采购的主要采购方式。

级以上财政部门指定媒体上公示。对于此类采购项目，采购人、采购代理机构应当严格按照《政府采购非招标采购方式管理办法》（财政部令第74号）的有关规定，组织具有相关经验的专业人员与供应商商定合理的成交价格并保证采购项目质量，做好协商情况记录。

对于未达到公开招标数额标准的政府采购项目，采购人要建立和完善内部管理制度，强化采购、财务和业务部门（岗位）责任，结合采购项目具体情况，依法选择适用的采购方式，防止随意采用和滥用采购方式。

2017年7月11日，财政部**《政府采购货物和服务招标投标管理办法》**（财政部第87号令）**第三条**　货物服务招标分为公开招标和邀请招标。

公开招标，是指采购人依法以招标公告的方式邀请非特定的供应商参加投标的采购方式。

邀请招标，是指采购人依法从符合相应资格条件的供应商中随机抽取3家以上供应商，并以投标邀请书的方式邀请其参加投标的采购方式。

2013年12月19日，财政部**《政府采购非招标采购方式管理办法》**（财政部第74号令）**第二条**　采购人、采购代理机构采用非招标采购方式采购货物、工程和服务的，适用本办法。

本办法所称非招标采购方式，是指竞争性谈判、单一来源采购和询价采购方式。

竞争性谈判是指谈判小组与符合资格条件的供应商就采购货物、工程和服务事宜进行谈判，供应商按照谈判文件的要求提交响应文件和最后报价，采购人从谈判小组提出的成交候选人中确定成交供应商的采购方式。

单一来源采购是指采购人从某一特定供应商处采购货物、工程和服务的采购方式。

询价是指询价小组向符合资格条件的供应商发出采购货物询价通知书，要求供应商一次报出不得更改的价格，采购人从询价小组提出的成交候选人中确定成交供应商的采购方式。

2022年3月1日，财政部**《政府采购框架协议采购方式管理暂行办法》**（财政部第110号令）规定：

第一章　总　则

第一条　为了规范多频次、小额度采购活动，提高政府采购项目绩效，根据《中华人民共和国政府采购法》《中华人民共和国政府采购法实施条例》等法律法规规定，制定本办法。

第二条　本办法所称框架协议采购，是指集中采购机构或者主管预算单位对技术、服务等标准明确、统一，需要多次重复采购的货物和服务，通过公开征集程序，确定第一阶段入围供应商并订立框架协议，采购人或者服务对象按照框架协议约定规则，在入围供应商范围内确定第二阶段成交供应商并订立采购合同的采购方式。

前款所称主管预算单位是指负有编制部门预算职责，向本级财政部门申报预算的国家机关、事业单位和团体组织。

第三条　符合下列情形之一的，可以采用框架协议采购方式采购：

（一）集中采购目录以内品目，以及与之配套的必要耗材、配件等，属于小额零星采购的；

（二）集中采购目录以外，采购限额标准以上，本部门、本系统行政管理所需的法律、评估、会计、审计等鉴证咨询服务，属于小额零星采购的；

（三）集中采购目录以外，采购限额标准以上，为本部门、本系统以外的服务对象提供服务的政府购买服务项目，需要确定2家以上供应商由服务对象自主选择的；

（四）国务院财政部门规定的其他情形。

前款所称采购限额标准以上，是指同一品目或者同一类别的货物、服务年度采购预算达到采购限额标准以上。

属于本条第一款第二项情形，主管预算单位能够归集需求形成单一项目进行采购，通过签订时间、地点、数量不确定的采购合同满足需求的，不得采用框架协议采购方式。

第四条　框架协议采购包括封闭式框架协议采购和开放式框架协议采购。

封闭式框架协议采购是框架协议采购的主要形式。除法律、行政法规或者本办法另有规定外，框架协议采购应当采用封闭式框架协议采购。

第五条　集中采购目录以内品目以及与之配套的必要耗材、配件等，采用框架协议采购的，由集中采购机构负责征集程序和订立框架协议。

集中采购目录以外品目采用框架协议采购的，由主管预算单位负责征集程序和订立框架协议。其他预算单位确有需要的，经其主管预算单位批准，可以采用框架协议采购方式采购。其他预算单位采用框架协议采购方式采购的，应当遵守本办法关于主管预算单位的规定。

主管预算单位可以委托采购代理机构代理框架协议采购，采购代理机构应当在委托的范围内依法开展采购活动。

集中采购机构、主管预算单位及其委托的采购代理机构，本办法统称征集人。

第六条　框架协议采购遵循竞争择优、讲求绩效的原则，应当有明确的采购标的和定价机制，不得采用供应商符合资格条件即入围的方法。

第七条　框架协议采购应当实行电子化采购。

第八条　集中采购机构采用框架协议采购的，应当拟定采购方案，报本级财政部门审核后实施。主管预算单位采用框架协议采购的，应当在采购活动开始前将采购方案报本级财政部门备案。

第二章　一般规定

第九条　封闭式框架协议采购是指符合本办法第三条规定情形，通过公开竞争订立框架协议后，除经过框架协议约定的补充征集程序外，不得增加协议供应商的框架协议采购。

封闭式框架协议的公开征集程序，按照政府采购公开招标的规定执行，本办法另有规定的，从其规定。

第十条　开放式框架协议采购是指符合本条第二款规定情形，明确采购需求和付费标准等框架协议条件，愿意接受协议条件的供应商可以随时申请加入的框架协议采购。开放式框架协议的公开征集程序，按照本办法规定执行。

符合下列情形之一的，可以采用开放式框架协议采购：

（一）本办法第三条第一款第一项规定的情形，因执行政府采购政策不宜淘汰供应商的，或者受基础设施、行政许可、知识产权等限制，供应商数量在3家以下且不宜淘汰供应商的；

（二）本办法第三条第一款第三项规定的情形，能够确定统一付费标准，因地域等服务便利性要求，需要接纳所有愿意接受协议条件的供应商加入框架协议，以供服务对象自主选择的。

第十一条　集中采购机构或者主管预算单位应当确定框架协议采购需求。框架协议采购需求在框架协议有效期内不得变动。

确定框架协议采购需求应当开展需求调查，听取采购人、供应商和专家等意见。面向采购人和供应商开展需求调查时，应当选择具有代表性的调查对象，调查对象一般各不少于3个。

第十二条　框架协议采购需求应当符合以下规定：

（一）满足采购人和服务对象实际需要，符合市场供应状况和市场公允标准，在确保功能、性能和必要采购要求的情况下促进竞争；

（二）符合预算标准、资产配置标准等有关规定，厉行节约，不得超标准采购；

（三）按照《政府采购品目分类目录》，将采购标的细化到底级品目，并细分不同等次、规格或者标准的采购需求，合理设置采购包；

（四）货物项目应当明确货物的技术和商务要求，包括功能、性能、材料、结构、外观、安全、包装、交货期限、交货的地域范围、售后服务等；

（五）服务项目应当明确服务内容、服务标准、技术保障、服务人员组成、服务交付或者实施的地域范围，以及所涉及的货物的质量标准、服务工作量的计量方式等。

第十三条 集中采购机构或者主管预算单位应当在征集公告和征集文件中确定框架协议采购的最高限制单价。征集文件中可以明确量价关系折扣，即达到一定采购数量，价格应当按照征集文件中明确的折扣降低。在开放式框架协议中，付费标准即为最高限制单价。

最高限制单价是供应商第一阶段响应报价的最高限价。入围供应商第一阶段响应报价（有量价关系折扣的，包括量价关系折扣，以下统称协议价格）是采购人或者服务对象确定第二阶段成交供应商的最高限价。

确定最高限制单价时，有政府定价的，执行政府定价；没有政府定价的，应当通过需求调查，并根据需求标准科学确定，属于本办法第十条第二款第一项规定情形的采购项目，需要订立开放式框架协议的，与供应商协商确定。

货物项目单价按照台（套）等计量单位确定，其中包含售后服务等相关服务费用。服务项目单价按照单位采购标的价格或者人工单价等确定。服务项目所涉及的货物的费用，能够折算入服务项目单价的应当折入，需要按实结算的应当明确结算规则。

第十四条 框架协议应当包括以下内容：

（一）集中采购机构或者主管预算单位以及入围供应商的名称、地址和联系方式；

（二）采购项目名称、编号；

（三）采购需求以及最高限制单价；

（四）封闭式框架协议第一阶段的入围产品详细技术规格或者服务内容、服务标准，协议价格；

（五）入围产品升级换代规则；

（六）确定第二阶段成交供应商的方式；

（七）适用框架协议的采购人或者服务对象范围，以及履行合同的地域范围；

（八）资金支付方式、时间和条件；

（九）采购合同文本，包括根据需要约定适用的简式合同或者具有合同性质的凭单、订单；

（十）框架协议期限；

（十一）入围供应商清退和补充规则；

（十二）协议方的权利和义务；

（十三）需要约定的其他事项。

第十五条　集中采购机构或者主管预算单位应当根据工作需要和采购标的市场供应及价格变化情况，科学合理确定框架协议期限。货物项目框架协议有效期一般不超过1年，服务项目框架协议有效期一般不超过2年。

第十六条　集中采购机构或者主管预算单位应当根据框架协议约定，组织落实框架协议的履行，并履行下列职责：

（一）为第二阶段合同授予提供工作便利；

（二）对第二阶段最高限价和需求标准执行情况进行管理；

（三）对第二阶段确定成交供应商情况进行管理；

（四）根据框架协议约定，在质量不降低、价格不提高的前提下，对入围供应商因产品升级换代、用新产品替代原入围产品的情形进行审核；

（五）建立用户反馈和评价机制，接受采购人和服务对象对入围供应商履行框架协议和采购合同情况的反馈与评价，并将用户反馈和评价情况向采购人和服务对象公开，作为第二阶段直接选定成交供应商的参考；

（六）公开封闭式框架协议的第二阶段成交结果；

（七）办理入围供应商清退和补充相关事宜。

第十七条 采购人或者服务对象采购框架协议约定的货物、服务，应当将第二阶段的采购合同授予入围供应商，但是本办法第三十七条另有规定的除外。

同一框架协议采购应当使用统一的采购合同文本，采购人、服务对象和供应商不得擅自改变框架协议约定的合同实质性条款。

第十八条 货物项目框架协议的入围供应商应当为入围产品生产厂家或者生产厂家唯一授权供应商。入围供应商可以委托一家或者多家代理商，按照框架协议约定接受采购人合同授予，并履行采购合同。入围供应商应当在框架协议中提供委托协议和委托的代理商名单。

第十九条 入围供应商有下列情形之一，尚未签订框架协议的，取消其入围资格；已经签订框架协议的，解除与其签订的框架协议：

（一）恶意串通谋取入围或者合同成交的；

（二）提供虚假材料谋取入围或者合同成交的；

（三）无正当理由拒不接受合同授予的；

（四）不履行合同义务或者履行合同义务不符合约定，经采购人请求履行后仍不履行或者仍未按约定履行的；

（五）框架协议有效期内，因违法行为被禁止或限制参加政府采购活动的；

（六）框架协议约定的其他情形。

被取消入围资格或者被解除框架协议的供应商不得参加同一封闭式框架协议补充征集，或者重新申请加入同一开放式框架协议。

第二十条 封闭式框架协议入围供应商无正当理由，不得主动放弃入围资格或者退出框架协议。

开放式框架协议入围供应商可以随时申请退出框架协议。集中采购机构或者主管预算单位应当在收到退出申请2个工作日内，发布入围供应商退出公告。

第二十一条　征集人应当建立真实完整的框架协议采购档案，妥善保存每项采购活动的采购文件资料。除征集人和采购人另有约定外，合同授予的采购文件资料由采购人负责保存。

采购档案可以采用电子形式保存，电子档案和纸质档案具有同等效力。

第三章　封闭式框架协议采购

第一节　封闭式框架协议的订立

第二十二条　征集人应当发布征集公告。征集公告应当包括以下主要内容：

（一）征集人的名称、地址、联系人和联系方式；

（二）采购项目名称、编号，采购需求以及最高限制单价，适用框架协议的采购人或者服务对象范围，能预估采购数量的，还应当明确预估采购数量；

（三）供应商的资格条件；

（四）框架协议的期限；

（五）获取征集文件的时间、地点和方式；

（六）响应文件的提交方式、提交截止时间和地点，开启方式、时间和地点；

（七）公告期限；

（八）省级以上财政部门规定的其他事项。

第二十三条　征集人应当编制征集文件。征集文件应当包括以下主要内容：

（一）参加征集活动的邀请；

（二）供应商应当提交的资格材料；

（三）资格审查方法和标准；

（四）采购需求以及最高限制单价；

（五）政府采购政策要求以及政策执行措施；

（六）框架协议的期限；

（七）报价要求；

（八）确定第一阶段入围供应商的评审方法、评审标准、确定入围供应商的淘汰率或者入围供应商数量上限和响应文件无效情形；

（九）响应文件的编制要求，提交方式、提交截止时间和地点，开启方式、时间和地点，以及响应文件有效期；

（十）拟签订的框架协议文本和采购合同文本；

（十一）确定第二阶段成交供应商的方式；

（十二）采购资金的支付方式、时间和条件；

（十三）入围产品升级换代规则；

（十四）用户反馈和评价机制；

（十五）入围供应商的清退和补充规则；

（十六）供应商信用信息查询渠道及截止时点、信用信息查询记录和证据留存的具体方式、信用信息的使用规则等；

（十七）采购代理机构代理费用的收取标准和方式；

（十八）省级以上财政部门规定的其他事项。

第二十四条 供应商应当按照征集文件要求编制响应文件，对响应文件的真实性和合法性承担法律责任。

供应商响应的货物和服务的技术、商务等条件不得低于采购需求，货物原则上应当是市场上已有销售的规格型号，不得是专供政府采购的产品。对货物项目每个采购包只能用一个产品进行响应，征集文件有要求的，应当同时对产品的选配件、耗材进行报价。服务项目包含货物的，响应文件中应当列明货物清单及质量标准。

第二十五条 确定第一阶段入围供应商的评审方法包括价格优先法和质量优先法。

价格优先法是指对满足采购需求且响应报价不超过最高限制单价的货物、服务，按照响应报价从低到高排序，根据征集文件规定的淘汰率或者入围供应商数量上限，确定入围供应商的评审方法。

质量优先法是指对满足采购需求且响应报价不超过最高限制单价的货物、服务进行质量综合评分，按照质量评分从高到低排序，根据征集文件规定的淘汰率或者入围供应商数量上限，确定入围供应商的评审方法。货物项目质量因素包括采购标的的技术水平、产品配置、售后服务等，服务项目质量因素包括服务内容、服务水平、供应商的履约能力、服务经验等。质量因素中的可量化指标应当划分等次，作为评分项；质量因素中的其他指标可以作为实质性要求，不得作为评分项。

有政府定价、政府指导价的项目，以及对质量有特别要求的检测、实验等仪器设备，可以采用质量优先法，其他项目应当采用价格优先法。

第二十六条　对耗材使用量大的复印、打印、实验、医疗等仪器设备进行框架协议采购的，应当要求供应商同时对3年以上约定期限内的专用耗材进行报价。评审时应当考虑约定期限的专用耗材使用成本，修正仪器设备的响应报价或者质量评分。

征集人应当在征集文件、框架协议和采购合同中规定，入围供应商在约定期限内，应当以不高于其报价的价格向适用框架协议的采购人供应专用耗材。

第二十七条　确定第一阶段入围供应商时，提交响应文件和符合资格条件、实质性要求的供应商应当均不少于2家，淘汰比例一般不得低于20%，且至少淘汰一家供应商。

采用质量优先法的检测、实验等仪器设备采购，淘汰比例不得低于40%，且至少淘汰一家供应商。

第二十八条　入围结果公告应当包括以下主要内容：

（一）采购项目名称、编号；

（二）征集人的名称、地址、联系人和联系方式；

（三）入围供应商名称、地址及排序；

（四）最高入围价格或者最低入围分值；

（五）入围产品名称、规格型号或者主要服务内容及服务标准，入围单价；

（六）评审小组成员名单；

（七）采购代理服务收费标准及金额；

（八）公告期限；

（九）省级以上财政部门规定的其他事项。

第二十九条 集中采购机构或者主管预算单位应当在入围通知书发出之日起30日内和入围供应商签订框架协议，并在框架协议签订后7个工作日内，将框架协议副本报本级财政部门备案。

框架协议不得对征集文件确定的事项以及入围供应商的响应文件作实质性修改。

第三十条 征集人应当在框架协议签订后3个工作日内通过电子化采购系统将入围信息告知适用框架协议的所有采购人或者服务对象。

入围信息应当包括所有入围供应商的名称、地址、联系方式、入围产品信息和协议价格等内容。入围产品信息应当详细列明技术规格或者服务内容、服务标准等能反映产品质量特点的内容。

征集人应当确保征集文件和入围信息在整个框架协议有效期内随时可供公众查阅。

第三十一条 除剩余入围供应商不足入围供应商总数70%且影响框架协议执行的情形外，框架协议有效期内，征集人不得补充征集供应商。

征集人补充征集供应商的，补充征集规则应当在框架协议中约定，补充征集的条件、程序、评审方法和淘汰比例应当与初次征集相同。补充征集应当遵守原框架协议的有效期。补充征集期间，原框架协议继续履行。

第二节 采购合同的授予

第三十二条 确定第二阶段成交供应商的方式包括直接选定、二次竞价和顺序轮候。

直接选定方式是确定第二阶段成交供应商的主要方式。除征集人根据采购项目特点和提高绩效等要求，在征集文件中载明采用二次竞价或者顺序轮候方式外，确定第二阶段成交供应商应当由采购人或者服务对象依据入围产品价格、质量以及服务便利性、用户评价等因素，从第一阶段入围供应商中直接选定。

第三十三条　二次竞价方式是指以框架协议约定的入围产品、采购合同文本等为依据，以协议价格为最高限价，采购人明确第二阶段竞价需求，从入围供应商中选择所有符合竞价需求的供应商参与二次竞价，确定报价最低的为成交供应商的方式。

进行二次竞价应当给予供应商必要的响应时间。

二次竞价一般适用于采用价格优先法的采购项目。

第三十四条　顺序轮候方式是指根据征集文件中确定的轮候顺序规则，对所有入围供应商依次授予采购合同的方式。

每个入围供应商在一个顺序轮候期内，只有一次获得合同授予的机会。合同授予顺序确定后，应当书面告知所有入围供应商。除清退入围供应商和补充征集外，框架协议有效期内不得调整合同授予顺序。

顺序轮候一般适用于服务项目。

第三十五条　以二次竞价或者顺序轮候方式确定成交供应商的，征集人应当在确定成交供应商后2个工作日内逐笔发布成交结果公告。

成交结果单笔公告可以在省级以上财政部门指定的媒体上发布，也可以在开展框架协议采购的电子化采购系统发布，发布成交结果公告的渠道应当在征集文件或者框架协议中告知供应商。单笔公告应当包括以下主要内容：

（一）采购人的名称、地址和联系方式；

（二）框架协议采购项目名称、编号；

（三）成交供应商名称、地址和成交金额；

（四）成交标的名称、规格型号或者主要服务内容及服务标准、数量、单价；

（五）公告期限。

征集人应当在框架协议有效期满后10个工作日内发布成交结果汇总

公告。汇总公告应当包括前款第一项、第二项内容和所有成交供应商的名称、地址及其成交合同总数和总金额。

第三十六条 框架协议采购应当订立固定价格合同。

根据实际采购数量和协议价格确定合同总价的，合同中应当列明实际采购数量或者计量方式，包括服务项目用于计算合同价的工日数、服务工作量等详细工作量清单。采购人应当要求供应商提供能证明其按照合同约定数量或者工作量清单履约的相关记录或者凭证，作为验收资料一并存档。

第三十七条 采购人证明能够以更低价格向非入围供应商采购相同货物，且入围供应商不同意将价格降至非入围供应商以下的，可以将合同授予非入围供应商。

采购项目适用前款规定的，征集人应当在征集文件中载明并在框架协议中约定。

采购人将合同授予非入围供应商的，应当在确定成交供应商后1个工作日内，将成交结果抄送征集人，由征集人按照单笔公告要求发布成交结果公告。采购人应当将相关证明材料和采购合同一并存档备查。

第四章　开放式框架协议采购

第三十八条 订立开放式框架协议的，征集人应当发布征集公告，邀请供应商加入框架协议。征集公告应当包括以下主要内容：

（一）本办法第二十二条第一项至四项和第二十三条第二项至三项、第十三项至十六项内容；

（二）订立开放式框架协议的邀请；

（三）供应商提交加入框架协议申请的方式、地点，以及对申请文件的要求；

（四）履行合同的地域范围、协议方的权利和义务、入围供应商的清退机制等框架协议内容；

（五）采购合同文本；

（六）付费标准，费用结算及支付方式；

（七）省级以上财政部门规定的其他事项。

第三十九条　征集公告发布后至框架协议期满前，供应商可以按照征集公告要求，随时提交加入框架协议的申请。征集人应当在收到供应商申请后7个工作日内完成审核，并将审核结果书面通知申请供应商。

第四十条　征集人应当在审核通过后2个工作日内，发布入围结果公告，公告入围供应商名称、地址、联系方式及付费标准，并动态更新入围供应商信息。

征集人应当确保征集公告和入围结果公告在整个框架协议有效期内随时可供公众查阅。

第四十一条　征集人可以根据采购项目特点，在征集公告中申明是否与供应商另行签订书面框架协议。申明不再签订书面框架协议的，发布入围结果公告，视为签订框架协议。

第四十二条　第二阶段成交供应商由采购人或者服务对象从第一阶段入围供应商中直接选定。

供应商履行合同后，依据框架协议约定的凭单、订单以及结算方式，与采购人进行费用结算。

第五章　法律责任

第四十三条　主管预算单位、采购人、采购代理机构违反本办法规定的，由财政部门责令限期改正；情节严重的，给予警告，对直接负责的主管人员和其他责任人员，由其行政主管部门或者有关机关依法给予处分，并予以通报。

第四十四条　违反本办法规定，经责令改正后仍然影响或者可能影响入围结果或者成交结果的，依照政府采购法等有关法律、行政法规处理。

第四十五条　供应商有本办法第十九条第一款第一项至三项情形之一，以及无正当理由放弃封闭式框架协议入围资格或者退出封闭式框架协议的，依照政府采购法等有关法律、行政法规追究法律责任。

第四十六条　政府采购当事人违反本办法规定，给他人造成损失的，依法承担民事责任。

第四十七条 财政部门及其工作人员在履行监督管理职责中存在滥用职权、玩忽职守、徇私舞弊等违法违纪行为的，依法追究相应责任。

第六章 附 则

第四十八条 除本办法第三十五条规定外，本办法规定的公告信息，应当在省级以上财政部门指定的媒体上发布。

第四十九条 本办法规定按日计算期间的，开始当天不计入，从次日开始计算。期限的最后一日是国家法定节假日的，顺延到节假日后的次日为期限的最后一日。

第五十条 本办法所称的“以上”“以下”“内”“以内”“不少于”“不超过”，包括本数；所称的“不足”“低于”，不包括本数。

第五十一条 各省、自治区、直辖市财政部门可以根据本办法制定具体实施办法。

第五十二条 本办法自2022年3月1日起施行。

2014年12月31日，**《政府采购竞争性磋商采购方式管理暂行办法》**（财库〔2014〕214号）规定：

第一章 总 则

第一条 为了规范政府采购行为，维护国家利益、社会公共利益和政府采购当事人的合法权益，依据《中华人民共和国政府采购法》（以下简称政府采购法）第二十六条第一款第六项规定，制定本办法。

第二条 本办法所称竞争性磋商采购方式，是指采购人、政府采购代理机构通过组建竞争性磋商小组（以下简称磋商小组）与符合条件的供应商就采购货物、工程和服务事宜进行磋商，供应商按照磋商文件的要求提交响应文件和报价，采购人从磋商小组评审后提出的候选供应商名单中确定成交供应商的采购方式。

第三条 符合下列情形的项目，可以采用竞争性磋商方式开展采购：

（一）政府购买服务项目；

（二）技术复杂或者性质特殊，不能确定详细规格或者具体要求的；

（三）因艺术品采购、专利、专有技术或者服务的时间、数量事先不能确定等原因不能事先计算出价格总额的；

（四）市场竞争不充分的科研项目，以及需要扶持的科技成果转化项目

（五）按照招标投标法及其实施条例必须进行招标的工程建设项目以外的工程建设项目。

第二章　磋商程序

第四条　达到公开招标数额标准的货物、服务采购项目，拟采用竞争性磋商采购方式的，采购人应当在采购活动开始前，报经主管预算单位同意后，依法向设区的市、自治州以上人民政府财政部门申请批准。

第五条　采购人、采购代理机构应当按照政府采购法和本办法的规定组织开展竞争性磋商，并采取必要措施，保证磋商在严格保密的情况下进行。

任何单位和个人不得非法干预、影响磋商过程和结果。

第六条　采购人、采购代理机构应当通过发布公告、从省级以上财政部门建立的供应商库中随机抽取或者采购人和评审专家分别书面推荐的方式邀请不少于3家符合相应资格条件的供应商参与竞争性磋商采购活动。

符合政府采购法第二十二条第一款规定条件的供应商可以在采购活动开始前加入供应商库。财政部门不得对供应商申请入库收取任何费用，不得利用供应商库进行地区和行业封锁。

采取采购人和评审专家书面推荐方式选择供应商的，采购人和评审专家应当各自出具书面推荐意见。采购人推荐供应商的比例不得高于推荐供应商总数的50%。

第七条　采用公告方式邀请供应商的，采购人、采购代理机构应当在省级以上人民政府财政部门指定的政府采购信息发布媒体发布竞争性磋商公告。竞争性磋商公告应当包括以下主要内容：

（一）采购人、采购代理机构的名称、地点和联系方法；

（二）采购项目的名称、数量、简要规格描述或项目基本概况介绍；

（三）采购项目的预算；

（四）供应商资格条件；

（五）获取磋商文件的时间、地点、方式及磋商文件售价；

（六）响应文件提交的截止时间、开启时间及地点；

（七）采购项目联系人姓名和电话。

第八条 竞争性磋商文件（以下简称磋商文件）应当根据采购项目的特点和采购人的实际需求制定，并经采购人书面同意。采购人应当以满足实际需求为原则，不得擅自提高经费预算和资产配置等采购标准。

磋商文件不得要求或者标明供应商名称或者特定货物的品牌，不得含有指向特定供应商的技术、服务等条件。

第九条 磋商文件应当包括供应商资格条件、采购邀请、采购方式、采购预算、采购需求、政府采购政策要求、评审程序、评审方法、评审标准、价格构成或者报价要求、响应文件编制要求、保证金交纳数额和形式以及不予退还保证金的情形、磋商过程中可能实质性变动的内容、响应文件提交的截止时间、开启时间及地点以及合同草案条款等。

第十条 从磋商文件发出之日起至供应商提交首次响应文件截止之日止不得少于10日。

磋商文件售价应当按照弥补磋商文件制作成本费用的原则确定，不得以营利为目的，不得以项目预算金额作为确定磋商文件售价依据。磋商文件的发售期限自开始之日起不得少于5个工作日。

提交首次响应文件截止之日前，采购人、采购代理机构或者磋商小组可以对已发出的磋商文件进行必要的澄清或者修改，澄清或者修改的内容作为磋商文件的组成部分。澄清或者修改的内容可能影响响应文件编制的，采购人、采购代理机构应当在提交首次响应文件截止时间至少5日前，以书面形式通知所有获取磋商文件的供应商；不足5日的，采购人、采购代理机构应当顺延提交首次响应文件截止时间。

第十一条 供应商应当按照磋商文件的要求编制响应文件，并对其提交的响应文件的真实性、合法性承担法律责任。

第十二条　采购人、采购代理机构可以要求供应商在提交响应文件截止时间之前交纳磋商保证金。磋商保证金应当采用支票、汇票、本票或者金融机构、担保机构出具的保函等非现金形式交纳。磋商保证金数额应当不超过采购项目预算的2%。供应商未按照磋商文件要求提交磋商保证金的，响应无效。

供应商为联合体的，可以由联合体中的一方或者多方共同交纳磋商保证金，其交纳的保证金对联合体各方均具有约束力。

第十三条　供应商应当在磋商文件要求的截止时间前，将响应文件密封送达指定地点。在截止时间后送达的响应文件为无效文件，采购人、采购代理机构或者磋商小组应当拒收。

供应商在提交响应文件截止时间前，可以对所提交的响应文件进行补充、修改或者撤回，并书面通知采购人、采购代理机构。补充、修改的内容作为响应文件的组成部分。补充、修改的内容与响应文件不一致的，以补充、修改的内容为准。

第十四条　磋商小组由采购人代表和评审专家共3人以上单数组成，其中评审专家人数不得少于磋商小组成员总数的2/3。采购人代表不得以评审专家身份参加本部门或本单位采购项目的评审。采购代理机构人员不得参加本机构代理的采购项目的评审。

采用竞争性磋商方式的政府采购项目，评审专家应当从政府采购评审专家库内相关专业的专家名单中随机抽取。符合本办法第三条第四项规定情形的项目，以及情况特殊、通过随机方式难以确定合适的评审专家的项目，经主管预算单位同意，可以自行选定评审专家。技术复杂、专业性强的采购项目，评审专家中应当包含1名法律专家。

第十五条　评审专家应当遵守评审工作纪律，不得泄露评审情况和评审中获悉的商业秘密。

磋商小组在评审过程中发现供应商有行贿、提供虚假材料或者串通等违法行为的，应当及时向财政部门报告。

评审专家在评审过程中受到非法干涉的，应当及时向财政、监察等部门举报。

第十六条 磋商小组成员应当按照客观、公正、审慎的原则，根据磋商文件规定的评审程序、评审方法和评审标准进行独立评审。未实质性响应磋商文件的响应文件按无效响应处理，磋商小组应当告知提交响应文件的供应商。

磋商文件内容违反国家有关强制性规定的，磋商小组应当停止评审并向采购人或者采购代理机构说明情况。

第十七条 采购人、采购代理机构不得向磋商小组中的评审专家作倾向性、误导性的解释或者说明。

采购人、采购代理机构可以视采购项目的具体情况，组织供应商进行现场考察或召开磋商前答疑会，但不得单独或分别组织只有一个供应商参加的现场考察和答疑会。

第十八条 磋商小组在对响应文件的有效性、完整性和响应程度进行审查时，可以要求供应商对响应文件中含义不明确、同类问题表述不一致或者有明显文字和计算错误的内容等作出必要的澄清、说明或者更正。供应商的澄清、说明或者更正不得超出响应文件的范围或者改变响应文件的实质性内容。

磋商小组要求供应商澄清、说明或者更正响应文件应当以书面形式作出。供应商的澄清、说明或者更正应当由法定代表人或其授权代表签字或者加盖公章。由授权代表签字的，应当附法定代表人授权书。供应商为自然人的，应当由本人签字并附身份证明。

第十九条 磋商小组所有成员应当集中与单一供应商分别进行磋商，并给予所有参加磋商的供应商平等的磋商机会。

第二十条 在磋商过程中，磋商小组可以根据磋商文件和磋商情况实质性变动采购需求中的技术、服务要求以及合同草案条款，但不得变动磋商文件中的其他内容。实质性变动的内容，须经采购人代表确认。

对磋商文件作出的实质性变动是磋商文件的有效组成部分，磋商小组应当及时以书面形式同时通知所有参加磋商的供应商。

供应商应当按照磋商文件的变动情况和磋商小组的要求重新提交响

应文件，并由其法定代表人或授权代表签字或者加盖公章。由授权代表签字的，应当附法定代表人授权书。供应商为自然人的，应当由本人签字并附身份证明。

第二十一条　磋商文件能够详细列明采购标的的技术、服务要求的，磋商结束后，磋商小组应当要求所有实质性响应的供应商在规定时间内提交最后报价，提交最后报价的供应商不得少于3家。

磋商文件不能详细列明采购标的的技术、服务要求，需经磋商由供应商提供最终设计方案或解决方案的，磋商结束后，磋商小组应当按照少数服从多数的原则投票推荐3家以上供应商的设计方案或者解决方案，并要求其在规定时间内提交最后报价。

最后报价是供应商响应文件的有效组成部分。符合本办法第三条第四项情形的，提交最后报价的供应商可以为2家。

第二十二条　已提交响应文件的供应商，在提交最后报价之前，可以根据磋商情况退出磋商。采购人、采购代理机构应当退还退出磋商的供应商的磋商保证金。

第二十三条　经磋商确定最终采购需求和提交最后报价的供应商后，由磋商小组采用综合评分法对提交最后报价的供应商的响应文件和最后报价进行综合评分。

综合评分法，是指响应文件满足磋商文件全部实质性要求且按评审因素的量化指标评审得分最高的供应商为成交候选供应商的评审方法。

第二十四条　综合评分法评审标准中的分值设置应当与评审因素的量化指标相对应。磋商文件中没有规定的评审标准不得作为评审依据。

评审时，磋商小组各成员应当独立对每个有效响应的文件进行评价、打分，然后汇总每个供应商每项评分因素的得分。

综合评分法货物项目的价格分值占总分值的比重（即权值）为30%至60%，服务项目的价格分值占总分值的比重（即权值）为10%至30%。采购项目中含不同采购对象的，以占项目资金比例最高的采购对象确定其项目属性。符合本办法第三条第三项的规定和执行统一价格标准的项目，其价格不列为评分因素。有特殊情况需要在上述规定范围外设定价格分权重的，应当经本级人民政府财政部门审核同意。

综合评分法中的价格分统一采用低价优先法计算，即满足磋商文件要求且最后报价最低的供应商的价格为磋商基准价，其价格分为满分。其他供应商的价格分统一按照下列公式计算：

磋商报价得分=（磋商基准价/最后磋商报价）×价格权值×100

项目评审过程中，不得去掉最后报价中的最高报价和最低报价。

第二十五条 磋商小组应当根据综合评分情况，按照评审得分由高到低顺序推荐3名以上成交候选供应商，并编写评审报告。符合本办法第二十一条第三款情形的，可以推荐2家成交候选供应商。评审得分相同的，按照最后报价由低到高的顺序推荐。评审得分且最后报价相同的，按照技术指标优劣顺序推荐。

第二十六条 评审报告应当包括以下主要内容：

（一）邀请供应商参加采购活动的具体方式和相关情况；

（二）响应文件开启日期和地点；

（三）获取磋商文件的供应商名单和磋商小组成员名单；

（四）评审情况记录和说明，包括对供应商的资格审查情况、供应商响应文件评审情况、磋商情况、报价情况等；

（五）提出的成交候选供应商的排序名单及理由。

第二十七条 评审报告应当由磋商小组全体人员签字认可。磋商小组成员对评审报告有异议的，磋商小组按照少数服从多数的原则推荐成交候选供应商，采购程序继续进行。对评审报告有异议的磋商小组成员，应当在报告上签署不同意见并说明理由，由磋商小组书面记录相关情况。磋商小组成员拒绝在报告上签字又不书面说明其不同意见和理由的，视为同意评审报告。

第二十八条 采购代理机构应当在评审结束后2个工作日内将评审报告送采购人确认。

采购人应当在收到评审报告后5个工作日内，从评审报告提出的成交候选供应商中，按照排序由高到低的原则确定成交供应商，也可以书面授权磋商小组直接确定成交供应商。采购人逾期未确定成交供应商且不提出异议的，视为确定评审报告提出的排序第一的供应商为成交供应商。

第二十九条　采购人或者采购代理机构应当在成交供应商确定后2个工作日内，在省级以上财政部门指定的政府采购信息发布媒体上公告成交结果，同时向成交供应商发出成交通知书，并将磋商文件随成交结果同时公告。成交结果公告应当包括以下内容：

（一）采购人和采购代理机构的名称、地址和联系方式；

（二）项目名称和项目编号；

（三）成交供应商名称、地址和成交金额；

（四）主要成交标的的名称、规格型号、数量、单价、服务要求；

（五）磋商小组成员名单。

采用书面推荐供应商参加采购活动的，还应当公告采购人和评审专家的推荐意见。

第三十条　采购人与成交供应商应当在成交通知书发出之日起30日内，按照磋商文件确定的合同文本以及采购标的、规格型号、采购金额、采购数量、技术和服务要求等事项签订政府采购合同。

采购人不得向成交供应商提出超出磋商文件以外的任何要求作为签订合同的条件，不得与成交供应商订立背离磋商文件确定的合同文本以及采购标的、规格型号、采购金额、采购数量、技术和服务要求等实质性内容的协议。

第三十一条　采购人或者采购代理机构应当在采购活动结束后及时退还供应商的磋商保证金，但因供应商自身原因导致无法及时退还的除外。未成交供应商的磋商保证金应当在成交通知书发出后5个工作日内退还，成交供应商的磋商保证金应当在采购合同签订后5个工作日内退还。

有下列情形之一的，磋商保证金不予退还：

（一）供应商在提交响应文件截止时间后撤回响应文件的；

（二）供应商在响应文件中提供虚假材料的；

（三）除因不可抗力或磋商文件认可的情形以外，成交供应商不与采购人签订合同的；

（四）供应商与采购人、其他供应商或者采购代理机构恶意串通的；

（五）磋商文件规定的其他情形。

第三十二条 除资格性检查认定错误、分值汇总计算错误、分项评分超出评分标准范围、客观分评分不一致、经磋商小组一致认定评分畸高、畸低的情形外，采购人或者采购代理机构不得以任何理由组织重新评审。采购人、采购代理机构发现磋商小组未按照磋商文件规定的评审标准进行评审的，应当重新开展采购活动，并同时书面报告本级财政部门。

采购人或者采购代理机构不得通过对样品进行检测、对供应商进行考察等方式改变评审结果。

第三十三条 成交供应商拒绝签订政府采购合同的，采购人可以按照本办法第二十八条第二款规定的原则确定其他供应商作为成交供应商并签订政府采购合同，也可以重新开展采购活动。拒绝签订政府采购合同的成交供应商不得参加对该项目重新开展的采购活动。

第三十四条 出现下列情形之一的，采购人或者采购代理机构应当终止竞争性磋商采购活动，发布项目终止公告并说明原因，重新开展采购活动：

（一）因情况变化，不再符合规定的竞争性磋商采购方式适用情形的；

（二）出现影响采购公正的违法、违规行为的；

（三）除本办法第二十一条第三款规定的情形外，在采购过程中符合要求的供应商或者报价未超过采购预算的供应商不足3家的。

第三十五条 在采购活动中因重大变故，采购任务取消的，采购人或者采购代理机构应当终止采购活动，通知所有参加采购活动的供应商，并将项目实施情况和采购任务取消原因报送本级财政部门。

第三章　附　则

第三十六条 相关法律制度对政府和社会资本合作项目采用竞争性磋商采购方式另有规定的，从其规定。

第三十七条　本办法所称主管预算单位是指负有编制部门预算职责，向同级财政部门申报预算的国家机关、事业单位和团体组织。

第三十八条　本办法自发布之日起施行。

2015年6月30日，财政部**《关于政府采购竞争性磋商采购方式管理暂行办法有关问题的补充通知》**（财库〔2015〕124号）规定：

为了深入推进政府采购制度改革和政府购买服务工作，促进实现“物有所值”价值目标，提高政府采购效率，现就《财政部关于印发〈政府采购竞争性磋商采购方式管理暂行办法〉的通知》（财库〔2014〕214号）有关问题补充通知如下：

采用竞争性磋商采购方式采购的政府购买服务项目（含政府和社会资本合作项目），在采购过程中符合要求的供应商（社会资本）只有2家的，竞争性磋商采购活动可以继续进行。采购过程中符合要求的供应商（社会资本）只有1家的，采购人（项目实施机构）或者采购代理机构应当终止竞争性磋商采购活动，发布项目终止公告并说明原因，重新开展采购活动。

2013年9月26日，国务院办公厅**《关于政府向社会力量购买服务的指导意见》**（国办发〔2013〕96号）规定：……三、规范有序开展政府向社会力量购买服务工作……（四）购买机制。各地要按照公开、公平、公正原则，建立健全政府向社会力量购买服务机制，及时、充分向社会公布购买的服务项目、内容以及对承接主体的要求和绩效评价标准等信息，建立健全项目申报、预算编报、组织采购、项目监管、绩效评价的规范化流程。购买工作应按照政府采购法的有关规定，采用公开招标、邀请招标、竞争性谈判、单一来源、询价等方式确定承接主体，严禁转包行为。购买主体要按照合同管理要求，与承接主体签订合同，明确所购买服务的范围、标的、数量、质量要求，以及服务期限、资金支付方式、权利义务和违约责任等，按照合同要求支付资金，并加强对服务提供全过程的跟踪监管和对服务成果的检查验收。承接主体要严格履行合同义务，按时完成服务项目任务，保证服务数量、质量和效果。

2016年11月30日，财政部、中央编办**《关于做好事业单位政府购**

买服务改革工作的意见》（财综〔2016〕53号）规定：……三、主要措施（一）推行政府向公益二类事业单位购买服务。2020年底前，凡是公益二类事业单位承担并且适宜由社会力量提供的服务事项，应当将财政拨款改为政府购买服务，可以由其行政主管部门直接委托给事业单位并实行合同化管理。其中，采取直接委托购买服务项目，属于政府采购集中采购目录以内或者采购限额标准以上的，通过单一来源采购方式实施；已经采用竞争性购买方式的，应当继续实行。政府新增用于公益二类事业单位的支出，应当优先通过政府购买服务方式安排。积极推进采用竞争择优方式向事业单位购买服务，逐步减少向公益二类事业单位直接委托的购买服务事项。

2014年11月25日，财政部、民政部**《关于支持和规范社会组织承接政府购买服务的通知》**（财综〔2014〕87号）规定：……二、加大对社会组织承接政府购买服务的支持力度……（三）探索多种有效方式，加大社会组织承接政府购买服务支持力度。按照政府采购法和国办发〔2013〕96号文件规定，采用公开招标、邀请招标、竞争性谈判、单一来源采购等方式确定承接主体，有针对性地培育和发展一批社会组织，促进社会组织的发展。有条件的地方可推广利用财政资金支持社会组织参与服务示范项目，逐步加大政府向社会组织购买服务的力度，适合采取市场化方式提供、社会组织能够承担的公共服务，都可以由社会组织参与、承接，所需资金按照预算管理要求在财政预算安排中统筹考虑。引导、支持社会组织募集资金参与服务。贯彻落实国家对社会组织各项税收优惠政策，符合条件的社会组织按照有关税收法律法规规定，享受相关税收优惠。

2019年7月26日，**《财政部关于促进政府采购公平竞争优化营商环境的通知》**（财库〔2019〕38号）规定：一、全面清理政府采购领域妨碍公平竞争的规定和做法。各地区、各部门应当严格落实《中华人民共和国政府采购法》等相关法律法规的要求，依法保障各类市场主体平等参与政府采购活动的权利。要全面清理政府采购领域妨碍公平竞争的规定和做法，重点清理和纠正以下问题：……（九）除《政府采购货物和

《政府采购法》第二十七条[①]**【公开招标数额标准的制定主体以及采用其他采购方式的审批制度】**采购人采购货物或者服务应当采用公开招标方式的，其具体数额标准，属于中央预算的政府采购项目，由国务院规定；属于地方预算的政府采购项目，由省、自治区、直辖市人民政府规定；因特殊情况需要采用公开招标以外的采购方式的，应当在采购活动开始前获得设区的市、自治州以上人民政府采购监督管理部门的批准。

服务招标投标管理办法》第六十八条规定的情形外，要求采购人采用随机方式确定中标、成交供应商；……

2017年12月26日，**《政务信息系统政府采购管理暂行办法》**（财库〔2017〕210号）**第九条**　政务信息系统采用招标方式采购的，应当采用综合评分法；采用非招标方式采购的，应当采用竞争性磋商或单一来源采购方式。

① **《政府采购货物和服务招标投管理办法》第四条**　属于地方预算的政府采购项目，省、自治区、直辖市人民政府根据实际情况，可以确定分别适用于本行政区域省级、设区的市级、县级公开招标数额标准。

2014年4月14日，财政部**《关于推进和完善服务项目政府采购有关问题的通知》**（财库〔2014〕37号）规定：……三、灵活开展服务项目政府采购活动。简化采购方式变更的审核程序。采购人要按照政府采购法律制度规定，根据服务项目的采购需求特点，选择适用采购方式。对于采购需求处于探索阶段或不具备竞争条件的第三类服务项目，符合《政府采购法》第二十七条规定申请适用公开招标以外的采购方式的，财政部门要简化申请材料要求，也可以改变现行一事一批的管理模式，实行一揽子批复。

《政府采购法实施条例》第七十八条【有关财政管理实行省直接管理的县级人民政府的特别规定】财政管理实行省直接管理的县级人民政府可以根据需要并报经省级人民政府批准，行使政府采购法和本条例规定的设区的市级人民政府批准变更采购方式的职权。

《政府采购法实施条例》第二十三条[①]**【变更采购方式】**采购人采购公开招标数额标准以上的货物或者服务，符合政府采购法第二十九条、第三十条、第三十一条、第三十二条规定情形或者有需要执行政府采购政策等特殊情况的，经设区的市级以上人民政府财政部门批准，可以依法采用公开招标以外的采购方式。

---

① 2013年12月19日，财政部**《政府采购非招标采购方式管理办法》**（财政部第74号令）**第三条** 采购人、采购代理机构采购以下货物、工程和服务之一的，可以采用竞争性谈判、单一来源采购方式采购；采购货物的，还可以采用询价采购方式：

（一）依法制定的集中采购目录以内，且未达到公开招标数额标准的货物、服务；

（二）依法制定的集中采购目录以外、采购限额标准以上，且未达到公开招标数额标准的货物、服务；

（三）达到公开招标数额标准、经批准采用非公开招标方式的货物、服务；

（四）按照招标投标法及其实施条例必须进行招标的工程建设项目以外的政府采购工程。

第四条 达到公开招标数额标准的货物、服务采购项目，拟采用非招标采购方式的，采购人应当在采购活动开始前，报经主管预算单位同意后，向设区的市、自治州以上人民政府财政部门申请批准。

第五条 根据本办法第四条申请采用非招标采购方式采购的，采购人应当向财政部门提交以下材料并对材料的真实性负责：

（一）采购人名称、采购项目名称、项目概况等项目基本情况说明；

（二）项目预算金额、预算批复文件或者资金来源证明；

（三）拟申请采用的采购方式和理由。

……

第二十八条　符合本办法第二十七条第一款第一项情形和第二款情形，申请采用竞争性谈判采购方式时，除提交本办法第五条第一至三项规定的材料外，还应当提交下列申请材料：

（一）在省级以上财政部门指定的媒体上发布招标公告的证明材料；

（二）采购人、采购代理机构出具的对招标文件和招标过程是否有供应商质疑及质疑处理情况的说明；

（三）评标委员会或者3名以上评审专家出具的招标文件没有不合理条款的论证意见。

……

第三十八条　属于政府采购法第三十一条第一项情形，且达到公开招标数额的货物、服务项目，拟采用单一来源采购方式的，采购人、采购代理机构在按照本办法第四条报财政部门批准之前，应当在省级以上财政部门指定媒体上公示，并将公示情况一并报财政部门。公示期不得少于5个工作日，公示内容应当包括：

（一）采购人、采购项目名称和内容；

（二）拟采购的货物或者服务的说明；

（三）采用单一来源采购方式的原因及相关说明；

（四）拟定的唯一供应商名称、地址；

（五）专业人员对相关供应商因专利、专有技术等原因具有唯一性的具体论证意见，以及专业人员的姓名、工作单位和职称；

（六）公示的期限；

（七）采购人、采购代理机构、财政部门的联系地址、联系人和联系电话。

第三十九条　任何供应商、单位或者个人对采用单一来源采购方式

《政府采购法实施条例》第二十四条[①]**【批量集中采购】**列入集中采购目录的项目，适合实行批量集中采购的，应当实行批量集中采购，但紧急的小额零星货物项目和有特殊要求的服务、工程项目除外。

《政府采购法实施条例》第二十五条【依法不进行招标的政府采购工程的采购方式】政府采购工程依法不进行招标的，应当依照政府采购法和本条例规定的竞争性谈判或者单一来源采购方式采购。

《政府采购法》第二十八条【禁止规避公开招标】采购人不得将应当以公开招标方式采购的货物或者服务化整为零或者以其他任何方式规避公开招标采购。

公示有异议的，可以在公示期内将书面意见反馈给采购人、采购代理机构，并同时抄送相关财政部门。

第四十条　采购人、采购代理机构收到对采用单一来源采购方式公示的异议后，应当在公示期满后5个工作日内，组织补充论证，论证后认为异议成立的，应当依法采取其他采购方式；论证后认为异议不成立的，应当将异议意见、论证意见与公示情况一并报相关财政部门。

采购人、采购代理机构应当将补充论证的结论告知提出异议的供应商、单位或者个人。

① 2013年11月18日，中共中央、国务院**《党政机关厉行节约反对浪费条例》**（中发〔2013〕13号）规定：**第十二条**　……列入政府集中采购目录范围的，应当委托集中采购机构代理采购，并逐步实行批量集中采购。严格控制协议供货采购的数量和规模，不得以协议供货拆分项目的方式规避公开招标。

《政府采购法实施条例》第二十八条【化整为零的界定】在一个财政年度内，采购人将一个预算项目下的同一品目或者类别的货物、服务采用公开招标以外的方式多次采购，累计资金数额超过公开招标数额标准的，属于以化整为零方式规避公开招标，但项目预算调整或者经批准采用公开招标以外方式采购除外。

《政府采购法》第二十九条【邀请招标方式的适用条件】符合下列情形之一的货物或者服务，可以依照本法采用邀请招标方式采购：

（一）具有特殊性，只能从有限范围的供应商处采购的；

（二）采用公开招标方式的费用占政府采购项目总价值的比例过大的。

《政府采购法》第三十条[①]【竞争性谈判方式的适用条件】符合下列情形之一的货物或者服务，可以依照本法采用竞争性谈判方式采购：

---

① 2013年12月19日，财政部**《政府采购非招标采购方式管理办法》**（财政部第74号令）**第二十七条**　符合下列情形之一的采购项目，可以采用竞争性谈判方式采购：

（一）招标后没有供应商投标或者没有合格标的，或者重新招标未能成立的；

（二）技术复杂或者性质特殊，不能确定详细规格或者具体要求的；

（三）非采购人所能预见的原因或者非采购人拖延造成采用招标所需时间不能满足用户紧急需要的；

（四）因艺术品采购、专利、专有技术或者服务的时间、数量事先不能确定等原因不能事先计算出价格总额的。

（一）招标后没有供应商投标或者没有合格标的或者重新招标未能成立的；

（二）技术复杂或者性质特殊，不能确定详细规格或者具体要求的；

（三）采用招标所需时间不能满足用户紧急需要的；

（四）不能事先计算出价格总额的。

《政府采购法实施条例》第二十六条【竞争性谈判的适用条件的解释】政府采购法第三十条第三项规定的情形，应当是采购人不可预见的或者非因采购人拖延导致的；第四项规定的情形，是指因采购艺术品或者因专利、专有技术或者因服务的时间、数量事先不能确定等导致不能事先计算出价格总额。

《政府采购法》第三十一条【单一来源的适用条件】符合下列情形之一的货物或者服务，可以依照本法采用单一来源方式采购：

（一）只能从唯一供应商处采购的；

（二）发生了不可预见的紧急情况不能从其他供应商处采购的；

公开招标的货物、服务采购项目，招标过程中提交投标文件或者经评审实质性响应招标文件要求的供应商只有两家时，采购人、采购代理机构按照本办法第四条经本级财政部门批准后可以与该两家供应商进行竞争性谈判采购，采购人、采购代理机构应当根据招标文件中的采购需求编制谈判文件，成立谈判小组，由谈判小组对谈判文件进行确认。符合本款情形的，本办法第三十三条、第三十五条中规定的供应商最低数量可以为两家。

（三）必须保证原有采购项目一致性或者服务配套的要求，需要继续从原供应商处添购，且添购资金总额不超过原合同采购金额百分之十的。

《政府采购法实施条例》第二十七条【单一来源适用条件的解释】政府采购法第三十一条第一项规定的情形，是指因货物或者服务使用不可替代的专利、专有技术，或者公共服务项目具有特殊要求，导致只能从某一特定供应商处采购。

《政府采购法》第三十二条【询价的适用条件】采购的货物规格、标准统一、现货货源充足且价格变化幅度小的政府采购项目，可以依照本法采用询价方式采购。

第四章

政府采购程序*

* 关于优化采购活动办事程序和细化采购活动执行的规定参见2019年7月26日，财政部**《关于促进政府采购公平竞争优化营商环境的通知》**（财库〔2019〕38号）规定：优化采购活动办事程序。对于供应商法人代表已经出具委托书的，不得要求供应商法人代表亲自领购采购文件或者到场参加开标、谈判等。对于采购人、采购代理机构可以通过互联网或者相关信息系统查询的信息，不得要求供应商提供。除必要的原件核对外，对于供应商能够在线提供的材料，不得要求供应商同时提供纸质材料。对于供应商依照规定提交各类声明函、承诺函的，不得要求其再提供有关部门出具的相关证明文件。

细化采购活动执行要求。采购人允许采用分包方式履行合同的，应当在采购文件中明确可以分包履行的具体内容、金额或者比例。采购人、采购代理机构对投标（响应）文件的格式、形式要求应当简化明确，不得因装订、纸张、文件排序等非实质性的格式、形式问题限制和影响供应商投标（响应）。实现电子化采购的，采购人、采购代理机构应当向供应商免费提供电子采购文件；暂未实现电子化采购的，鼓励采购人、采购代理机构向供应商免费提供纸质采购文件。

2014年12月31日**《政府和社会资本合作项目政府采购管理办法》**（财库〔2014〕215号）对PPP项目的采购程序作了专门规定，现摘录如下：

第四条　PPP项目采购方式包括公开招标、邀请招标、竞争性谈判、竞争性磋商和单一来源采购。项目实施机构应当根据PPP项目的采购需求特点，依法选择适当的采购方式。公开招标主要适用于采购需求中核心边界条件和技术经济参数明确、完整、符合国家法律法规及政府采购政策，且采购过程中不作更改的项目。

第五条　PPP项目采购应当实行资格预审。项目实施机构应当根据项目需要准备资格预审文件，发布资格预审公告，邀请社会资本和与其合作的金融机构参与资格预审，验证项目能否获得社会资本响应和实现充分竞争。

第六条　资格预审公告应当在省级以上人民政府财政部门指定的政府采购信息发布媒体上发布。资格预审合格的社会资本在签订PPP项目合同前资格发生变化的，应当通知项目实施机构。

资格预审公告应当包括项目授权主体、项目实施机构和项目名称、采购需求、对社会资本的资格要求、是否允许联合体参与采购活动、是否限定参与竞争的合格社会资本的数量及限定的方法和标准，以及社会资本提交资格预审申请文件的时间和地点。提交资格预审申请文件的时间自公告发布之日起不得少于15个工作日。

第七条　项目实施机构、采购代理机构应当成立评审小组，负责PPP项目采购的资格预审和评审工作。评审小组由项目实施机构代表和评审专家共5人以上单数组成，其中评审专家人数不得少于评审小组成员总数的2/3。评审专家可以由项目实施机构自行选定，但评审专家中至少应当包含1名财务专家和1名法律专家。项目实施机构代表不得以评审专家身份参加项目的评审。

第八条　项目有3家以上社会资本通过资格预审的，项目实施机构可以继续开展采购文件准备工作；项目通过资格预审的社会资本不足3家的，项目实施机构应当在调整资格预审公告内容后重新组织资格预审；项目经重新资格预审后合格社会资本仍不够3家的，可以依法变更采购方式。

资格预审结果应当告知所有参与资格预审的社会资本，并将资格预审的评审报告提交财政部门（政府和社会资本合作中心）备案。

第九条 项目采购文件应当包括采购邀请、竞争者须知（包括密封、签署、盖章要求等）、竞争者应当提供的资格、资信及业绩证明文件、采购方式、政府对项目实施机构的授权、实施方案的批复和项目相关审批文件、采购程序、响应文件编制要求、提交响应文件截止时间、开启时间及地点、保证金交纳数额和形式、评审方法、评审标准、政府采购政策要求、PPP项目合同草案及其他法律文本、采购结果确认谈判中项目合同可变的细节，以及是否允许未参加资格预审的供应商参与竞争并进行资格后审等内容。项目采购文件中还应当明确项目合同必须报请本级人民政府审核同意，在获得同意前项目合同不得生效。

采用竞争性谈判或者竞争性磋商采购方式的，项目采购文件除上款规定的内容外，还应当明确评审小组根据与社会资本谈判情况可能实质性变动的内容，包括采购需求中的技术、服务要求以及项目合同草案条款。

第十条 项目实施机构应当在资格预审公告、采购公告、采购文件、项目合同中列明采购本国货物和服务、技术引进和转让等政策要求，以及对社会资本参与采购活动和履约保证的担保要求。

第十一条 项目实施机构应当组织社会资本进行现场考察或者召开采购前答疑会，但不得单独或者分别组织只有一个社会资本参加的现场考察和答疑会。项目实施机构可以视项目的具体情况，组织对符合条件的社会资本的资格条件进行考察核实。

第十二条 评审小组成员应当按照客观、公正、审慎的原则，根据资格预审公告和采购文件规定的程序、方法和标准进行资格预审和独立评审。已进行资格预审的，评审小组在评审阶段可以不再对社会资本进行资格审查。允许进行资格后审的，由评审小组在响应文件评审环节对社会资本进行资格审查。

评审小组成员应当在资格预审报告和评审报告上签字，对自己的评审意见承担法律责任。对资格预审报告或者评审报告有异议的，应当在报告上签署不同意见，并说明理由，否则视为同意资格预审报告和评审报告。

评审小组发现采购文件内容违反国家有关强制性规定的，应当停止评审并向项目实施机构说明情况。

第十三条 评审专家应当遵守评审工作纪律，不得泄露评审情况和评审中获悉的国家秘密、商业秘密。

评审小组在评审过程中发现社会资本有行贿、提供虚假材料或者串通等违法行为的，应当及时向财政部门报告。

评审专家在评审过程中受到非法干涉的，应当及时向财政、监察等部门举报。

第十四条 PPP项目采购评审结束后，项目实施机构应当成立专门的采购结果确认谈判工作组，负责采购结果确认前的谈判和最终的采购结果确认工作。

采购结果确认谈判工作组成员及数量由项目实施机构确定，但应当至少包括财政预算管理部门、行业主管部门代表，以及财务、法律等方面的专家。涉及价格管理、环境保护的PPP项目，谈判工作组还应当包括价格管理、环境保护行政执法机关代表。评审小组成员可以作为采购结果确认谈判工作组成员参与采购结果确认谈判。

第十五条 采购结果确认谈判工作组应当按照评审报告推荐的候选社会资本排名，依次与候选社会资本及与其合作的金融机构就项目合同中可变的细节问题进行项目合同签署前的确认谈判，率先达成一致的候选社会资本即为预中标、成交社会资本。

第十六条 确认谈判不得涉及项目合同中不可谈判的核心条款，不得与排序在前但已终止谈判的社会资本进行重复谈判。

第十七条 项目实施机构应当在预中标、成交社会资本确定后10个工作日内，与预中标、成交社会资本签署确认谈判备忘录，并将预中标、成交结果和根据采购文件、响应文件及有关补遗文件和确认谈判备忘录拟定的项目合同文本在省级以上人民政府财政部门指定的政府采购信息发布媒体上进行公示，公示期不得少于5个工作日。项目合同文本应当将预中标、成交社会资本响应文件中的重要承诺和技术文件等作为附件。项目合同文本涉及国家秘密、商业秘密的内容可以不公示。

第十八条 项目实施机构应当在公示期满无异议后2个工作日内，将中标、成交结果在省级以上人民政府财政部门指定的政府采购信息发布媒体上进行公告，同时发出中标、成交通知书。

中标、成交结果公告内容应当包括：项目实施机构和采购代理机构的名称、地址和联系方式；项目名称和项目编号；中标或者成交社会资本的名称、地址、法人代表；中标或者成交标的名称、主要中标或者成交条件（包括但不限于合作期限、服务要求、项目概算、回报机制）等；评审小组和采购结果确认谈判工作组成员名单。

第十九条 项目实施机构应当在中标、成交通知书发出后30日内，与中标、成交社会资本签订经本级人民政府审核同意的PPP项目合同。

需要为PPP项目设立专门项目公司的，待项目公司成立后，由项目公司与项目实施机构重新签署PPP项目合同，或者签署关于继承PPP项目合同的补充合同。

第二十条 项目实施机构应当在PPP项目合同签订之日起2个工作日内，将PPP项目合同在省级以上人民政府财政部门指定的政府采购信息发布媒体上公告，但PPP项目合同中涉及国家秘密、商业秘密的内容除外。

第二十一条 项目实施机构应当在采购文件中要求社会资本交纳参加采购活动的保证金和履约保证金。社会资本应当以支票、汇票、本票或者金融机构、担保机构出具的保函等非现金形式交纳保证金。参加采购活动的保证金数额不得超过项目预算金额的2%。履约保证金的数额不得超过PPP项目初始投资总额或者资产评估值的10%，无固定资产投资或者投资额不大的服务型PPP项目，履约保证金的数额不得超过平均6个月服务收入额。

《政府采购法》第三十三条[①]**【政府采购预算】**负有编制部门预算职责的部门在编制下一财政年度部门预算时，应当将该财政年度政府采购的项目及资金预算列出，报本级财政部门汇总。部门预算的审批，按预算管理权限和程序进行。

《政府采购法实施条例》第二十九条【政府采购实施计划】采购人应当根据集中采购目录、采购限额标准和已批复的部门预算编制政府采购实施计划，报本级人民政府财政部门备案。

《政府采购法实施条例》第三十条【采购项目预算公开】采购人或者采购代理机构应当在招标文件、谈判文件、询价通知书中公开采购项目预算金额。

《政府采购法》第三十四条[②]**【邀请招标的投标人邀请方式】**货物或者服务项目采取邀请招标方式采购的，采购人应当从符合相应资格条件的供应商中，通过随机方式选择三家以上的供应商，并向其发出投标邀请书。

---

① 2020年3月1日，财政部**《政府购买服务管理办法》**（财政部第102号令）**第十六条**　政府购买服务项目所需资金应当在相关部门预算中统筹安排，并与中期财政规划相衔接，未列入预算的项目不得实施。

购买主体在编报年度部门预算时，应当反映政府购买服务支出情况。政府购买服务支出应当符合预算管理有关规定。

② 2017年7月11日，财政部**《政府采购货物和服务招标投标管理办法》**（财政部第87号令）**第十四条**　采用邀请招标方式的，采购人或者采购代理机构应当通过以下方式产生符合资格条件的供应商名单，并从中随机抽取3家以上供应商向其发出投标邀请书：

《政府采购法》第三十五条[①] **【提交投标文件期限】**货物和服务项目实行招标方式采购的，自招标文件开始发出之日起至投标人提交投标文件截止之日止，不得少于二十日。

（一）发布资格预审公告征集；

（二）从省级以上人民政府财政部门（以下简称财政部门）建立的供应商库中选取；

（三）采购人书面推荐。

采用前款第一项方式产生符合资格条件供应商名单的，采购人或者采购代理机构应当按照资格预审文件载明的标准和方法，对潜在投标人进行资格预审。

采用第一款第二项或者第三项方式产生符合资格条件供应商名单的，备选的符合资格条件供应商总数不得少于拟随机抽取供应商总数的两倍。

随机抽取是指通过抽签等能够保证所有符合资格条件供应商机会均等的方式选定供应商。随机抽取供应商时，应当有不少于两名采购人工作人员在场监督，并形成书面记录，随采购文件一并存档。

投标邀请书应当同时向所有受邀请的供应商发出。

① 关于投标的规定，由2017年7月11日，财政部**《政府采购货物和服务招标投标管理办法》**（财政部第87号令）予以规定，相关规定如下：

第三章　投　标

第三十条　投标人，是指响应招标、参加投标竞争的法人、其他组织或者自然人。

第三十一条　采用最低评标价法的采购项目，提供相同品牌产品的不同投标人参加同一合同项下投标的，以其中通过资格审查、符合性审查且报价最低的参加评标；报价相同的，由采购人或者采购人委托评标委员会按照招标文件规定的方式确定1个参加评标的投标人，招标文件未规定的采取随机抽取方式确定，其他投标无效。

使用综合评分法的采购项目，提供相同品牌产品且通过资格审查、符合性审查的不同投标人参加同一合同项下投标的，按1家投标人计算，评审后得分最高的同品牌投标人获得中标人推荐资格；评审得分相同的，由采购人或者采购人委托评标委员会按照招标文件规定的方式确定1个投标人获得中标人推荐资格，招标文件未规定的采取随机抽取方式确定，其他同品牌投标人不作为中标候选人。

非单一产品采购项目，采购人应当根据采购项目技术构成、产品价格比重等合理确定核心产品，并在招标文件中载明。多家投标人提供的核心产品品牌相同的，按前两款规定处理。

第三十二条　投标人应当按照招标文件的要求编制投标文件。投标文件应当对招标文件提出的要求和条件作出明确响应。

第三十三条　投标人应当在招标文件要求提交投标文件的截止时间前，将投标文件密封送达投标地点。采购人或者采购代理机构收到投标文件后，应当如实记载投标文件的送达时间和密封情况，签收保存，并向投标人出具签收回执。任何单位和个人不得在开标前开启投标文件。

逾期送达或者未按照招标文件要求密封的投标文件，采购人、采购代理机构应当拒收。

第三十四条　投标人在投标截止时间前，可以对所递交的投标文件进行补充、修改或者撤回，并书面通知采购人或者采购代理机构。补充、修改的内容应当按照招标文件要求签署、盖章、密封后，作为投标文件的组成部分。

第三十五条　投标人根据招标文件的规定和采购项目的实际情况，拟在中标后将中标项目的非主体、非关键性工作分包的，应当在投标文件中载明分包承担主体，分包承担主体应当具备相应资质条件且不得再次分包。

第三十六条　投标人应当遵循公平竞争的原则，不得恶意串通，不得妨碍其他投标人的竞争行为，不得损害采购人或者其他投标人的合法权益。

在评标过程中发现投标人有上述情形的，评标委员会应当认定其投

《政府采购法实施条例》第三十一条[①]【招标文件提供期限、澄清和修改】招标文件的提供期限自招标文件开始发出之日起不得少于5个工作日。

采购人或者采购代理机构可以对已发出的招标文件进行必要的澄清或者修改。澄清或者修改的内容可能影响投标文件编制的，采购人或者采购代理机构应当在投标截止时间至少15日前，以书面形式通知所有获取招标文件的潜在投标人；不足15日的，采购人或者采购代理机构应当顺延提交投标文件的截止时间。

标无效，并书面报告本级财政部门。

第三十七条 有下列情形之一的，视为投标人串通投标，其投标无效：

（一）不同投标人的投标文件由同一单位或者个人编制；

（二）不同投标人委托同一单位或者个人办理投标事宜；

（三）不同投标人的投标文件载明的项目管理成员或者联系人员为同一人；

（四）不同投标人的投标文件异常一致或者投标报价呈规律性差异；

（五）不同投标人的投标文件相互混装；

（六）不同投标人的投标保证金从同一单位或者个人的账户转出。

① 2017年7月11日，财政部**《政府采购货物和服务招标投标管理办法》**（财政部第87号令）**第十八条** 采购人或者采购代理机构应当按照招标公告、资格预审公告或者投标邀请书规定的时间、地点提供招标文件或者资格预审文件，提供期限自招标公告、资格预审公告发布之日起计算不得少于5个工作日。提供期限届满后，获取招标文件或者资格预审文件的潜在投标人不足3家的，可以顺延提供期限，并予公告。

《政府采购法实施条例》第三十二条[①] **【招标文件】** 采购人或者采购代理机构应当按照国务院财政部门制定的招标文件标准文本编制招标文件。

公开招标进行资格预审的，招标公告和资格预审公告可以合并发布，招标文件应当向所有通过资格预审的供应商提供。

① 2017年7月11日，财政部**《政府采购货物和服务招标投标管理办法》**（财政部第87号令）**第十三条**　公开招标公告应当包括以下主要内容：

（一）采购人及其委托的采购代理机构的名称、地址和联系方法；

（二）采购项目的名称、预算金额，设定最高限价的，还应当公开最高限价；

（三）采购人的采购需求；

（四）投标人的资格要求；

（五）获取招标文件的时间期限、地点、方式及招标文件售价；

（六）公告期限；

（七）投标截止时间、开标时间及地点；

（八）采购项目联系人姓名和电话。

……

第十五条　资格预审公告应当包括以下主要内容：

（一）本办法第十三条第一至四项、第六项和第八项内容；

（二）获取资格预审文件的时间期限、地点、方式；

（三）提交资格预审申请文件的截止时间、地点及资格预审日期。

第十六条　招标公告、资格预审公告的公告期限为5个工作日。公告内容应当以省级以上财政部门指定媒体发布的公告为准。公告期限自省级以上财政部门指定媒体最先发布公告之日起算。

第十七条　采购人、采购代理机构不得将投标人的注册资本、资产总额、营业收入、从业人员、利润、纳税额等规模条件作为资格要求或者评审因素，也不得通过将除进口货物以外的生产厂家授权、承诺、证明、背书等作为资格要求，对投标人实行差别待遇或者歧视待遇。

招标文件应当包括采购项目的商务条件、采购需求、投标人的资格条件、投标报价要求、评标方法、评标标准以及拟签订的合同文本等。

第十八条 采购人或者采购代理机构应当按照招标公告、资格预审公告或者投标邀请书规定的时间、地点提供招标文件或者资格预审文件，提供期限自招标公告、资格预审公告发布之日起计算不得少于5个工作日。提供期限届满后，获取招标文件或者资格预审文件的潜在投标人不足3家的，可以顺延提供期限，并予公告。

公开招标进行资格预审的，招标公告和资格预审公告可以合并发布，招标文件应当向所有通过资格预审的供应商提供。

第十九条 采购人或者采购代理机构应当根据采购项目的实施要求，在招标公告、资格预审公告或者投标邀请书中载明是否接受联合体投标。如未载明，不得拒绝联合体投标。

第二十条 采购人或者采购代理机构应当根据采购项目的特点和采购需求编制招标文件。招标文件应当包括以下主要内容：

（一）投标邀请；

（二）投标人须知（包括投标文件的密封、签署、盖章要求等）；

（三）投标人应当提交的资格、资信证明文件；

（四）为落实政府采购政策，采购标的需满足的要求，以及投标人须提供的证明材料；

（五）投标文件编制要求、投标报价要求和投标保证金交纳、退还方式以及不予退还投标保证金的情形；

（六）采购项目预算金额，设定最高限价的，还应当公开最高限价；

（七）采购项目的技术规格、数量、服务标准、验收等要求，包括附件、图纸等；

（八）拟签订的合同文本；

（九）货物、服务提供的时间、地点、方式；

（十）采购资金的支付方式、时间、条件；

（十一）评标方法、评标标准和投标无效情形；

（十二）投标有效期；

（十三）投标截止时间、开标时间及地点；

（十四）采购代理机构代理费用的收取标准和方式；

（十五）投标人信用信息查询渠道及截止时点、信用信息查询记录和证据留存的具体方式、信用信息的使用规则等；

（十六）省级以上财政部门规定的其他事项。

对于不允许偏离的实质性要求和条件，采购人或者采购代理机构应当在招标文件中规定，并以醒目的方式标明。

第二十一条　采购人或者采购代理机构应当根据采购项目的特点和采购需求编制资格预审文件。资格预审文件应当包括以下主要内容：

（一）资格预审邀请；

（二）申请人须知；

（三）申请人的资格要求；

（四）资格审核标准和方法；

（五）申请人应当提供的资格预审申请文件的内容和格式；

（六）提交资格预审申请文件的方式、截止时间、地点及资格审核日期；

（七）申请人信用信息查询渠道及截止时点、信用信息查询记录和证据留存的具体方式、信用信息的使用规则等内容；

（八）省级以上财政部门规定的其他事项。

资格预审文件应当免费提供。

第二十二条　采购人、采购代理机构一般不得要求投标人提供样品，仅凭书面方式不能准确描述采购需求或者需要对样品进行主观判断以确认是否满足采购需求等特殊情况除外。

要求投标人提供样品的，应当在招标文件中明确规定样品制作的标准和要求、是否需要随样品提交相关检测报告、样品的评审方法以及评审标准。需要随样品提交检测报告的，还应当规定检测机构的要求、检测内容等。

采购活动结束后，对于未中标人提供的样品，应当及时退还或者经未中标人同意后自行处理；对于中标人提供的样品，应当按照招标文件的规定进行保管、封存，并作为履约验收的参考。

第二十三条 投标有效期从提交投标文件的截止之日起算。投标文件中承诺的投标有效期应当不少于招标文件中载明的投标有效期。投标有效期内投标人撤销投标文件的，采购人或者采购代理机构可以不退还投标保证金。

第二十四条 招标文件售价应当按照弥补制作、邮寄成本的原则确定，不得以营利为目的，不得以招标采购金额作为确定招标文件售价的依据。

第二十五条 招标文件、资格预审文件的内容不得违反法律、行政法规、强制性标准、政府采购政策，或者违反公开透明、公平竞争、公正和诚实信用原则。

有前款规定情形，影响潜在投标人投标或者资格预审结果的，采购人或者采购代理机构应当修改招标文件或者资格预审文件后重新招标。

第二十六条 采购人或者采购代理机构可以在招标文件提供期限截止后，组织已获取招标文件的潜在投标人现场考察或者召开开标前答疑会。

组织现场考察或者召开答疑会的，应当在招标文件中载明，或者在招标文件提供期限截止后以书面形式通知所有获取招标文件的潜在投标人。

第二十七条 采购人或者采购代理机构可以对已发出的招标文件、资格预审文件、投标邀请书进行必要的澄清或者修改，但不得改变采购标的和资格条件。澄清或者修改应当在原公告发布媒体上发布澄清公告。澄清或者修改的内容为招标文件、资格预审文件、投标邀请书的组成部分。

澄清或者修改的内容可能影响投标文件编制的，采购人或者采购代理机构应当在投标截止时间至少15日前，以书面形式通知所有获取招标文件的潜在投标人；不足15日的，采购人或者采购代理机构应当顺

《政府采购法实施条例》第三十三条[①] **【招标、竞争性谈判和询价的保证金】**招标文件要求投标人提交投标保证金的，投标保证金不得超过采购项目预算金额的2%。投标保证金应当以支票、汇票、本票或者金融机构、担保机构出具的保函等非现金形式提交。投标人未按照招标文件要求提交投标保证金的，投标无效。

延提交投标文件的截止时间。

澄清或者修改的内容可能影响资格预审申请文件编制的，采购人或者采购代理机构应当在提交资格预审申请文件截止时间至少3日前，以书面形式通知所有获取资格预审文件的潜在投标人；不足3日的，采购人或者采购代理机构应当顺延提交资格预审申请文件的截止时间。

第二十八条　投标截止时间前，采购人、采购代理机构和有关人员不得向他人透露已获取招标文件的潜在投标人的名称、数量以及可能影响公平竞争的有关招标投标的其他情况。

第二十九条　采购人、采购代理机构在发布招标公告、资格预审公告或者发出投标邀请书后，除因重大变故采购任务取消情况外，不得擅自终止招标活动。

终止招标的，采购人或者采购代理机构应当及时在原公告发布媒体上发布终止公告，以书面形式通知已经获取招标文件、资格预审文件或者被邀请的潜在投标人，并将项目实施情况和采购任务取消原因报告本级财政部门。已经收取招标文件费用或者投标保证金的，采购人或者采购代理机构应当在终止采购活动后5个工作日内，退还所收取的招标文件费用和所收取的投标保证金及其在银行产生的孳息。

① 2017年7月11日，财政部**《政府采购货物和服务招标投标管理办法》**（财政部第87号令）**第三十八条**　投标人在投标截止时间前撤回已提交的投标文件的，采购人或者采购代理机构应当自收到投标人书面撤回通知之日起5个工作日内，退还已收取的投标保证金，但因投标人自身原因导致无法及时退还的除外。

采购人或者采购代理机构应当自中标通知书发出之日起5个工作日内退还未中标供应商的投标保证金，自政府采购合同签订之日起5个工作日内退还中标供应商的投标保证金。

竞争性谈判或者询价采购中要求参加谈判或者询价的供应商提交保证金的，参照前两款的规定执行。

采购人或者采购代理机构应当自中标通知书发出之日起5个工作日内退还未中标人的投标保证金，自采购合同签订之日起5个工作日内退还中标人的投标保证金或者转为中标人的履约保证金。

采购人或者采购代理机构逾期退还投标保证金的，除应当退还投标保证金本金外，还应当按中国人民银行同期贷款基准利率上浮20%后的利率支付超期资金占用费，但因投标人自身原因导致无法及时退还的除外。

2013年12月19日，财政部**《政府采购非招标采购方式管理办法》**（财政部第74号令）**第十四条**　采购人、采购代理机构可以要求供应商在提交响应文件截止时间之前交纳保证金。保证金应当采用支票、汇票、本票、网上银行支付或者金融机构、担保机构出具的保函等非现金形式交纳。保证金数额应当不超过采购项目预算的2%。

供应商为联合体的，可以由联合体中的一方或者多方共同交纳保证金，其交纳的保证金对联合体各方均具有约束力。

……

第二十条　采购人或者采购代理机构应当在采购活动结束后及时退还供应商的保证金，但因供应商自身原因导致无法及时退还的除外。未成交供应商的保证金应当在成交通知书发出后5个工作日内退还，成交供应商的保证金应当在采购合同签订后5个工作日内退还。

有下列情形之一的，保证金不予退还：

（一）供应商在提交响应文件截止时间后撤回响应文件的；

（二）供应商在响应文件中提供虚假材料的；

《政府采购法实施条例》第三十四条[①] **【评标方法】**政府采购招标评标方法分为最低评标价法和综合评分法。

最低评标价法，是指投标文件满足招标文件全部实质性要求且投标报价最低的供应商为中标候选人的评标方法。综合评分法，是指投标文件满足招标文件全部实质性要求且按照评审因素的量化指标评审得分最高的供应商为中标候选人的评标方法。

技术、服务等标准统一的货物和服务项目，应当采用最低评标价法。

（三）除因不可抗力或谈判文件、询价通知书认可的情形以外，成交供应商不与采购人签订合同的；

（四）供应商与采购人、其他供应商或者采购代理机构恶意串通的；

（五）采购文件规定的其他情形。

2019年7月26日，财政部**《关于促进政府采购公平竞争优化营商环境的通知》**（财库〔2019〕38号）规定：规范保证金收取和退还。采购人、采购代理机构应当允许供应商自主选择以支票、汇票、本票、保函等非现金形式缴纳或提交保证金。收取投标（响应）保证金的，采购人、采购代理机构约定的到账（保函提交）截止时间应当与投标（响应）截止时间一致，并按照规定及时退还供应商。收取履约保证金的，应当在采购合同中约定履约保证金退还的方式、时间、条件和不予退还的情形，明确逾期退还履约保证金的违约责任。采购人、采购代理机构不得收取没有法律法规依据的保证金。

① 关于开标和评标的规定，由2017年7月11日，财政部**《政府采购货物和服务招标投标管理办法》**（财政部第87号令）予以规定，相关规定如下：

采用综合评分法的，评审标准中的分值设置应当与评审因素的量化指标相对应。

招标文件中没有规定的评标标准不得作为评审的依据。

第四章　开标和评标

第三十九条　开标应当在招标文件确定的提交投标文件截止时间的同一时间进行。开标地点应当为招标文件中预先确定的地点。

采购人或者采购代理机构应当对开标、评标现场活动进行全程录音录像。录音录像应当清晰可辨，音像资料作为采购文件一并存档。

第四十条　开标由采购人或者采购代理机构主持，邀请投标人参加。评标委员会成员不得参加开标活动。

第四十一条　开标时，应当由投标人或者其推选的代表检查投标文件的密封情况；经确认无误后，由采购人或者采购代理机构工作人员当众拆封，宣布投标人名称、投标价格和招标文件规定的需要宣布的其他内容。

投标人不足3家的，不得开标。

第四十二条　开标过程应当由采购人或者采购代理机构负责记录，由参加开标的各投标人代表和相关工作人员签字确认后随采购文件一并存档。

投标人代表对开标过程和开标记录有疑义，以及认为采购人、采购代理机构相关工作人员有需要回避的情形的，应当场提出询问或者回避申请。采购人、采购代理机构对投标人代表提出的询问或者回避申请应当及时处理。

投标人未参加开标的，视同认可开标结果。

第四十三条　公开招标数额标准以上的采购项目，投标截止后投标人不足3家或者通过资格审查或符合性审查的投标人不足3家的，除采购任务取消情形外，按照以下方式处理：

（一）招标文件存在不合理条款或者招标程序不符合规定的，采购人、采购代理机构改正后依法重新招标；

（二）招标文件没有不合理条款、招标程序符合规定，需要采用其他采购方式采购的，采购人应当依法报财政部门批准。

第四十四条　公开招标采购项目开标结束后，采购人或者采购代理机构应当依法对投标人的资格进行审查。

合格投标人不足3家的，不得评标。

第四十五条　采购人或者采购代理机构负责组织评标工作，并履行下列职责：

（一）核对评审专家身份和采购人代表授权函，对评审专家在政府采购活动中的职责履行情况予以记录，并及时将有关违法违规行为向财政部门报告；

（二）宣布评标纪律；

（三）公布投标人名单，告知评审专家应当回避的情形；

（四）组织评标委员会推选评标组长，采购人代表不得担任组长；

（五）在评标期间采取必要的通讯管理措施，保证评标活动不受外界干扰；

（六）根据评标委员会的要求介绍政府采购相关政策法规、招标文件；

（七）维护评标秩序，监督评标委员会依照招标文件规定的评标程序、方法和标准进行独立评审，及时制止和纠正采购人代表、评审专家的倾向性言论或者违法违规行为；

（八）核对评标结果，有本办法第六十四条规定情形的，要求评标委员会复核或者书面说明理由，评标委员会拒绝的，应予记录并向本级财政部门报告；

（九）评审工作完成后，按照规定向评审专家支付劳务报酬和异地评审差旅费，不得向评审专家以外的其他人员支付评审劳务报酬；

（十）处理与评标有关的其他事项。

采购人可以在评标前说明项目背景和采购需求，说明内容不得含有歧视性、倾向性意见，不得超出招标文件所述范围。说明应当提交书面材料，并随采购文件一并存档。

第四十六条　评标委员会负责具体评标事务，并独立履行下列职责：

（一）审查、评价投标文件是否符合招标文件的商务、技术等实质性要求；

（二）要求投标人对投标文件有关事项作出澄清或者说明；

（三）对投标文件进行比较和评价；

（四）确定中标候选人名单，以及根据采购人委托直接确定中标人；

（五）向采购人、采购代理机构或者有关部门报告评标中发现的违法行为。

第四十七条　评标委员会由采购人代表和评审专家组成，成员人数应当为5人以上单数，其中评审专家不得少于成员总数的三分之二。

采购项目符合下列情形之一的，评标委员会成员人数应当为7人以上单数：

（一）采购预算金额在1000万元以上；

（二）技术复杂；

（三）社会影响较大。

评审专家对本单位的采购项目只能作为采购人代表参与评标，本办法第四十八条第二款规定情形除外。采购代理机构工作人员不得参加由本机构代理的政府采购项目的评标。

评标委员会成员名单在评标结果公告前应当保密。

第四十八条　采购人或者采购代理机构应当从省级以上财政部门设立的政府采购评审专家库中，通过随机方式抽取评审专家。

对技术复杂、专业性强的采购项目，通过随机方式难以确定合适评审专家的，经主管预算单位同意，采购人可以自行选定相应专业领域的评审专家。

第四十九条　评标中因评标委员会成员缺席、回避或者健康等特殊原因导致评标委员会组成不符合本办法规定的，采购人或者采购代理机构应当依法补足后继续评标。被更换的评标委员会成员所作出的评标意见无效。

无法及时补足评标委员会成员的，采购人或者采购代理机构应当停止评标活动，封存所有投标文件和开标、评标资料，依法重新组建评标委员会进行评标。原评标委员会所作出的评标意见无效。

采购人或者采购代理机构应当将变更、重新组建评标委员会的情况予以记录，并随采购文件一并存档。

第五十条　评标委员会应当对符合资格的投标人的投标文件进行符合性审查，以确定其是否满足招标文件的实质性要求。

第五十一条　对于投标文件中含义不明确、同类问题表述不一致或者有明显文字和计算错误的内容，评标委员会应当以书面形式要求投标人作出必要的澄清、说明或者补正。

投标人的澄清、说明或者补正应当采用书面形式，并加盖公章，或者由法定代表人或其授权的代表签字。投标人的澄清、说明或者补正不得超出投标文件的范围或者改变投标文件的实质性内容。

第五十二条　评标委员会应当按照招标文件中规定的评标方法和标准，对符合性审查合格的投标文件进行商务和技术评估，综合比较与评价。

第五十三条　评标方法分为最低评标价法和综合评分法。

第五十四条　最低评标价法，是指投标文件满足招标文件全部实质性要求，且投标报价最低的投标人为中标候选人的评标方法。

技术、服务等标准统一的货物服务项目，应当采用最低评标价法。

采用最低评标价法评标时，除了算术修正和落实政府采购政策需进行的价格扣除外，不能对投标人的投标价格进行任何调整。

第五十五条　综合评分法，是指投标文件满足招标文件全部实质性要求，且按照评审因素的量化指标评审得分最高的投标人为中标候选人的评标方法。

评审因素的设定应当与投标人所提供货物服务的质量相关，包括投标报价、技术或者服务水平、履约能力、售后服务等。资格条件不得作为评审因素。评审因素应当在招标文件中规定。

评审因素应当细化和量化，且与相应的商务条件和采购需求对应。商务条件和采购需求指标有区间规定的，评审因素应当量化到相应区间，并设置各区间对应的不同分值。

评标时，评标委员会各成员应当独立对每个投标人的投标文件进行评价，并汇总每个投标人的得分。

货物项目的价格分值占总分值的比重不得低于30%；服务项目的价格分值占总分值的比重不得低于10%。执行国家统一定价标准和采用固定价格采购的项目，其价格不列为评审因素。

价格分应当采用低价优先法计算，即满足招标文件要求且投标价格最低的投标报价为评标基准价，其价格分为满分。其他投标人的价格分统一按照下列公式计算：

投标报价得分=（评标基准价／投标报价）×100

评标总得分=F1×A1+F2×A2+……+Fn×An

F1、F2……Fn分别为各项评审因素的得分；

A1、A2、……An分别为各项评审因素所占的权重（A1+A2+……+An=1）。

评标过程中，不得去掉报价中的最高报价和最低报价。

因落实政府采购政策进行价格调整的，以调整后的价格计算评标基准价和投标报价。

第五十六条 采用最低评标价法的，评标结果按投标报价由低到高顺序排列。投标报价相同的并列。投标文件满足招标文件全部实质性要求且投标报价最低的投标人为排名第一的中标候选人。

第五十七条 采用综合评分法的，评标结果按评审后得分由高到低顺序排列。得分相同的，按投标报价由低到高顺序排列。得分且投标报价相同的并列。投标文件满足招标文件全部实质性要求，且按照评审因素的量化指标评审得分最高的投标人为排名第一的中标候选人。

第五十八条 评标委员会根据全体评标成员签字的原始评标记录和评标结果编写评标报告。评标报告应当包括以下内容：

（一）招标公告刊登的媒体名称、开标日期和地点；

（二）投标人名单和评标委员会成员名单；

（三）评标方法和标准；

（四）开标记录和评标情况及说明，包括无效投标人名单及原因；

（五）评标结果，确定的中标候选人名单或者经采购人委托直接确定的中标人；

（六）其他需要说明的情况，包括评标过程中投标人根据评标委员会要求进行的澄清、说明或者补正，评标委员会成员的更换等。

第五十九条　投标文件报价出现前后不一致的，除招标文件另有规定外，按照下列规定修正：

（一）投标文件中开标一览表（报价表）内容与投标文件中相应内容不一致的，以开标一览表（报价表）为准；

（二）大写金额和小写金额不一致的，以大写金额为准；

（三）单价金额小数点或者百分比有明显错位的，以开标一览表的总价为准，并修改单价；

（四）总价金额与按单价汇总金额不一致的，以单价金额计算结果为准。

同时出现两种以上不一致的，按照前款规定的顺序修正。修正后的报价按照本办法第五十一条第二款的规定经投标人确认后产生约束力，投标人不确认的，其投标无效。

第六十条　评标委员会认为投标人的报价明显低于其他通过符合性审查投标人的报价，有可能影响产品质量或者不能诚信履约的，应当要求其在评标现场合理的时间内提供书面说明，必要时提交相关证明材料；投标人不能证明其报价合理性的，评标委员会应当将其作为无效投标处理。

第六十一条　评标委员会成员对需要共同认定的事项存在争议的，应当按照少数服从多数的原则作出结论。持不同意见的评标委员会成员应当在评标报告上签署不同意见及理由，否则视为同意评标报告。

第六十二条　评标委员会及其成员不得有下列行为：

（一）确定参与评标至评标结束前私自接触投标人；

（二）接受投标人提出的与投标文件不一致的澄清或者说明，本办法第五十一条规定的情形除外；

（三）违反评标纪律发表倾向性意见或者征询采购人的倾向性意见；
（四）对需要专业判断的主观评审因素协商评分；
（五）在评标过程中擅离职守，影响评标程序正常进行的；
（六）记录、复制或者带走任何评标资料；
（七）其他不遵守评标纪律的行为。

评标委员会成员有前款第一至五项行为之一的，其评审意见无效，并不得获取评审劳务报酬和报销异地评审差旅费。

第六十三条　投标人存在下列情况之一的，投标无效：
（一）未按照招标文件的规定提交投标保证金的；
（二）投标文件未按招标文件要求签署、盖章的；
（三）不具备招标文件中规定的资格要求的；
（四）报价超过招标文件中规定的预算金额或者最高限价的；
（五）投标文件含有采购人不能接受的附加条件的；
（六）法律、法规和招标文件规定的其他无效情形。

第六十四条　评标结果汇总完成后，除下列情形外，任何人不得修改评标结果：
（一）分值汇总计算错误的；
（二）分项评分超出评分标准范围的；
（三）评标委员会成员对客观评审因素评分不一致的；
（四）经评标委员会认定评分畸高、畸低的。

评标报告签署前，经复核发现存在以上情形之一的，评标委员会应当当场修改评标结果，并在评标报告中记载；评标报告签署后，采购人或者采购代理机构发现存在以上情形之一的，应当组织原评标委员会进行重新评审，重新评审改变评标结果的，书面报告本级财政部门。

投标人对本条第一款情形提出质疑的，采购人或者采购代理机构可以组织原评标委员会进行重新评审，重新评审改变评标结果的，应当书面报告本级财政部门。

第六十五条　评标委员会发现招标文件存在歧义、重大缺陷导致评标工作无法进行，或者招标文件内容违反国家有关强制性规定的，应当停止评标工作，与采购人或者采购代理机构沟通并作书面记录。采购人或者采购代理机构确认后，应当修改招标文件，重新组织采购活动。

第六十六条　采购人、采购代理机构应当采取必要措施，保证评标在严格保密的情况下进行。除采购人代表、评标现场组织人员外，采购人的其他工作人员以及与评标工作无关的人员不得进入评标现场。

有关人员对评标情况以及在评标过程中获悉的国家秘密、商业秘密负有保密责任。

第六十七条　评标委员会或者其成员存在下列情形导致评标结果无效的，采购人、采购代理机构可以重新组建评标委员会进行评标，并书面报告本级财政部门，但采购合同已经履行的除外：

（一）评标委员会组成不符合本办法规定的；

（二）有本办法第六十二条第一至五项情形的；

（三）评标委员会及其成员独立评标受到非法干预的；

（四）有政府采购法实施条例第七十五条规定的违法行为的。

有违法违规行为的原评标委员会成员不得参加重新组建的评标委员会。

第五章　中标和合同

第六十八条　采购代理机构应当在评标结束后2个工作日内将评标报告送采购人。

采购人应当自收到评标报告之日起5个工作日内，在评标报告确定的中标候选人名单中按顺序确定中标人。中标候选人并列的，由采购人或者采购人委托评标委员会按照招标文件规定的方式确定中标人；招标文件未规定的，采取随机抽取的方式确定。

采购人自行组织招标的，应当在评标结束后5个工作日内确定中标人。

采购人在收到评标报告5个工作日内未按评标报告推荐的中标候选人顺序确定中标人，又不能说明合法理由的，视同按评标报告推荐的顺序确定排名第一的中标候选人为中标人。

第六十九条 采购人或者采购代理机构应当自中标人确定之日起2个工作日内，在省级以上财政部门指定的媒体上公告中标结果，招标文件应当随中标结果同时公告。

中标结果公告内容应当包括采购人及其委托的采购代理机构的名称、地址、联系方式，项目名称和项目编号，中标人名称、地址和中标金额，主要中标标的的名称、规格型号、数量、单价、服务要求，中标公告期限以及评审专家名单。

中标公告期限为1个工作日。

邀请招标采购人采用书面推荐方式产生符合资格条件的潜在投标人的，还应当将所有被推荐供应商名单和推荐理由随中标结果同时公告。

在公告中标结果的同时，采购人或者采购代理机构应当向中标人发出中标通知书；对未通过资格审查的投标人，应当告知其未通过的原因；采用综合评分法评审的，还应当告知未中标人本人的评审得分与排序。

第七十条 中标通知书发出后，采购人不得违法改变中标结果，中标人无正当理由不得放弃中标。

第七十一条 采购人应当自中标通知书发出之日起30日内，按照招标文件和中标人投标文件的规定，与中标人签订书面合同。所签订的合同不得对招标文件确定的事项和中标人投标文件作实质性修改。

采购人不得向中标人提出任何不合理的要求作为签订合同的条件。

第七十二条 政府采购合同应当包括采购人与中标人的名称和住所、标的、数量、质量、价款或者报酬、履行期限及地点和方式、验收要求、违约责任、解决争议的方法等内容。

……

第七章 附 则

第八十三条 政府采购货物服务电子招标投标、政府采购货物中的进口机电产品招标投标有关特殊事宜，由财政部另行规定。

2017年12月26日，财政部**《政务信息系统政府采购管理暂行办法》**

《政府采购法》第三十六条[①]**【应予废标的情形】**在招标采购中，出现下列情形之一的，应予废标：

（一）符合专业条件的供应商或者对招标文件作实质响应的供应商不足三家的；

（二）出现影响采购公正的违法、违规行为的；

（三）投标人的报价均超过了采购预算，采购人不能支付的；

（四）因重大变故，采购任务取消的。

（财库〔2017〕210号）**第九条**　政务信息系统采用招标方式采购的，应当采用综合评分法；采用非招标方式采购的，应当采用竞争性磋商或单一来源采购方式。

除单一来源采购方式外，政务信息系统采购货物的，价格分值占总分值比重应当为30%；采购服务的，价格分值占总分值比重应当为10%。无法确定项目属于货物或服务的，由采购人按照有利于采购项目实施的原则确定项目属性。

①　2017年7月11日，**财政部《政府采购货物和服务招标投标管理办法》**（财政部第87号令）**第三十一条**　采用最低评标价法的采购项目，提供相同品牌产品的不同投标人参加同一合同项下投标的，以其中通过资格审查、符合性审查且报价最低的参加评标；报价相同的，由采购人或者采购人委托评标委员会按照招标文件规定的方式确定一个参加评标的投标人，招标文件未规定的采取随机抽取方式确定，其他投标无效。

使用综合评分法的采购项目，提供相同品牌产品且通过资格审查、符合性审查的不同投标人参加同一合同项下投标的，按一家投标人计算，评审后得分最高的同品牌投标人获得中标人推荐资格；评审得分相同的，由采购人或者采购人委托评标委员会按照招标文件规定的方式确定一个投标人获得中标人推荐资格，招标文件未规定的采取随机抽取方式确定，其他同品牌投标人不作为中标候选人。

废标后，采购人应当将废标理由通知所有投标人。

《政府采购法》第三十七条【废标后的处理】废标后，除采购任务取消情形外，应当重新组织招标；需要采取其他方式采购的，应当在采购活动开始前获得设区的市、自治州以上人民政府采购监督管理部门或者政府有关部门批准。

《政府采购法》第三十八条【竞争性谈判的程序】采用竞争性谈判方式采购的，应当遵循下列程序：

非单一产品采购项目，采购人应当根据采购项目技术构成、产品价格比重等合理确定核心产品，并在招标文件中载明。多家投标人提供的核心产品品牌相同的，按前两款规定处理。

2003年4月14日，**《财政部办公厅关于多家代理商代理一家制造商的产品参加投标如何计算供应商家数的复函》**（财办库〔2003〕38号）指出：

根据国际惯例以及《政府采购法》的立法精神，公开竞争是政府采购的基石。政府采购的竞争是指符合采购人采购需求的不同品牌或者不同生产制造商之间的竞争，原则上同一品牌同一型号产品只能有一家投标人，但应当在招标文件中对此作出明确规定。如中央单位2002年实行的计算机、打印机和复印机协议供货制度，在招标文件中明确规定，只允许投标产品的生产制造商总部参加投标，或者由生产制造商总部全权委托一家代理商参加。否则，作无效标处理。

《政府采购法》实施后，为了避免同一品牌同一型号产品出现多个投标人的现象，应当在招标文件中明确规定，同一品牌同一型号产品只能由一家供应商参加。如果有多家代理商参加同一品牌同一型号产品投标的，应当作为一个供应商计算。公开招标以外采购方式以及政府采购服务和工程，也按此方法计算供应商家数。

（一）成立谈判小组。谈判小组由采购人的代表和有关专家共三人以上的单数组成，其中专家的人数不得少于成员总数的三分之二。

（二）制定谈判文件。谈判文件应当明确谈判程序、谈判内容、合同草案的条款以及评定成交的标准等事项。

（三）确定邀请参加谈判的供应商名单。谈判小组从符合相应资格条件的供应商名单中确定不少于三家的供应商参加谈判，并向其提供谈判文件。

（四）谈判。谈判小组所有成员集中与单一供应商分别进行谈判。在谈判中，谈判的任何一方不得透露与谈判有关的其他供应商的技术资料、价格和其他信息。谈判文件有实质性变动的，谈判小组应当以书面形式通知所有参加谈判的供应商。

（五）确定成交供应商。谈判结束后，谈判小组应当要求所有参加谈判的供应商在规定时间内进行最后报价，采购人从谈判小组提出的成交候选人中根据符合采购需求、质量和服务相等且报价最低的原则确定成交供应商，并将结果通知所有参加谈判的未成交的供应商。

《政府采购法实施条例》第三十五条[①]**【需求不确定的竞争性谈判】**谈判文件不能完整、明确列明采购需求，需要由供应商提供最终设计方案或者解决方案的，在谈判结束后，谈判小组应当按照少数服从多数的原则投票推荐3家以上供应商的设计方案或者解决方案，并要求其在规定时间内提交最后报价。

《政府采购法》第三十九条【单一来源采购要求】采取单一来源方式采购的，采购人与供应商应当遵循本法规定的原则，在保证采购项目质量和双方商定合理价格的基础上进行采购。

---

① 2013年12月19日，财政部**《政府采购非招标采购方式管理办法》**（财政部第74号令）**第六条** 采购人、采购代理机构应当按照政府采购法和本办法的规定组织开展非招标采购活动，并采取必要措施，保证评审在严格保密的情况下进行。

任何单位和个人不得非法干预、影响评审过程和结果。

第七条 竞争性谈判小组或者询价小组由采购人代表和评审专家共3人以上单数组成，其中评审专家人数不得少于竞争性谈判小组或者询价小组成员总数的2/3。采购人不得以评审专家身份参加本部门或本单位采购项目的评审。采购代理机构人员不得参加本机构代理的采购项目的评审。

达到公开招标数额标准的货物或者服务采购项目，或者达到招标规模标准的政府采购工程，竞争性谈判小组或者询价小组应当由5人以上单数组成。

采用竞争性谈判、询价方式采购的政府采购项目，评审专家应当从政府采购评审专家库内相关专业的专家名单中随机抽取。技术复杂、专业性强的竞争性谈判采购项目，通过随机方式难以确定合适的评审专家的，经主管预算单位同意，可以自行选定评审专家。技术复杂、专业性强的竞争性谈判采购项目，评审专家中应当包含1名法律专家。

第八条　竞争性谈判小组或者询价小组在采购活动过程中应当履行下列职责：

（一）确认或者制定谈判文件、询价通知书；

（二）从符合相应资格条件的供应商名单中确定不少于3家的供应商参加谈判或者询价；

（三）审查供应商的响应文件并作出评价；

（四）要求供应商解释或者澄清其响应文件；

（五）编写评审报告；

（六）告知采购人、采购代理机构在评审过程中发现的供应商的违法违规行为。

第九条　竞争性谈判小组或者询价小组成员应当履行下列义务：

（一）遵纪守法，客观、公正、廉洁地履行职责；

（二）根据采购文件的规定独立进行评审，对个人的评审意见承担法律责任；

（三）参与评审报告的起草；

（四）配合采购人、采购代理机构答复供应商提出的质疑；

（五）配合财政部门的投诉处理和监督检查工作。

第十条　谈判文件、询价通知书应当根据采购项目的特点和采购人的实际需求制定，并经采购人书面同意。采购人应当以满足实际需求为原则，不得擅自提高经费预算和资产配置等采购标准。

谈判文件、询价通知书不得要求或者标明供应商名称或者特定货物的品牌，不得含有指向特定供应商的技术、服务等条件。

第十一条　谈判文件、询价通知书应当包括供应商资格条件、采购邀请、采购方式、采购预算、采购需求、采购程序、价格构成或者报价要求、响应文件编制要求、提交响应文件截止时间及地点、保证金交纳数额和形式、评定成交的标准等。

谈判文件除本条第一款规定的内容外，还应当明确谈判小组根据与供应商谈判情况可能实质性变动的内容，包括采购需求中的技术、服务要求以及合同草案条款。

第十二条 采购人、采购代理机构应当通过发布公告、从省级以上财政部门建立的供应商库中随机抽取或者采购人和评审专家分别书面推荐的方式邀请不少于3家符合相应资格条件的供应商参与竞争性谈判或者询价采购活动。

符合政府采购法第二十二条第一款规定条件的供应商可以在采购活动开始前加入供应商库。财政部门不得对供应商申请入库收取任何费用，不得利用供应商库进行地区和行业封锁。

采取采购人和评审专家书面推荐方式选择供应商的，采购人和评审专家应当各自出具书面推荐意见。采购人推荐供应商的比例不得高于推荐供应商总数的50%。

第十三条 供应商应当按照谈判文件、询价通知书的要求编制响应文件，并对其提交的响应文件的真实性、合法性承担法律责任。

……

第十五条 供应商应当在谈判文件、询价通知书要求的截止时间前，将响应文件密封送达指定地点。在截止时间后送达的响应文件为无效文件，采购人、采购代理机构或者谈判小组、询价小组应当拒收。

供应商在提交询价响应文件截止时间前，可以对所提交的响应文件进行补充、修改或者撤回，并书面通知采购人、采购代理机构。补充、修改的内容作为响应文件的组成部分。补充、修改的内容与响应文件不一致的，以补充、修改的内容为准。

第十六条 谈判小组、询价小组在对响应文件的有效性、完整性和响应程度进行审查时，可以要求供应商对响应文件中含义不明确、同类问题表述不一致或者有明显文字和计算错误的内容等作出必要的澄清、说明或者更正。供应商的澄清、说明或者更正不得超出响应文件的范围或者改变响应文件的实质性内容。

谈判小组、询价小组要求供应商澄清、说明或者更正响应文件应当以书面形式作出。供应商的澄清、说明或者更正应当由法定代表人或其授权代表签字或者加盖公章。由授权代表签字的，应当附法定代表人授权书。供应商为自然人的，应当由本人签字并附身份证明。

第十七条　谈判小组、询价小组应当根据评审记录和评审结果编写评审报告，其主要内容包括：

（一）邀请供应商参加采购活动的具体方式和相关情况，以及参加采购活动的供应商名单；

（二）评审日期和地点，谈判小组、询价小组成员名单；

（三）评审情况记录和说明，包括对供应商的资格审查情况、供应商响应文件评审情况、谈判情况、报价情况等；

（四）提出的成交候选人的名单及理由。

评审报告应当由谈判小组、询价小组全体人员签字认可。谈判小组、询价小组成员对评审报告有异议的，谈判小组、询价小组按照少数服从多数的原则推荐成交候选人，采购程序继续进行。对评审报告有异议的谈判小组、询价小组成员，应当在报告上签署不同意见并说明理由，由谈判小组、询价小组书面记录相关情况。谈判小组、询价小组成员拒绝在报告上签字又不书面说明其不同意见和理由的，视为同意评审报告。

第十八条　采购人或者采购代理机构应当在成交供应商确定后2个工作日内，在省级以上财政部门指定的媒体上公告成交结果，同时向成交供应商发出成交通知书，并将竞争性谈判文件、询价通知书随成交结果同时公告。成交结果公告应当包括以下内容：

（一）采购人和采购代理机构的名称、地址和联系方式；

（二）项目名称和项目编号；

（三）成交供应商名称、地址和成交金额；

（四）主要成交标的的名称、规格型号、数量、单价、服务要求；

（五）谈判小组、询价小组成员名单及单一来源采购人员名单。

采用书面推荐供应商参加采购活动的，还应当公告采购人和评审专家的推荐意见。

……

第二十一条　除资格性审查认定错误和价格计算错误外，采购人或者采购代理机构不得以任何理由组织重新评审。采购人、采购代理机构发现谈判小组、询价小组未按照采购文件规定的评定成交的标准进行评审的，应当重新开展采购活动，并同时书面报告本级财政部门。

第二十二条 除不可抗力等因素外，成交通知书发出后，采购人改变成交结果，或者成交供应商拒绝签订政府采购合同的，应当承担相应的法律责任。

成交供应商拒绝签订政府采购合同的，采购人可以按照本办法第三十六条第二款、第四十九条第二款规定的原则确定其他供应商作为成交供应商并签订政府采购合同，也可以重新开展采购活动。拒绝签订政府采购合同的成交供应商不得参加对该项目重新开展的采购活动。

第二十三条 在采购活动中因重大变故，采购任务取消的，采购人或者采购代理机构应当终止采购活动，通知所有参加采购活动的供应商，并将项目实施情况和采购任务取消原因报送本级财政部门。

……

第二十五条 谈判小组、询价小组成员以及与评审工作有关的人员不得泄露评审情况以及评审过程中获悉的国家秘密、商业秘密。

……

第二十九条 从谈判文件发出之日起至供应商提交首次响应文件截止之日止不得少于3个工作日。

提交首次响应文件截止之日前，采购人、采购代理机构或者谈判小组可以对已发出的谈判文件进行必要的澄清或者修改，澄清或者修改的内容作为谈判文件的组成部分。澄清或者修改的内容可能影响响应文件编制的，采购人、采购代理机构或者谈判小组应当在提交首次响应文件截止之日3个工作日前，以书面形式通知所有接收谈判文件的供应商，不足3个工作日的，应当顺延提交首次响应文件截止之日。

第三十条 谈判小组应当对响应文件进行评审，并根据谈判文件规定的程序、评定成交的标准等事项与实质性响应谈判文件要求的供应商进行谈判。未实质性响应谈判文件的响应文件按无效处理，谈判小组应当告知有关供应商。

第三十一条 谈判小组所有成员应当集中与单一供应商分别进行谈

判，并给予所有参加谈判的供应商平等的谈判机会。

第三十二条　在谈判过程中，谈判小组可以根据谈判文件和谈判情况实质性变动采购需求中的技术、服务要求以及合同草案条款，但不得变动谈判文件中的其他内容。实质性变动的内容，须经采购人代表确认。

对谈判文件作出的实质性变动是谈判文件的有效组成部分，谈判小组应当及时以书面形式同时通知所有参加谈判的供应商。

供应商应当按照谈判文件的变动情况和谈判小组的要求重新提交响应文件，并由其法定代表人或授权代表签字或者加盖公章。由授权代表签字的，应当附法定代表人授权书。供应商为自然人的，应当由本人签字并附身份证明。

第三十三条　谈判文件能够详细列明采购标的的技术、服务要求的，谈判结束后，谈判小组应当要求所有继续参加谈判的供应商在规定时间内提交最后报价，提交最后报价的供应商不得少于3家。

谈判文件不能详细列明采购标的的技术、服务要求，需经谈判由供应商提供最终设计方案或解决方案的，谈判结束后，谈判小组应当按照少数服从多数的原则投票推荐3家以上供应商的设计方案或者解决方案，并要求其在规定时间内提交最后报价。

最后报价是供应商响应文件的有效组成部分。

第三十四条　已提交响应文件的供应商，在提交最后报价之前，可以根据谈判情况退出谈判。采购人、采购代理机构应当退还退出谈判的供应商的保证金。

第三十五条　谈判小组应当从质量和服务均能满足采购文件实质性响应要求的供应商中，按照最后报价由低到高的顺序提出3名以上成交候选人，并编写评审报告。

第三十六条　采购代理机构应当在评审结束后2个工作日内将评审报告送采购人确认。

采购人应当在收到评审报告后5个工作日内，从评审报告提出的成交候选人中，根据质量和服务均能满足采购文件实质性响应要求且最后

《政府采购法实施条例》第三十八条[①]**【单一来源采购公示】**达到公开招标数额标准，符合政府采购法第三十一条第一项规定情形，只能从唯一供应商处采购的，采购人应当将采购项目信息和唯一供应商名称在省级以上人民政府财政部门指定的媒体上公示，公示期不得少于5个工作日。

《政府采购法》第四十条【询价的程序】采取询价方式采购的，应当遵循下列程序：

报价最低的原则确定成交供应商，也可以书面授权谈判小组直接确定成交供应商。采购人逾期未确定成交供应商且不提出异议的，视为确定评审报告提出的最后报价最低的供应商为成交供应商。

第三十七条 出现下列情形之一的，采购人或者采购代理机构应当终止竞争性谈判采购活动，发布项目终止公告并说明原因，重新开展采购活动：

（一）因情况变化，不再符合规定的竞争性谈判采购方式适用情形的；

（二）出现影响采购公正的违法、违规行为的；

（三）在采购过程中符合竞争要求的供应商或者报价未超过采购预算的供应商不足3家的，但本办法第二十七条第二款规定的情形除外。

① 2013年12月19日，财政部**《政府采购非招标采购方式管理办法》**（财政部第74号令）**第十八条** 采购人或者采购代理机构应当在成交供应商确定后2个工作日内，在省级以上财政部门指定的媒体上公告成交结果，同时向成交供应商发出成交通知书，并将竞争性谈判文件、询价通知书随成交结果同时公告。成交结果公告应当包括以下内容：

（一）采购人和采购代理机构的名称、地址和联系方式；

（二）项目名称和项目编号；

（三）成交供应商名称、地址和成交金额；

（四）主要成交标的的名称、规格型号、数量、单价、服务要求；

（五）谈判小组、询价小组成员名单及单一来源采购人员名单。

采用书面推荐供应商参加采购活动的，还应当公告采购人和评审专家的推荐意见。

……

第二十二条　除不可抗力等因素外，成交通知书发出后，采购人改变成交结果，或者成交供应商拒绝签订政府采购合同的，应当承担相应的法律责任。

成交供应商拒绝签订政府采购合同的，采购人可以按照本办法第三十六条第二款、第四十九条第二款规定的原则确定其他供应商作为成交供应商并签订政府采购合同，也可以重新开展采购活动。拒绝签订政府采购合同的成交供应商不得参加对该项目重新开展的采购活动。

第二十三条　在采购活动中因重大变故，采购任务取消的，采购人或者采购代理机构应当终止采购活动，通知所有参加采购活动的供应商，并将项目实施情况和采购任务取消原因报送本级财政部门。

……

第四十一条　采用单一来源采购方式采购的，采购人、采购代理机构应当组织具有相关经验的专业人员与供应商商定合理的成交价格并保证采购项目质量。

第四十二条　单一来源采购人员应当编写协商情况记录，主要内容包括：

（一）依据本办法第三十八条进行公示的，公示情况说明；

（二）协商日期和地点，采购人员名单；

（三）供应商提供的采购标的成本、同类项目合同价格以及相关专利、专有技术等情况说明；

（四）合同主要条款及价格商定情况。

协商情况记录应当由采购全体人员签字认可。对记录有异议的采购人员，应当签署不同意见并说明理由。采购人员拒绝在记录上签字又不书面说明其不同意见和理由的，视为同意。

（一）成立询价小组。询价小组由采购人的代表和有关专家共三人以上的单数组成，其中专家的人数不得少于成员总数的三分之二。询价小组应当对采购项目的价格构成和评定成交的标准等事项作出规定。

（二）确定被询价的供应商名单。询价小组根据采购需求，从符合相应资格条件的供应商名单中确定不少于三家的供应商，并向其发出询价通知书让其报价。

（三）询价。询价小组要求被询价的供应商一次报出不得更改的价格。

（四）确定成交供应商。采购人根据符合采购需求、质量和服务相等且报价最低的原则确定成交供应商，并将结果通知所有被询价的未成交的供应商。

《政府采购法实施条例》第三十六条①【询价的合同条款】询价通知书应当根据采购需求确定政府采购合同条款。在询价过程中，询价小组不得改变询价通知书所确定的政府采购合同条款。

第四十三条 出现下列情形之一的，采购人或者采购代理机构应当终止采购活动，发布项目终止公告并说明原因，重新开展采购活动：

（一）因情况变化，不再符合规定的单一来源采购方式适用情形的；

（二）出现影响采购公正的违法、违规行为的；

（三）报价超过采购预算的。

① 2013年12月19日，财政部**《政府采购非招标采购方式管理办法》**（财政部第74号令）**第六条** 采购人、采购代理机构应当按照政府

采购法和本办法的规定组织开展非招标采购活动，并采取必要措施，保证评审在严格保密的情况下进行。

任何单位和个人不得非法干预、影响评审过程和结果。

第七条　竞争性谈判小组或者询价小组由采购人代表和评审专家共3人以上单数组成，其中评审专家人数不得少于竞争性谈判小组或者询价小组成员总数的2/3。采购人不得以评审专家身份参加本部门或本单位采购项目的评审。采购代理机构人员不得参加本机构代理的采购项目的评审。

达到公开招标数额标准的货物或者服务采购项目，或者达到招标规模标准的政府采购工程，竞争性谈判小组或者询价小组应当由5人以上单数组成。

采用竞争性谈判、询价方式采购的政府采购项目，评审专家应当从政府采购评审专家库内相关专业的专家名单中随机抽取。技术复杂、专业性强的竞争性谈判采购项目，通过随机方式难以确定合适的评审专家的，经主管预算单位同意，可以自行选定评审专家。技术复杂、专业性强的竞争性谈判采购项目，评审专家中应当包含1名法律专家。

第八条　竞争性谈判小组或者询价小组在采购活动过程中应当履行下列职责：

（一）确认或者制定谈判文件、询价通知书；

（二）从符合相应资格条件的供应商名单中确定不少于3家的供应商参加谈判或者询价；

（三）审查供应商的响应文件并作出评价；

（四）要求供应商解释或者澄清其响应文件；

（五）编写评审报告；

（六）告知采购人、采购代理机构在评审过程中发现的供应商的违法违规行为。

第九条　竞争性谈判小组或者询价小组成员应当履行下列义务：

（一）遵纪守法，客观、公正、廉洁地履行职责；

（二）根据采购文件的规定独立进行评审，对个人的评审意见承担法律责任；

（三）参与评审报告的起草；

（四）配合采购人、采购代理机构答复供应商提出的质疑；

（五）配合财政部门的投诉处理和监督检查工作。

第十条 谈判文件、询价通知书应当根据采购项目的特点和采购人的实际需求制定，并经采购人书面同意。采购人应当以满足实际需求为原则，不得擅自提高经费预算和资产配置等采购标准。

谈判文件、询价通知书不得要求或者标明供应商名称或者特定货物的品牌，不得含有指向特定供应商的技术、服务等条件。

第十一条 谈判文件、询价通知书应当包括供应商资格条件、采购邀请、采购方式、采购预算、采购需求、采购程序、价格构成或者报价要求、响应文件编制要求、提交响应文件截止时间及地点、保证金交纳数额和形式、评定成交的标准等。

谈判文件除本条第一款规定的内容外，还应当明确谈判小组根据与供应商谈判情况可能实质性变动的内容，包括采购需求中的技术、服务要求以及合同草案条款。

第十二条 采购人、采购代理机构应当通过发布公告、从省级以上财政部门建立的供应商库中随机抽取或者采购人和评审专家分别书面推荐的方式邀请不少于3家符合相应资格条件的供应商参与竞争性谈判或者询价采购活动。

符合政府采购法第二十二条第一款规定条件的供应商可以在采购活动开始前加入供应商库。财政部门不得对供应商申请入库收取任何费用，不得利用供应商库进行地区和行业封锁。

采取采购人和评审专家书面推荐方式选择供应商的，采购人和评审专家应当各自出具书面推荐意见。采购人推荐供应商的比例不得高于推荐供应商总数的50%。

第十三条 供应商应当按照谈判文件、询价通知书的要求编制响应文件，并对其提交的响应文件的真实性、合法性承担法律责任。

……

第十五条 供应商应当在谈判文件、询价通知书要求的截止时间前，将响应文件密封送达指定地点。在截止时间后送达的响应文件为无效文件，采购人、采购代理机构或者谈判小组、询价小组应当拒收。

供应商在提交询价响应文件截止时间前，可以对所提交的响应文件进行补充、修改或者撤回，并书面通知采购人、采购代理机构。补充、修改的内容作为响应文件的组成部分。补充、修改的内容与响应文件不一致的，以补充、修改的内容为准。

第十六条 谈判小组、询价小组在对响应文件的有效性、完整性和响应程度进行审查时，可以要求供应商对响应文件中含义不明确、同类问题表述不一致或者有明显文字和计算错误的内容等作出必要的澄清、说明或者更正。供应商的澄清、说明或者更正不得超出响应文件的范围或者改变响应文件的实质性内容。

谈判小组、询价小组要求供应商澄清、说明或者更正响应文件应当以书面形式作出。供应商的澄清、说明或者更正应当由法定代表人或其授权代表签字或者加盖公章。由授权代表签字的，应当附法定代表人授权书。供应商为自然人的，应当由本人签字并附身份证明。

第十七条 谈判小组、询价小组应当根据评审记录和评审结果编写评审报告，其主要内容包括：

（一）邀请供应商参加采购活动的具体方式和相关情况，以及参加采购活动的供应商名单；

（二）评审日期和地点，谈判小组、询价小组成员名单；

（三）评审情况记录和说明，包括对供应商的资格审查情况、供应商响应文件评审情况、谈判情况、报价情况等；

（四）提出的成交候选人的名单及理由。

评审报告应当由谈判小组、询价小组全体人员签字认可。谈判小组、询价小组成员对评审报告有异议的，谈判小组、询价小组按照少数服从多数的原则推荐成交候选人，采购程序继续进行。对评审报告有异议的谈判小组、询价小组成员，应当在报告上签署不同意见并说明理由，由谈判小组、询价小组书面记录相关情况。谈判小组、询价小组成员拒绝在报告上签字又不书面说明其不同意见和理由的，视为同意评审报告。

第十八条 采购人或者采购代理机构应当在成交供应商确定后2个工作日内，在省级以上财政部门指定的媒体上公告成交结果，同时向成交供应商发出成交通知书，并将竞争性谈判文件、询价通知书随成交结果同时公告。成交结果公告应当包括以下内容：

（一）采购人和采购代理机构的名称、地址和联系方式；

（二）项目名称和项目编号；

（三）成交供应商名称、地址和成交金额；

（四）主要成交标的的名称、规格型号、数量、单价、服务要求；

（五）谈判小组、询价小组成员名单及单一来源采购人员名单。

采用书面推荐供应商参加采购活动的，还应当公告采购人和评审专家的推荐意见。

……

第二十一条 除资格性审查认定错误和价格计算错误外，采购人或者采购代理机构不得以任何理由组织重新评审。采购人、采购代理机构发现谈判小组、询价小组未按照采购文件规定的评定成交的标准进行评审的，应当重新开展采购活动，并同时书面报告本级财政部门。

第二十二条 除不可抗力等因素外，成交通知书发出后，采购人改变成交结果，或者成交供应商拒绝签订政府采购合同的，应当承担相应的法律责任。

成交供应商拒绝签订政府采购合同的，采购人可以按照本办法第三十六条第二款、第四十九条第二款规定的原则确定其他供应商作为成交供应商并签订政府采购合同，也可以重新开展采购活动。拒绝签订政府采购合同的成交供应商不得参加对该项目重新开展的采购活动。

第二十三条 在采购活动中因重大变故，采购任务取消的，采购人或者采购代理机构应当终止采购活动，通知所有参加采购活动的供应商，并将项目实施情况和采购任务取消原因报送本级财政部门。

……

第二十五条　谈判小组、询价小组成员以及与评审工作有关的人员不得泄露评审情况以及评审过程中获悉的国家秘密、商业秘密。

……

第四十四条　询价采购需求中的技术、服务等要求应当完整、明确，符合相关法律、行政法规和政府采购政策的规定。

第四十五条　从询价通知书发出之日起至供应商提交响应文件截止之日止不得少于3个工作日。

提交响应文件截止之日前，采购人、采购代理机构或者询价小组可以对已发出的询价通知书进行必要的澄清或者修改，澄清或者修改的内容作为询价通知书的组成部分。澄清或者修改的内容可能影响响应文件编制的，采购人、采购代理机构或者询价小组应当在提交响应文件截止之日3个工作日前，以书面形式通知所有接收询价通知书的供应商，不足3个工作日的，应当顺延提交响应文件截止之日。

第四十六条　询价小组在询价过程中，不得改变询价通知书所确定的技术和服务等要求、评审程序、评定成交的标准和合同文本等事项。

第四十七条　参加询价采购活动的供应商，应当按照询价通知书的规定一次报出不得更改的价格。

第四十八条　询价小组应当从质量和服务均能满足采购文件实质性响应要求的供应商中，按照报价由低到高的顺序提出3名以上成交候选人，并编写评审报告。

第四十九条　采购代理机构应当在评审结束后2个工作日内将评审报告送采购人确认。

采购人应当在收到评审报告后5个工作日内，从评审报告提出的成交候选人中，根据质量和服务均能满足采购文件实质性响应要求且报价最低的原则确定成交供应商，也可以书面授权询价小组直接确定成交供应商。采购人逾期未确定成交供应商且不提出异议的，视为确定评审报告提出的最后报价最低的供应商为成交供应商。

第五十条　出现下列情形之一的，采购人或者采购代理机构应当终止询价采购活动，发布项目终止公告并说明原因，重新开展采购活动：

《政府采购法实施条例》第三十七条【质量和服务相等的含义】政府采购法第三十八条第五项、第四十条第四项所称质量和服务相等，是指供应商提供的产品质量和服务均能满足采购文件规定的实质性要求。

《政府采购法》第四十一条【履约验收】采购人或者其委托的采购代理机构应当组织对供应商履约的验收。大型或者复杂的政府采购项目，应当邀请国家认可的质量检测机构参加验收工作。验收方成员应当在验收书上签字，并承担相应的法律责任。

《政府采购法实施条例》第四十五条[①]**【履约验收】**采购人或者采购代理机构应当按照政府采购合同规定的技术、服务、安全标准组织对供应商履约情况进行验收，并出具验收书。验收书应当包括每一项技术、服务、安全标准的履约情况。

政府向社会公众提供的公共服务项目，验收时应当邀请服务对象参与并出具意见，验收结果应当向社会公告。

（一）因情况变化，不再符合规定的询价采购方式适用情形的；

（二）出现影响采购公正的违法、违规行为的；

（三）在采购过程中符合竞争要求的供应商或者报价未超过采购预算的供应商不足3家的。

① 2013年11月18日，中共中央、国务院**《党政机关厉行节约反对浪费条例》**（中发〔2013〕13号）**第十二条**……党政机关应当按照政府采购合同规定的采购需求组织验收。政府采购监督管理部门应当逐步建立政府采购结果评价制度，对政府采购的资金节约、政策效能、透明程度以及专业化水平进行综合、客观评价。

《政府采购法》第四十二条【采购文件的保存】采购人、采购代理机构对政府采购项目每项采购活动的采购文件应当妥善保存，不得伪造、变造、隐匿或者销毁。采购文件的保存期限为从采购结束之日起至少保存十五年。

采购文件包括采购活动记录、采购预算、招标文件、投标文件、评标标准、评估报告、定标文件、合同文本、验收证明、质疑答复、投诉处理决定及其他有关文件、资料。

采购活动记录至少应当包括下列内容：

（一）采购项目类别、名称；

（二）采购项目预算、资金构成和合同价格；

（三）采购方式，采用公开招标以外的采购方式的，应当载明原因；

2013年12月19日，财政部**《政府采购非招标采购方式管理办法》**（财政部第74号令）**第二十四条**　采购人或者采购代理机构应当按照采购合同规定的技术、服务等要求组织对供应商履约的验收，并出具验收书。验收书应当包括每一项技术、服务等要求的履约情况。大型或者复杂的项目，应当邀请国家认可的质量检测机构参加验收。验收方成员应当在验收书上签字，并承担相应的法律责任。

2017年7月11日，财政部**《政府采购货物和服务招标投标管理办法》**（财政部第87号令）**第七十四条**　采购人应当及时对采购项目进行验收。采购人可以邀请参加本项目的其他投标人或者第三方机构参与验收。参与验收的投标人或者第三方机构的意见作为验收书的参考资料一并存档。

第七十五条 采购人应当加强对中标人的履约管理，并按照采购合同约定，及时向中标人支付采购资金。对于中标人违反采购合同约定的行为，采购人应当及时处理，依法追究其违约责任。

2020年3月1日，财政部《**政府购买服务管理办法**》（财政部第102号令）**第二十五条** 购买主体应当加强政府购买服务项目履约管理，开展绩效执行监控，及时掌握项目实施进度和绩效目标实现情况，督促承接主体严格履行合同，按照合同约定向承接主体支付款项。

2016年11月25日，财政部《**关于进一步加强政府采购需求和履约验收管理的指导意见**》（财库〔2016〕205号）规定：

一、高度重视政府采购需求和履约验收管理

依法加强政府采购需求和履约验收管理，是深化政府采购制度改革、提高政府采购效率和质量的重要保证。科学合理确定采购需求是加强政府采购源头管理的重要内容，是执行政府采购预算、发挥采购政策功能、落实公平竞争交易规则的重要抓手，在采购活动整体流程中具有承上启下的重要作用。严格规范开展履约验收是加强政府采购结果管理的重要举措，是保证采购质量、开展绩效评价、形成闭环管理的重要环节，对实现采购与预算、资产及财务等管理工作协调联动具有重要意义。各地区、各部门要充分认识政府采购需求和履约验收管理的重要性和必要性，切实加强政府采购活动的源头和结果管理。

……

三、严格规范开展履约验收

（一）采购人应当依法组织履约验收工作。采购人应当根据采购项目的具体情况，自行组织项目验收或者委托采购代理机构验收。采购人委托采购代理机构进行履约验收的，应当对验收结果进行书面确认。

（二）完整细化编制验收方案。采购人或其委托的采购代理机构应当根据项目特点制定验收方案，明确履约验收的时间、方式、程序等内容。技术复杂、社会影响较大的货物类项目，可以根据需要设置出厂检验、到货检验、安装调试检验、配套服务检验等多重验收环节；服务类项目，可根据项目特点对服务期内的服务实施情况进行分期考核，结合考核情况和服务效果进行验收；工程类项目应当按照行业管理部门规定的标准、方法和内容进行验收。

（三）完善验收方式。对于采购人和使用人分离的采购项目，应当邀请实际使用人参与验收。采购人、采购代理机构可以邀请参加本项目的其他供应商或第三方专业机构及专家参与验收，相关验收意见作为验收书的参考资料。政府向社会公众提供的公共服务项目，验收时应当邀请服务对象参与并出具意见，验收结果应当向社会公告。

（四）严格按照采购合同开展履约验收。采购人或者采购代理机构应当成立验收小组，按照采购合同的约定对供应商履约情况进行验收。验收时，应当按照采购合同的约定对每一项技术、服务、安全标准的履约情况进行确认。验收结束后，应当出具验收书，列明各项标准的验收情况及项目总体评价，由验收双方共同签署。验收结果应当与采购合同约定的资金支付及履约保证金返还条件挂钩。履约验收的各项资料应当存档备查。

（五）严格落实履约验收责任。验收合格的项目，采购人应当根据采购合同的约定及时向供应商支付采购资金、退还履约保证金。验收不合格的项目，采购人应当依法及时处理。采购合同的履行、违约责任和解决争议的方式等适用《中华人民共和国合同法》。供应商在履约过程中有政府采购法律法规规定的违法违规情形的，采购人应当及时报告本级财政部门。

四、工作要求

（一）强化采购人对采购需求和履约验收的主体责任。采购人应当切实做好需求编制和履约验收工作，完善内部机制、强化内部监督、细化内部流程，把采购需求和履约验收嵌入本单位内控管理流程，加强相关工作的组织、人员和经费保障。

（二）加强采购需求和履约验收的业务指导。各级财政部门应当按照结果导向的改革要求，积极研究制定通用产品需求标准和采购文件标准文本，探索建立供应商履约评价制度，推动在政府采购评审中应用履约验收和绩效评价结果。

（三）细化相关制度规定。各地区、各部门可根据本意见精神，研究制定符合本地区、本部门实际情况的具体办法和工作细则，切实加强政府采购活动中的需求和履约验收管理。

2014年4月14日，财政部**《关于推进和完善服务项目政府采购有关问题的通知》**（财库〔2014〕37号）规定：……四、严格服务项目政府采购履约验收管理

完善服务项目履约验收管理制度。采购人或者集中采购机构应当按照采购合同规定组织履约验收，并出具验收书，验收书应当包括每一项服务要求的履约情况。第二类服务项目，供应商提交的服务成果应当在政府部门内部公开。第三类服务项目，验收时可以邀请第三方评价机构参与并出具意见，验收结果应当向社会公告。以人为对象的公共服务项目，验收时还应按一定比例邀请服务对象参与并出具意见。

鼓励引入政府采购履约担保制度。对于金额较大、履约周期长、社会影响面广或者对供应商有较高信誉要求的服务项目，可以探索运用市场化手段，引入政府采购信用担保，通过履约担保促进供应商保证服务效果，提高服务水平。

2017年12月26日，财政部**《政务信息系统政府采购管理暂行办法》**（财库〔2017〕210号）**第十二条**　采购人应当按照国家有关规定组织政务信息系统项目验收，根据项目特点制定完整的项目验收方案。验收方案应当包括项目所有功能的实现情况、密码应用和安全审查情况、信息系统共享情况、维保服务等采购文件和采购合同规定的内容，必要时可以邀请行业专家、第三方机构或相关主管部门参与验收。

第十三条　采购人可以聘请第三方专业机构制定针对政务信息系统的质量保障方案，对相关供应商的进度计划、阶段成果和服务质量进行监督，形成项目整改报告和绩效评估报告，必要时邀请行业专家或相关主管部门评审论证。质量保障相关情况应当作为项目验收的依据。

（四）邀请和选择供应商的条件及原因；

（五）评标标准及确定中标人的原因；

（六）废标的原因；

（七）采用招标以外采购方式的相应记载。

《政府采购法实施条例》第四十六条[①]**【电子档案】**政府采购法第四十二条规定的采购文件，可以用电子档案方式保存。

第十四条　具有多个服务期的政务信息系统，可以根据每期工作目标进行分期验收。为社会公众服务的政务信息系统，应当将公众意见或者使用反馈情况作为验收的重要参考依据。采购人和实际使用者或受益者分离的政务信息系统，履约验收时应当征求实际使用者或受益者的意见。

第十五条　政务信息系统的项目验收结果应当作为选择本项目后续运行维护供应商的重要参考。

①　2017年7月11日，财政部**《政府采购货物和服务招标投标管理办法》**（财政部第87号令）**第七十六条**　采购人、采购代理机构应当建立真实完整的招标采购档案，妥善保存每项采购活动的采购文件。

2013年12月19日，财政部**《政府采购非招标采购方式管理办法》**（财政部第74号令）**第二十六条**　采购人、采购代理机构应当妥善保管每项采购活动的采购文件。采购文件包括采购活动记录、采购预算、谈判文件、询价通知书、响应文件、推荐供应商的意见、评审报告、成交供应商确定文件、单一来源采购协商情况记录、合同文本、验收证明、质疑答复、投诉处理决定以及其他有关文件、资料。采购文件可以电子档案方式保存。

采购活动记录至少应当包括下列内容：

（一）采购项目类别、名称；

（二）采购项目预算、资金构成和合同价格；

《政府采购法实施条例》第三十九条【评审专家的产生】除国务院财政部门规定的情形外，采购人或者采购代理机构应当从政府采购评审专家库中随机抽取评审专家。

《政府采购法实施条例》第四十条[①]**【评审专家的一般要求】**政府采购评审专家应当遵守评审工作纪律，不得泄露评审文件、评审情况和评审中获悉的商业秘密。

评标委员会、竞争性谈判小组或者询价小组在评审过程中发现供应商有行贿、提供虚假材料或者串通等违法行为的，应当及时向财政部门报告。

政府采购评审专家在评审过程中受到非法干预的，应当及时向财政、监察等部门举报。

（三）采购方式，采用该方式的原因及相关说明材料；
（四）选择参加采购活动的供应商的方式及原因；
（五）评定成交的标准及确定成交供应商的原因；
（六）终止采购活动的，终止的原因。

① 2017年12月26日，财政部**《政务信息系统政府采购管理暂行办法》**（财库〔2017〕210号）**第十条**　采购人应当指派熟悉情况的工作人员作为采购人代表参加评标委员会或者竞争性磋商小组，参与政务信息系统采购活动的评审。

第十一条　政务信息系统采购评审中，评标委员会或者竞争性磋商小组认为供应商报价明显低于其他合格供应商的报价，有可能影响产品质量或者不能诚信履约的，应当要求其在评审现场合理时间内提供书面说明，必要时提供相关证明材料；供应商不能证明其报价合理性的，评标委员会或竞争性磋商小组应当将其作为无效投标或者无效响应处理。

《政府采购法实施条例》第四十一条[①] **【对评标委员会等评审组织成员的要求】**评标委员会、竞争性谈判小组或者询价小组成员应当按照客观、公正、审慎的原则，根据采购文件规定的评审程序、评审方法和评审标准进行独立评审。采购文件内容违反国家有关强制性规定的，评标委员会、竞争性谈判小组或者询价小组应当停止评审并向采购人或者采购代理机构说明情况。

---

① 2012年6月11日，**《财政部关于进一步规范政府采购评审工作有关问题的通知》**（财库〔2012〕69号）规定：……依法组织政府采购评审工作

采购人和采购代理机构，评标委员会、竞争性谈判小组和询价小组（以下简称评审委员会）成员要严格遵守政府采购相关法律制度，依法履行各自职责，公正、客观、审慎地组织和参与评审工作。

评审委员会成员要依法独立评审，并对评审意见承担个人责任。评审委员会成员对需要共同认定的事项存在争议的，按照少数服从多数的原则做出结论。持不同意见的评审委员会成员应当在评审报告上签署不同意见并说明理由，否则视为同意。

采购人、采购代理机构要确保评审活动在严格保密的情况下进行。在采购结果确定前，采购人、采购代理机构对评审委员会名单负有保密责任。评审委员会成员、采购人和采购代理机构工作人员、相关监督人员等与评审工作有关的人员，对评审情况以及在评审过程中获悉的国家秘密、商业秘密负有保密责任。

采购人、采购代理机构和评审委员会在评审工作中，要依法相互监督和制约，并自觉接受各级财政部门的监督。对非法干预评审工作等违法违规行为，应当及时向财政部门报告。

评标委员会、竞争性谈判小组或者询价小组成员应当在评审报告上签字，对自己的评审意见承担法律责任。对评审报告有异议的，应当在评审报告上签署不同意见，并说明理由，否则视为同意评审报告。

《政府采购法实施条例》第四十二条【评审中采购人、采购代理机构的禁止行为】采购人、采购代理机构不得向评标委员会、竞争性谈判小组或者询价小组的评审专家作倾向性、误导性的解释或者说明。

《政府采购法实施条例》第四十三条【中标、成交的确定和公告】采购代理机构应当自评审结束之日起2个工作日内将评审报告送交采购人。采购人应当自收到评审报告之日起5个工作日内在评审报告推荐的中标或者成交候选人中按顺序确定中标或者成交供应商。

二、切实履行政府采购评审职责

采购人、采购代理机构要依法细化评审工作程序，组建评审委员会，并按规定程序组织评审。要核实评审委员会成员身份，告知回避要求，宣布评审工作纪律和程序，介绍政府采购相关政策法规；要根据评审委员会的要求解释采购文件，组织供应商澄清；要对评审数据进行校对、核对，对畸高、畸低的重大差异评分可以提示评审委员会复核或书面说明理由；要对评审专家的专业技术水平、职业道德素质和评审工作等情况进行评价，并向财政部门反馈。省级以上政府集中采购机构和政府采购甲级代理机构，应当对评审工作现场进行全过程录音录像，录音录像资料作为采购项目文件随其他文件一并存档。

采购人或者采购代理机构应当自中标、成交供应商确定之日起2个工作日内，发出中标、成交通知书，并在省级以上人民政府财政部门指定的媒体上公告中标、成交结果，招标文件、竞争性谈判文件、询价通知书随中标、成交结果同时公告。

中标、成交结果公告内容应当包括采购人和采购代理机构的名称、地址、联系方式，项目名称和项目编号，中标或者成交供应商名称、地址和中标或者成交金额，主要中标或者成交标的的名称、规格型号、数量、单价、服务要求以及评审专家名单。

评审委员会成员要根据政府采购法律法规和采购文件所载明的评审方法、标准进行评审。要熟悉和理解采购文件，认真阅读所有供应商的投标或响应文件，对所有投标或响应文件逐一进行资格性、符合性检查，按采购文件规定的评审方法和标准，进行比较和评价；对供应商的价格分等客观评分项的评分应当一致，对其他需要借助专业知识评判的主观评分项，应当严格按照评分细则公正评分。

评审委员会如需要供应商对投标或响应文件有关事项作出澄清的，应当给予供应商必要的反馈时间，但澄清事项不得超出投标或响应文件的范围，不得实质性改变投标或响应文件的内容，不得通过澄清等方式对供应商实行差别对待。评审委员会要对评分汇总情况进行复核，特别是对排名第一的、报价最低的、投标或相应文件被认定为无效的情形进行重点复核，并根据评审结果推荐中标或成交候选供应商，或者根据采购人委托协议规定直接确定中标或成交供应商，起草并签署评审报告。评审委员会要在采购项目招标失败时，出具招标文件是否存在不合理条款的论证意见，要协助采购人、采购代理机构、财政部门答复质疑或处理投诉事项。

三、严肃政府采购评审工作纪律

采购人委派代表参加评审委员会的，要向采购代理机构出具授权函。除授权代表外，采购人可以委派纪检监察等相关人员进入评审现场，对评审工作实施监督，但不得超过2人。采购人需要在评审前介绍项目背景和技术需求的，应当事先提交书面介绍材料，介绍内容不得存在歧视性、倾向性意见，不得超出采购文件所述范围，书面介绍材料作为采购项目文件随其他文件一并存档。评审委员会应当推选组长，但采购人代表不得担任组长。

评审委员会成员要严格遵守评审时间，主动出具身份证明，遵守评审工作纪律和评审回避的相关规定。在评审工作开始前，将手机等通讯工具或相关电子设备交由采购人或采购代理机构统一保管，拒不上交的，采购人或采购代理机构可以拒绝其参加评审工作并向财政部门报告。

评审委员会成员和评审工作有关人员不得干预或者影响正常评审工作，不得明示或者暗示其倾向性、引导性意见，不得修改或细化采购文件确定的评审程序、评审方法、评审因素和评审标准，不得接受供应商主动提出的澄清和解释，不得征询采购人代表的倾向性意见，不得协商评分，不得记录、复制或带走任何评审资料。评审结果汇总完成后，采购人、采购代理机构和评审委员会均不得修改评审结果或者要求重新评审，但资格性检查认定错误、分值汇总计算错误、分项评分超出评分标准范围、客观分评分不一致、经评审委员会一致认定评分畸高、畸低的情形除外。出现上述除外情形的，评审委员会应当现场修改评审结果，并在评审报告中明确记载。

采购人、采购代理机构要加强评审现场管理，与评审工作无关的人员不得进入评审现场。各级财政部门对评审活动相关各方违反评审工作纪律及要求的行为，要依法严肃处理。

四、妥善处理评审中的特殊情形

财政部门要建立政府采购评审专家库资源共享机制，采购项目有特

《政府采购法实施条例》第四十四条【重新评审、改变评审结果的禁止性规定】除国务院财政部门规定的情形外，采购人、采购代理机构不得以任何理由组织重新评审。采购人、采购代理机构按照国务院财政部门的规定组织重新评审的，应当书面报告本级人民政府财政部门。

采购人或者采购代理机构不得通过对样品进行检测、对供应商进行考察等方式改变评审结果。

殊需要的，采购人或采购代理机构可以在异地财政部门专家库抽取专家，但应事前向本级财政部门备案。中央驻京外单位可以从所在地市级或其上一级财政部门专家库中抽取评审专家，所在地市级或其上一级财政部门应当予以配合。

评审专家库中相应专业类型专家不足的，采购人或采购代理机构应当按照不低于1：3的比例向财政部门提供专家名单，经审核入库后随机抽取使用。出现评审专家临时缺席、回避等情形导致评审现场专家数量不符合法定标准的，采购人或采购代理机构要按照有关程序及时补抽专家，继续组织评审。如无法及时补齐专家，则要立即停止评审工作，封存采购文件和所有投标或响应文件，择期重新组建评审委员会进行评审。采购人或采购代理机构要将补抽专家或重新组建评审委员会的情况进行书面记录，随其他文件一并存档。

评审委员会发现采购文件存在歧义、重大缺陷导致评审工作无法进行，或者采购文件内容违反国家有关规定的，要停止评审工作并向采购人或采购代理机构书面说明情况，采购人或采购代理机构应当修改采购文件后重新组织采购活动；发现供应商提供虚假材料、串通等违法违规行为的，要及时向采购人或采购代理机构报告。

第五章

政府采购合同

《政府采购法》第四十三条[①]**【政府采购合同的法律适用及代理签订】**政府采购合同适用合同法。采购人和供应商之间的权利和义务，应当按照平等、自愿的原则以合同方式约定。

采购人可以委托采购代理机构代表其与供应商签订政府采购合同。由采购代理机构以采购人名义签订合同的，应当提交采购人的授权委托书，作为合同附件。

① 2017年7月11日，财政部**《政府采购货物和服务招标投标管理办法》**（财政部第87号令）**第七十三条** 采购人与中标人应当根据合同的约定依法履行合同义务。

政府采购合同的履行、违约责任和解决争议的方法等适用《中华人民共和国合同法》。

2020年3月1日，财政部**《政府购买服务管理办法》**（财政部第102号令）**第二十二条** 政府购买服务合同的签订、履行、变更，应当遵循《中华人民共和国合同法》的相关规定。

第二十三条　购买主体应当与确定的承接主体签订书面合同，合同约定的服务内容应当符合本办法第九条、第十条的规定。

政府购买服务合同应当明确服务的内容、期限、数量、质量、价格，资金结算方式，各方权利义务事项和违约责任等内容。

政府购买服务合同应当依法予以公告。

第二十四条　政府购买服务合同履行期限一般不超过1年；在预算保障的前提下，对于购买内容相对固定、连续性强、经费来源稳定、价格变化幅度小的政府购买服务项目，可以签订履行期限不超过3年的政府购买服务合同。

第二十五条　购买主体应当加强政府购买服务项目履约管理，开展绩效执行监控，及时掌握项目实施进度和绩效目标实现情况，督促承接主体严格履行合同，按照合同约定向承接主体支付款项。

第二十六条　承接主体应当按照合同约定提供服务，不得将服务项目转包给其他主体。

第二十七条　承接主体应当建立政府购买服务项目台账，依照有关规定或合同约定记录保存并向购买主体提供项目实施相关重要资料信息。

第二十八条　承接主体应当严格遵守相关财务规定规范管理和使用政府购买服务项目资金。

承接主体应当配合相关部门对资金使用情况进行监督检查与绩效评价。

第二十九条　承接主体可以依法依规使用政府购买服务合同向金融机构融资。

购买主体不得以任何形式为承接主体的融资行为提供担保。

2019年7月26日，财政部**《关于促进政府采购公平竞争优化营商环境的通知》**（财库〔2019〕38号）规定：……三、加强政府采购执行管理……完善对供应商的利益损害赔偿和补偿机制。采购人和供应商应当在政府采购合同中明确约定双方的违约责任。对于因采购人原因导致变更、中止或者终止政府采购合同的，采购人应当依照合同约定对供应商

《政府采购法》第四十四条[①] **【政府采购合同形式】** 政府采购合同应当采用书面形式。

受到的损失予以赔偿或者补偿。……采购需求具有相对固定性、延续性且价格变化幅度小的服务项目，在年度预算能保障的前提下，采购人可以签订不超过三年履行期限的政府采购合同。

2014年4月14日，财政部**《关于推进和完善服务项目政府采购有关问题的通知》**（财库〔2014〕37号）规定：……三、灵活开展服务项目政府采购活动……积极探索新的政府采购合同类型。各地各部门可以根据政府采购服务项目的需求特点，灵活采用购买、委托、租赁、雇用等各种合同方式，探索研究金额不固定、数量不固定、期限不固定、特许经营服务等新型合同类型。各省级财政部门可在此基础上制定发布相应的合同范本。

2017年12月26日，财政部**《政务信息系统政府采购管理暂行办法》**（财库〔2017〕210号）**第十六条**　在年度预算能够保障的前提下，采购人可以与政务信息系统运行维护供应商签订不超过三年履行期限的政府采购合同。

2014年12月31日，**《政府和社会资本合作项目政府采购管理办法》**（财库〔2014〕215号）规定：**第二十二条**　……项目实施机构和中标、成交社会资本在PPP项目合同履行中发生争议且无法协商一致的，可以依法申请仲裁或者提起民事诉讼。

① 2020年3月1日，财政部**《政府购买服务管理办法》**（财政部第102号令）**第二十三条**　购买主体应当与确定的承接主体签订书面合同，合同约定的服务内容应当符合本办法第九条、第十条的规定。

政府购买服务合同应当明确服务的内容、期限、数量、质量、价格，资金结算方式，各方权利义务事项和违约责任等内容。

政府购买服务合同应当依法予以公告。

《政府采购法》第四十五条【政府采购合同必备条款】国务院政府采购监督管理部门应当会同国务院有关部门，规定政府采购合同必须具备的条款。

《政府采购法实施条例》第四十七条【政府采购合同标准文本】国务院财政部门应当会同国务院有关部门制定政府采购合同标准文本。

《政府采购法实施条例》第四十八条[①]【履约保证金】采购文件要求中标或者成交供应商提交履约保证金的，供应商应当以支票、汇票、本票或者金融机构、担保机构出具的保函等非现金形式提交。履约保证金的数额不得超过政府采购合同金额的10%。

《政府采购法》第四十六条[②]【签订合同期限及中标、成交通知书效力】采购人与中标、成交供应商应当在中标、成交通知书发出之日起三十日内，按照采购文件确定的事项签订政府采购合同。

---

① 2019年7月26日，财政部**《关于促进政府采购公平竞争优化营商环境的通知》**（财库〔2019〕38号）规定：规范保证金收取和退还。……收取履约保证金的，应当在采购合同中约定履约保证金退还的方式、时间、条件和不予退还的情形，明确逾期退还履约保证金的违约责任。采购人、采购代理机构不得收取没有法律法规依据的保证金。

② 2013年12月19日，财政部**《政府采购非招标采购方式管理办法》**（财政部第74号令）**第十九条**　采购人与成交供应商应当在成交通知书发出之日起30日内，按照采购文件确定的合同文本以及采购标的、规格型号、采购金额、采购数量、技术和服务要求等事项签订政府采购合同。

中标、成交通知书对采购人和中标、成交供应商均具有法律效力。中标、成交通知书发出后，采购人改变中标、成交结果的，或者中标、成交供应商放弃中标、成交项目的，应当依法承担法律责任。

《政府采购法实施条例》第四十九条【供应商拒签合同的处理】 中标或者成交供应商拒绝与采购人签订合同的，采购人可以按照评审报告推荐的中标或者成交候选人名单排序，确定下一候选人为中标或者成交供应商，也可以重新开展政府采购活动。

《政府采购法》第四十七条【政府采购合同备案】 政府采购项目的采购合同自签订之日起七个工作日内，采购人应当将合同副本报同级政府采购监督管理部门和有关部门备案。

《政府采购法实施条例》第五十条①**【政府采购合同公开】** 采购人应当自政府采购合同签订之日起2个工作日内，将政府采购合同在省级以上人民政府财政部门指定的媒体上公告，但政府采购合同中涉及国家秘密、商业秘密的内容除外。

采购人不得向成交供应商提出超出采购文件以外的任何要求作为签订合同的条件，不得与成交供应商订立背离采购文件确定的合同文本以及采购标的、规格型号、采购金额、采购数量、技术和服务要求等实质性内容的协议。

① 2020年3月1日，财政部**《政府购买服务管理办法》**（财政部第102号令）**第二十三条** ……政府购买服务合同应当依法予以公告。

《政府采购法》第四十八条[①]**【合同分包】**经采购人同意，中标、成交供应商可以依法采取分包方式履行合同。

政府采购合同分包履行的，中标、成交供应商就采购项目和分包项目向采购人负责，分包供应商就分包项目承担责任。

《政府采购法》第四十九条【合同履行期间追加采购】政府采购合同履行中，采购人需追加与合同标的相同的货物、工程或者服务的，在不改变合同其他条款的前提下，可以与供应商协商签订补充合同，但所有补充合同的采购金额不得超过原合同采购金额的百分之十。

《政府采购法实施条例》第五十一条[②]**【采购资金支付】**采购人应当按照政府采购合同规定，及时向中标或者成交供应商支付采购资金。

政府采购项目资金支付程序，按照国家有关财政资金支付管理的规定执行。

---

① 2020年3月1日，财政部**《政府购买服务管理办法》**（财政部第102号令）**第二十六条**　承接主体应当按照合同约定提供服务，不得将服务项目转包给其他主体。

② **《保障中小企业款项支付条例》第一条**　为了促进机关、事业单位和大型企业及时支付中小企业款项，维护中小企业合法权益，优化营商环境，根据《中华人民共和国中小企业促进法》等法律，制定本条例。

第二条 机关、事业单位和大型企业采购货物、工程、服务支付中小企业款项，应当遵守本条例。

第三条 本条例所称中小企业，是指在中华人民共和国境内依法设立，依据国务院批准的中小企业划分标准确定的中型企业、小型企业和微型企业；所称大型企业，是指中小企业以外的企业。

中小企业、大型企业依合同订立时的企业规模类型确定。中小企业与机关、事业单位、大型企业订立合同时，应当主动告知其属于中小企业。

第四条 国务院负责中小企业促进工作综合管理的部门对机关、事业单位和大型企业及时支付中小企业款项工作进行宏观指导、综合协调、监督检查；国务院有关部门在各自职责范围内，负责相关管理工作。

县级以上地方人民政府负责本行政区域内机关、事业单位和大型企业及时支付中小企业款项的管理工作。

第五条 有关行业协会商会应当按照法律法规和组织章程，完善行业自律，禁止本行业大型企业利用优势地位拒绝或者迟延支付中小企业款项，规范引导其履行及时支付中小企业款项义务，保护中小企业合法权益。

第六条 机关、事业单位和大型企业不得要求中小企业接受不合理的付款期限、方式、条件和违约责任等交易条件，不得违约拖欠中小企业的货物、工程、服务款项。

中小企业应当依法经营，诚实守信，按照合同约定提供合格的货物、工程和服务。

第七条 机关、事业单位使用财政资金从中小企业采购货物、工程、服务，应当严格按照批准的预算执行，不得无预算、超预算开展采购。

政府投资项目所需资金应当按照国家有关规定确保落实到位，不得由施工单位垫资建设。

第八条 机关、事业单位从中小企业采购货物、工程、服务，应当自货物、工程、服务交付之日起30日内支付款项；合同另有约定的，付款期限最长不得超过60日。

大型企业从中小企业采购货物、工程、服务，应当按照行业规范、交易习惯合理约定付款期限并及时支付款项。

合同约定采取履行进度结算、定期结算等结算方式的，付款期限应当自双方确认结算金额之日起算。

第九条 机关、事业单位和大型企业与中小企业约定以货物、工程、服务交付后经检验或者验收合格作为支付中小企业款项条件的，付款期限应当自检验或者验收合格之日起算。

合同双方应当在合同中约定明确、合理的检验或者验收期限，并在该期限内完成检验或者验收。机关、事业单位和大型企业拖延检验或者验收的，付款期限自约定的检验或者验收期限届满之日起算。

第十条 机关、事业单位和大型企业使用商业汇票等非现金支付方式支付中小企业款项的，应当在合同中作出明确、合理约定，不得强制中小企业接受商业汇票等非现金支付方式，不得利用商业汇票等非现金支付方式变相延长付款期限。

第十一条 机关、事业单位和国有大型企业不得强制要求以审计机关的审计结果作为结算依据，但合同另有约定或者法律、行政法规另有规定的除外。

第十二条 除依法设立的投标保证金、履约保证金、工程质量保证金、农民工工资保证金外，工程建设中不得收取其他保证金。保证金的收取比例应当符合国家有关规定。

机关、事业单位和大型企业不得将保证金限定为现金。中小企业以金融机构保函提供保证的，机关、事业单位和大型企业应当接受。

机关、事业单位和大型企业应当按照合同约定，在保证期限届满后及时与中小企业对收取的保证金进行核实和结算。

第十三条 机关、事业单位和大型企业不得以法定代表人或者主要负责人变更，履行内部付款流程，或者在合同未作约定的情况下以等待竣工验收批复、决算审计等为由，拒绝或者迟延支付中小企业款项。

第十四条 中小企业以应收账款担保融资的，机关、事业单位和大型企业应当自中小企业提出确权请求之日起30日内确认债权债务关系，支持中小企业融资。

第十五条 机关、事业单位和大型企业迟延支付中小企业款项的，应当支付逾期利息。双方对逾期利息的利率有约定的，约定利率不得低于合同订立时1年期贷款市场报价利率；未作约定的，按照每日利率万分之五支付逾期利息。

第十六条 机关、事业单位应当于每年3月31日前将上一年度逾期尚未支付中小企业款项的合同数量、金额等信息通过网站、报刊等便于公众知晓的方式公开。

大型企业应当将逾期尚未支付中小企业款项的合同数量、金额等信息纳入企业年度报告，通过企业信用信息公示系统向社会公示。

第十七条 省级以上人民政府负责中小企业促进工作综合管理的部门应当建立便利畅通的渠道，受理对机关、事业单位和大型企业拒绝或者迟延支付中小企业款项的投诉。

受理投诉部门应当按照“属地管理、分级负责，谁主管谁负责”的原则，及时将投诉转交有关部门、地方人民政府处理，有关部门、地方人民政府应当依法及时处理，并将处理结果告知投诉人，同时反馈受理投诉部门。

机关、事业单位和大型企业不履行及时支付中小企业款项义务，情节严重的，受理投诉部门可以依法依规将其失信信息纳入全国信用信息共享平台，并将相关涉企信息通过企业信用信息公示系统向社会公示，依法实施失信惩戒。

第十八条 被投诉的机关、事业单位和大型企业及其工作人员不得以任何形式对投诉人进行恐吓、打击报复。

第十九条 对拒绝或者迟延支付中小企业款项的机关、事业单位，应当在公务消费、办公用房、经费安排等方面采取必要的限制措施。

第二十条 审计机关依法对机关、事业单位和国有大型企业支付中小企业款项情况实施审计监督。

第二十一条　省级以上人民政府建立督查制度，对及时支付中小企业款项工作进行监督检查。

第二十二条　国家依法开展中小企业发展环境评估和营商环境评价时，应当将及时支付中小企业款项工作情况纳入评估和评价内容。

第二十三条　国务院负责中小企业促进工作综合管理的部门依据国务院批准的中小企业划分标准，建立企业规模类型测试平台，提供中小企业规模类型自测服务。

对中小企业规模类型有争议的，可以向主张为中小企业一方所在地的县级以上地方人民政府负责中小企业促进工作综合管理的部门申请认定。

第二十四条　国家鼓励法律服务机构为与机关、事业单位和大型企业存在支付纠纷的中小企业提供法律服务。

新闻媒体应当开展对及时支付中小企业款项相关法律法规政策的公益宣传，依法加强对机关、事业单位和大型企业拒绝或者迟延支付中小企业款项行为的舆论监督。

第二十五条　机关、事业单位违反本条例，有下列情形之一的，由其上级机关、主管部门责令改正；拒不改正的，对直接负责的主管人员和其他直接责任人员依法给予处分：

（一）未在规定的期限内支付中小企业货物、工程、服务款项；

（二）拖延检验、验收；

（三）强制中小企业接受商业汇票等非现金支付方式，或者利用商业汇票等非现金支付方式变相延长付款期限；

（四）没有法律、行政法规依据或者合同约定，要求以审计机关的审计结果作为结算依据；

（五）违法收取保证金，拒绝接受中小企业提供的金融机构保函，或者不及时与中小企业对保证金进行核实、结算；

（六）以法定代表人或者主要负责人变更，履行内部付款流程，或者在合同未作约定的情况下以等待竣工验收批复、决算审计等为由，拒绝或者迟延支付中小企业款项；

《政府采购法》第五十条【不得擅自变更、中止或者终止合同】
政府采购合同的双方当事人不得擅自变更、中止或者终止合同。

（七）未按照规定公开逾期尚未支付中小企业款项信息；

（八）对投诉人进行恐吓、打击报复。

第二十六条 机关、事业单位有下列情形之一的，依照法律、行政法规和国家有关规定追究责任：

（一）使用财政资金从中小企业采购货物、工程、服务，未按照批准的预算执行；

（二）要求施工单位对政府投资项目垫资建设。

第二十七条 大型企业违反本条例，未按照规定在企业年度报告中公示逾期尚未支付中小企业款项信息或者隐瞒真实情况、弄虚作假的，由市场监督管理部门依法处理。

国有大型企业没有合同约定或者法律、行政法规依据，要求以审计机关的审计结果作为结算依据的，由其主管部门责令改正；拒不改正的，对直接负责的主管人员和其他直接责任人员依法给予处分。

第二十八条 部分或者全部使用财政资金的团体组织采购货物、工程、服务支付中小企业款项，参照本条例对机关、事业单位的有关规定执行。

军队采购货物、工程、服务支付中小企业款项，按照军队的有关规定执行。

第二十九条 本条例自2020年9月1日起施行。

2019年7月26日，财政部**《关于促进政府采购公平竞争优化营商环境的通知》**（财库〔2019〕38号）规定：……三、加强政府采购执行管理。及时支付采购资金。政府采购合同应当约定资金支付的方式、时间和条件，明确逾期支付资金的违约责任。对于满足合同约定支付条件的，采购人应当自收到发票后30日内将资金支付到合同约定的供应商账户，不得以机构变动、人员更替、政策调整等为由延迟付款，不得将采购文件和合同中未规定的义务作为向供应商付款的条件。

政府采购合同继续履行将损害国家利益和社会公共利益的，双方当事人应当变更、中止或者终止合同。有过错的一方应当承担赔偿责任，双方都有过错的，各自承担相应的责任。

第六章

质疑与投诉*

《政府采购法》第五十一条【询问】供应商对政府采购活动事项有疑问的，可以向采购人提出询问，采购人应当及时作出答复，但答复的内容不得涉及商业秘密。

《政府采购法》第五十二条【质疑】供应商认为采购文件、采购过程和中标、成交结果使自己的权益受到损害的，可以在知道或者应知其权益受到损害之日起七个工作日内，以书面形式向采购人提出质疑。

《政府采购法实施条例》第五十三条【质疑有效期间的起算】政府采购法第五十二条规定的供应商应知其权益受到损害之日，是指：

* 财政部为规范质疑、投诉和质疑答复、投诉处理等事项，发布了**《政府采购质疑和投诉办法》**。其内容如下：

（一）对可以质疑的采购文件提出质疑的，为收到采购文件之日或者采购文件公告期限届满之日；

（二）对采购过程提出质疑的，为各采购程序环节结束之日；

（三）对中标或者成交结果提出质疑的，为中标或者成交结果公告期限届满之日。

《政府采购法》第五十三条【质疑答复】采购人应当在收到供应商的书面质疑后七个工作日内作出答复，并以书面形式通知质疑供应商和其他有关供应商，但答复的内容不得涉及商业秘密。

第一章 总 则

第一条 为了规范政府采购质疑和投诉行为，保护参加政府采购活动当事人的合法权益，根据《中华人民共和国政府采购法》《中华人民共和国政府采购法实施条例》和其他有关法律法规规定，制定本办法。

第二条 本办法适用于政府采购质疑的提出和答复、投诉的提起和处理。

第三条 政府采购供应商（以下简称供应商）提出质疑和投诉应当坚持依法依规、诚实信用原则。

第四条 政府采购质疑答复和投诉处理应当坚持依法依规、权责对等、公平公正、简便高效原则。

第五条 采购人负责供应商质疑答复。采购人委托采购代理机构采购的，采购代理机构在委托授权范围内作出答复。

县级以上各级人民政府财政部门（以下简称财政部门）负责依法处理供应商投诉。

第六条 供应商投诉按照采购人所属预算级次，由本级财政部门处理。

跨区域联合采购项目的投诉，采购人所属预算级次相同的，由采购文件事先约定的财政部门负责处理，事先未约定的，由最先收到投诉的财政部门负责处理；采购人所属预算级次不同的，由预算级次最高的财政部门负责处理。

第七条 采购人、采购代理机构应当在采购文件中载明接收质疑函的方式、联系部门、联系电话和通讯地址等信息。

县级以上财政部门应当在省级以上财政部门指定的政府采购信息发布媒体公布受理投诉的方式、联系部门、联系电话和通讯地址等信息。

第八条 供应商可以委托代理人进行质疑和投诉。其授权委托书应当载明代理人的姓名或者名称、代理事项、具体权限、期限和相关事项。供应商为自然人的，应当由本人签字；供应商为法人或者其他组织的，应当由法定代表人、主要负责人签字或者盖章，并加盖公章。

代理人提出质疑和投诉，应当提交供应商签署的授权委托书。

第九条 以联合体形式参加政府采购活动的，其投诉应当由组成联合体的所有供应商共同提出。

第二章　质疑提出与答复

第十条 供应商认为采购文件、采购过程、中标或者成交结果使自己的权益受到损害的，可以在知道或者应知其权益受到损害之日起7个工作日内，以书面形式向采购人、采购代理机构提出质疑。

采购文件可以要求供应商在法定质疑期内一次性提出针对同一采购程序环节的质疑。

第十一条 提出质疑的供应商（以下简称质疑供应商）应当是参与所质疑项目采购活动的供应商。

潜在供应商已依法获取其可质疑的采购文件的，可以对该文件提出质疑。对采购文件提出质疑的，应当在获取采购文件或者采购文件公告期限届满之日起7个工作日内提出。

第十二条 供应商提出质疑应当提交质疑函和必要的证明材料。质疑函应当包括下列内容：

（一）供应商的姓名或者名称、地址、邮编、联系人及联系电话；

（二）质疑项目的名称、编号；

（三）具体、明确的质疑事项和与质疑事项相关的请求；

（四）事实依据；

（五）必要的法律依据；

（六）提出质疑的日期。

供应商为自然人的，应当由本人签字；供应商为法人或者其他组织的，应当由法定代表人、主要负责人，或者其授权代表签字或者盖章，并加盖公章。

第十三条 采购人、采购代理机构不得拒收质疑供应商在法定质疑期内发出的质疑函，应当在收到质疑函后7个工作日内作出答复，并以书面形式通知质疑供应商和其他有关供应商。

第十四条 供应商对评审过程、中标或者成交结果提出质疑的，采购人、采购代理机构可以组织原评标委员会、竞争性谈判小组、询价小组或者竞争性磋商小组协助答复质疑。

第十五条 质疑答复应当包括下列内容：

（一）质疑供应商的姓名或者名称；

（二）收到质疑函的日期、质疑项目名称及编号；

（三）质疑事项、质疑答复的具体内容、事实依据和法律依据；

（四）告知质疑供应商依法投诉的权利；

（五）质疑答复人名称；

（六）答复质疑的日期。

质疑答复的内容不得涉及商业秘密。

第十六条 采购人、采购代理机构认为供应商质疑不成立，或者成立但未对中标、成交结果构成影响的，继续开展采购活动；认为供应商质疑成立且影响或者可能影响中标、成交结果的，按照下列情况处理：

（一）对采购文件提出的质疑，依法通过澄清或者修改可以继续开展采购活动的，澄清或者修改采购文件后继续开展采购活动；否则应当修改采购文件后重新开展采购活动。

（二）对采购过程、中标或者成交结果提出的质疑，合格供应商符合法定数量时，可以从合格的中标或者成交候选人中另行确定中标、成交供应商的，应当依法另行确定中标、成交供应商；否则应当重新开展采购活动。

质疑答复导致中标、成交结果改变的，采购人或者采购代理机构应当将有关情况书面报告本级财政部门。

第三章　投诉提起

第十七条　质疑供应商对采购人、采购代理机构的答复不满意，或者采购人、采购代理机构未在规定时间内作出答复的，可以在答复期满后15个工作日内向本办法第六条规定的财政部门提起投诉。

第十八条　投诉人投诉时，应当提交投诉书和必要的证明材料，并按照被投诉采购人、采购代理机构（以下简称被投诉人）和与投诉事项有关的供应商数量提供投诉书的副本。投诉书应当包括下列内容：

（一）投诉人和被投诉人的姓名或者名称、通讯地址、邮编、联系人及联系电话；

（二）质疑和质疑答复情况说明及相关证明材料；

（三）具体、明确的投诉事项和与投诉事项相关的投诉请求；

（四）事实依据；

（五）法律依据；

（六）提起投诉的日期。

投诉人为自然人的，应当由本人签字；投诉人为法人或者其他组织的，应当由法定代表人、主要负责人，或者其授权代表签字或者盖章，并加盖公章。

第十九条　投诉人应当根据本办法第七条第二款规定的信息内容，并按照其规定的方式提起投诉。

投诉人提起投诉应当符合下列条件：

（一）提起投诉前已依法进行质疑；

（二）投诉书内容符合本办法的规定；

（三）在投诉有效期限内提起投诉；

（四）同一投诉事项未经财政部门投诉处理；

（五）财政部规定的其他条件。

第二十条　供应商投诉的事项不得超出已质疑事项的范围，但基于质疑答复内容提出的投诉事项除外。

第四章　投诉处理

第二十一条　财政部门收到投诉书后，应当在5个工作日内进行审查，审查后按照下列情况处理：

（一）投诉书内容不符合本办法第十八条规定的，应当在收到投诉书5个工作日内一次性书面通知投诉人补正。补正通知应当载明需要补正的事项和合理的补正期限。未按照补正期限进行补正或者补正后仍不符合规定的，不予受理。

（二）投诉不符合本办法第十九条规定条件的，应当在3个工作日内书面告知投诉人不予受理，并说明理由。

（三）投诉不属于本部门管辖的，应当在3个工作日内书面告知投诉人向有管辖权的部门提起投诉。

（四）投诉符合本办法第十八条、第十九条规定的，自收到投诉书之日起即为受理，并在收到投诉后8个工作日内向被投诉人和其他与投诉事项有关的当事人发出投诉答复通知书及投诉书副本。

第二十二条　被投诉人和其他与投诉事项有关的当事人应当在收到投诉答复通知书及投诉书副本之日起5个工作日内，以书面形式向财政部门作出说明，并提交相关证据、依据和其他有关材料。

第二十三条　财政部门处理投诉事项原则上采用书面审查的方式。财政部门认为有必要时，可以进行调查取证或者组织质证。

财政部门可以根据法律、法规规定或者职责权限，委托相关单位或者第三方开展调查取证、检验、检测、鉴定。

质证应当通知相关当事人到场，并制作质证笔录。质证笔录应当由当事人签字确认。

第二十四条 财政部门依法进行调查取证时，投诉人、被投诉人以及与投诉事项有关的单位及人员应当如实反映情况，并提供财政部门所需要的相关材料。

第二十五条 应当由投诉人承担举证责任的投诉事项，投诉人未提供相关证据、依据和其他有关材料的，视为该投诉事项不成立；被投诉人未按照投诉答复通知书要求提交相关证据、依据和其他有关材料的，视同其放弃说明权利，依法承担不利后果。

第二十六条 财政部门应当自收到投诉之日起30个工作日内，对投诉事项作出处理决定。

第二十七条 财政部门处理投诉事项，需要检验、检测、鉴定、专家评审以及需要投诉人补正材料的，所需时间不计算在投诉处理期限内。

前款所称所需时间，是指财政部门向相关单位、第三方、投诉人发出相关文书、补正通知之日至收到相关反馈文书或材料之日。

财政部门向相关单位、第三方开展检验、检测、鉴定、专家评审的，应当将所需时间告知投诉人。

第二十八条 财政部门在处理投诉事项期间，可以视具体情况书面通知采购人和采购代理机构暂停采购活动，暂停采购活动时间最长不得超过30日。

采购人和采购代理机构收到暂停采购活动通知后应当立即中止采购活动，在法定的暂停期限结束前或者财政部门发出恢复采购活动通知前，不得进行该项采购活动。

第二十九条 投诉处理过程中，有下列情形之一的，财政部门应当驳回投诉：

（一）受理后发现投诉不符合法定受理条件；

（二）投诉事项缺乏事实依据，投诉事项不成立；

（三）投诉人捏造事实或者提供虚假材料；

（四）投诉人以非法手段取得证明材料。证据来源的合法性存在明显疑问，投诉人无法证明其取得方式合法的，视为以非法手段取得证明材料。

第三十条 财政部门受理投诉后，投诉人书面申请撤回投诉的，财政部门应当终止投诉处理程序，并书面告知相关当事人。

第三十一条　投诉人对采购文件提起的投诉事项，财政部门经查证属实的，应当认定投诉事项成立。经认定成立的投诉事项不影响采购结果的，继续开展采购活动；影响或者可能影响采购结果的，财政部门按照下列情况处理：

（一）未确定中标或者成交供应商的，责令重新开展采购活动。

（二）已确定中标或者成交供应商但尚未签订政府采购合同的，认定中标或者成交结果无效，责令重新开展采购活动。

（三）政府采购合同已经签订但尚未履行的，撤销合同，责令重新开展采购活动。

（四）政府采购合同已经履行，给他人造成损失的，相关当事人可依法提起诉讼，由责任人承担赔偿责任。

第三十二条　投诉人对采购过程或者采购结果提起的投诉事项，财政部门经查证属实的，应当认定投诉事项成立。经认定成立的投诉事项不影响采购结果的，继续开展采购活动；影响或者可能影响采购结果的，财政部门按照下列情况处理：

（一）未确定中标或者成交供应商的，责令重新开展采购活动。

（二）已确定中标或者成交供应商但尚未签订政府采购合同的，认定中标或者成交结果无效。合格供应商符合法定数量时，可以从合格的中标或者成交候选人中另行确定中标或者成交供应商的，应当要求采购人依法另行确定中标、成交供应商；否则责令重新开展采购活动。

（三）政府采购合同已经签订但尚未履行的，撤销合同。合格供应商符合法定数量时，可以从合格的中标或者成交候选人中另行确定中标或者成交供应商的，应当要求采购人依法另行确定中标、成交供应商；否则责令重新开展采购活动。

（四）政府采购合同已经履行，给他人造成损失的，相关当事人可依法提起诉讼，由责任人承担赔偿责任。

投诉人对废标行为提起的投诉事项成立的，财政部门应当认定废标行为无效。

第三十三条 财政部门作出处理决定，应当制作投诉处理决定书，并加盖公章。投诉处理决定书应当包括下列内容：

（一）投诉人和被投诉人的姓名或者名称、通讯地址等；

（二）处理决定查明的事实和相关依据，具体处理决定和法律依据；

（三）告知相关当事人申请行政复议的权利、行政复议机关和行政复议申请期限，以及提起行政诉讼的权利和起诉期限；

（四）作出处理决定的日期。

第三十四条 财政部门应当将投诉处理决定书送达投诉人和与投诉事项有关的当事人，并及时将投诉处理结果在省级以上财政部门指定的政府采购信息发布媒体上公告。

投诉处理决定书的送达，参照《中华人民共和国民事诉讼法》关于送达的规定执行。

第三十五条 财政部门应当建立投诉处理档案管理制度，并配合有关部门依法进行的监督检查。

第五章 法律责任

第三十六条 采购人、采购代理机构有下列情形之一的，由财政部门责令限期改正；情节严重的，给予警告，对直接负责的主管人员和其他直接责任人员，由其行政主管部门或者有关机关给予处分，并予通报：

（一）拒收质疑供应商在法定质疑期内发出的质疑函；

（二）对质疑不予答复或者答复与事实明显不符，并不能作出合理说明；

（三）拒绝配合财政部门处理投诉事宜。

第三十七条 投诉人在全国范围12个月内三次以上投诉查无实据的，由财政部门列入不良行为记录名单。

投诉人有下列行为之一的，属于虚假、恶意投诉，由财政部门列入不良行为记录名单，禁止其1至3年内参加政府采购活动：

（一）捏造事实；

（二）提供虚假材料；

（三）以非法手段取得证明材料。证据来源的合法性存在明显疑问，投诉人无法证明其取得方式合法的，视为以非法手段取得证明材料。

第三十八条　财政部门及其工作人员在履行投诉处理职责中违反本办法规定及存在其他滥用职权、玩忽职守、徇私舞弊等违法违纪行为的，依照《中华人民共和国政府采购法》《中华人民共和国公务员法》《中华人民共和国行政监察法》《中华人民共和国政府采购法实施条例》等国家有关规定追究相应责任；涉嫌犯罪的，依法移送司法机关处理。

第六章　附　则

第三十九条　质疑函和投诉书应当使用中文。质疑函和投诉书的范本，由财政部制定。

第四十条　相关当事人提供外文书证或者外国语视听资料的，应当附有中文译本，由翻译机构盖章或者翻译人员签名。

相关当事人向财政部门提供的在中华人民共和国领域外形成的证据，应当说明来源，经所在国公证机关证明，并经中华人民共和国驻该国使领馆认证，或者履行中华人民共和国与证据所在国订立的有关条约中规定的证明手续。

相关当事人提供的在香港特别行政区、澳门特别行政区和台湾地区内形成的证据，应当履行相关的证明手续。

第四十一条　财政部门处理投诉不得向投诉人和被投诉人收取任何费用。但因处理投诉发生的第三方检验、检测、鉴定等费用，由提出申请的供应商先行垫付。投诉处理决定明确双方责任后，按照“谁过错谁负担”的原则由承担责任的一方负担；双方都有责任的，由双方合理分担。

第四十二条　本办法规定的期间开始之日，不计算在期间内。期间届满的最后一日是节假日的，以节假日后的第一日为期间届满的日期。期间不包括在途时间，质疑和投诉文书在期满前交邮的，不算过期。

本办法规定的“以上”“以下”均含本数。

第四十三条　对在质疑答复和投诉处理过程中知悉的国家秘密、商业秘密、个人隐私和依法不予公开的信息，财政部门、采购人、采购代理机构等相关知情人应当保密。

第四十四条 省级财政部门可以根据本办法制定具体实施办法。

第四十五条 本办法自2018年3月1日起施行。财政部2004年8月11日发布的《政府采购供应商投诉处理办法》（财政部令第20号）同时废止。

2007年1月10日，财政部**《关于加强政府采购供应商投诉受理审查工作的通知》**（财库〔2007〕1号）规定：为了规范政府采购供应商投诉及财政部门受理投诉行为，保护政府采购当事人合法权益，维护政府采购秩序，提高投诉处理效率，现就政府采购供应商投诉受理审查有关事项通知如下：

一、充分认识加强供应商投诉受理审查工作的重要性

供应商投诉是政府采购法赋予供应商的权利，是发挥供应商监督，促进政府采购活动公开、公正、公平，维护政府采购当事人合法权益的有效措施。各级财政部门要高度重视供应商投诉，不得阻碍供应商投诉，不得无故拒绝供应商投诉，要指导供应商投诉，及时办理受理审查工作，从源头上提高投诉处理工作效率。

二、不予受理的投诉要书面告知

财政部门经审查，有投诉人不是参加投诉项目政府采购活动的当事人、被投诉人为采购人或采购代理机构之外的当事人、所有投诉事项未经过质疑、所有投诉事项超过投诉有效期、以具有法律效力的文书送达之外方式提出的投诉等情形之一的，应当认定为无效投诉，不予受理，并及时书面告知投诉人不予受理的理由。

三、投诉书允许修改但要限定期限

财政部门经审查，有投诉书副本数量不足、投诉事项或投诉请求不清晰、相关依据或证明材料不全、投诉书署名不符合规定等情形之一的，应当及时告知投诉人限期补充或修改后重新投诉，逾期不予受理。

《政府采购法》第五十四条[①]【供应商向采购代理机构提出询问或者质疑】采购人委托采购代理机构采购的，供应商可以向采购代理机构提出询问或者质疑，采购代理机构应当依照本法第五十一条、第五十三条的规定就采购人委托授权范围内的事项作出答复。

财政部门在投诉审查期间，认定投诉事项与采购人行为有关但采购人不是被投诉人的，应当要求投诉人将采购人追加为被投诉人，并限期修改投诉书重新投诉，逾期不予受理。

财政部门经审查，供应商投诉事项与质疑事项不一致的，超出质疑事项的投诉事项应当认定为无效投诉事项，并告知投诉人撤回投诉书，对在质疑有效期内的未质疑事项进行质疑，或限期修改投诉书重新投诉，逾期不予受理。

四、涉密事项的投诉要提供依据

投诉事项属于有关法律、法规和规章规定处于保密阶段的事项，财政部门应当要求投诉人提供信息来源或有效证据，否则，应当认定为无效投诉事项。

五、严格执行受理审查程序

财政部门收到供应商投诉后，应当在5个工作日内完成审查工作。

在供应商投诉受理审查期间，相关信息或材料、文件的传递，财政部门、投诉人以及相关当事人应当采用书面形式，并办理签收手续。

2014年12月31日，**《政府和社会资本合作项目政府采购管理办法》**（财库〔2014〕215号）规定：**第二十二条**　参加PPP项目采购活动的社会资本对采购活动的询问、质疑和投诉，依照有关政府采购法律制度规定执行。

① 2017年12月26日，财政部**《政府采购质疑和投诉办法》**（财政部第94号令）**第五条**　采购人负责供应商质疑答复。采购人委托采购代理机构采购的，采购代理机构在委托授权范围内作出答复。……

《政府采购法实施条例》第五十二条[①]**【询问和质疑答复】**采购人或者采购代理机构应当在3个工作日内对供应商依法提出的询问作出答复。

供应商提出的询问或者质疑超出采购人对采购代理机构委托授权范围的，采购代理机构应当告知供应商向采购人提出。

政府采购评审专家应当配合采购人或者采购代理机构答复供应商的询问和质疑。

《政府采购法实施条例》第五十四条【因询问、质疑暂停签订或者暂停履行合同】询问或者质疑事项可能影响中标、成交结果的，采购人应当暂停签订合同，已经签订合同的，应当中止履行合同。

第七条　采购人、采购代理机构应当在采购文件中载明接收质疑函的方式、联系部门、联系电话和通讯地址等信息。

① 2012年8月29日，财政部**《关于进一步规范政府采购评审工作有关问题的通知》**（财库〔2012〕69号）规定：……四、妥善处理评审中的特殊情形……参与政府采购活动的供应商对评审过程或者结果提出质疑的，采购人或采购代理机构可以组织原评审委员会协助处理质疑事项，并依据评审委员会出具的意见进行答复。质疑答复导致中标或成交结果改变的，采购人或采购代理机构应当将相关情况报财政部门备案。

《政府采购法》第五十五条[①] **【投诉】**质疑供应商对采购人、采购代理机构的答复不满意或者采购人、采购代理机构未在规定的时间内作出答复的，可以在答复期满后十五个工作日内向同级政府采购监督管理部门投诉。

《政府采购法实施条例》第五十五条【对供应商提起质疑、投诉的要求】供应商质疑、投诉应当有明确的请求和必要的证明材料。供应商投诉的事项不得超出已质疑事项的范围。

《政府采购法》第五十六条【投诉处理】政府采购监督管理部门应当在收到投诉后三十个工作日内，对投诉事项作出处理决定，并以书面形式通知投诉人和与投诉事项有关的当事人。

《政府采购法实施条例》第五十六条【对投诉事项的调查】财政部门处理投诉事项采用书面审查的方式，必要时可以进行调查取证或者组织质证。

---

① 2019年7月26日，财政部**《关于促进政府采购公平竞争优化营商环境的通知》**（财库〔2019〕38号）规定：……六、完善政府采购质疑投诉和行政裁决机制。畅通供应商质疑投诉渠道。研究建立与“互联网+政府采购”相适应的快速裁决通道，为供应商提供标准统一、高效便捷的维权服务。对供应商提出的质疑和投诉，采购人、采购代理机构和各级财政部门应当依法及时答复和处理。完善质疑答复内部控制制度，有条件的采购人和集中采购机构应当实现政府采购质疑答复岗位与操作执行岗位相分离，进一步健全政府采购质疑投诉处理机制。

对财政部门依法进行的调查取证，投诉人和与投诉事项有关的当事人应当如实反映情况，并提供相关材料。

《政府采购法》第五十七条【暂停采购活动】政府采购监督管理部门在处理投诉事项期间，可以视具体情况书面通知采购人暂停采购活动，但暂停时间最长不得超过三十日。

《政府采购法实施条例》第五十七条【驳回投诉与终止投诉处理程序】投诉人捏造事实、提供虚假材料或者以非法手段取得证明材料进行投诉的，财政部门应当予以驳回。

财政部门受理投诉后，投诉人书面申请撤回投诉的，财政部门应当终止投诉处理程序。

《政府采购法实施条例》第五十八条【投诉处理期限计算与处理决定公告】财政部门处理投诉事项，需要检验、检测、鉴定、专家评审以及需要投诉人补正材料的，所需时间不计算在投诉处理期限内。

财政部门对投诉事项作出的处理决定，应当在省级以上人民政府财政部门指定的媒体上公告。

《政府采购法》第五十八条【行政复议和行政诉讼】投诉人对政府采购监督管理部门的投诉处理决定不服或者政府采购监督管理部门逾期未作处理的，可以依法申请行政复议或者向人民法院提起行政诉讼。

第七章

监督检查*

《政府采购法》第五十九条①【加强监督检查及监督检查的主要内容】政府采购监督管理部门应当加强对政府采购活动及集中采购机构的监督检查。

---

* 2014年12月31日，**《政府和社会资本合作项目政府采购管理办法》**（财库〔2014〕215号）规定：**第二十三条** 各级人民政府财政部门应当加强对PPP项目采购活动的监督检查，依法处理采购活动中的违法违规行为。

① 2016年10月10日，财政部**《关于政府采购监督检查实施“双随机一公开”工作细则的公告》**（财政部公告2016年第123号）**第一条** 为进一步规范政府采购监督检查执法行为，全面落实“双随机一公开”要求，根据《中华人民共和国政府采购法》及其实施条例，以及《财政检查工作办法》（财政部令第32号）、《国务院办公厅关于推广随机抽查规范事中事后监管的通知》（国办发〔2015〕58号）、《财政部推广随机抽查工作实施方案》（财法函〔2015〕102号）、《财政部随机抽查工作细则》（财监〔2016〕38号）等有关规定，制定本细则。

第二条 本细则所称“双随机一公开”工作，是指财政部依法实施监督检查的主要内容是：

（一）有关政府采购的法律、行政法规和规章的执行情况；

（二）采购范围、采购方式和采购程序的执行情况；

（三）政府采购人员的职业素质和专业技能。

《政府采购法》第六十条【设立采购代理机构的禁止性规定】 政府采购监督管理部门不得设置集中采购机构，不得参与政府采购项目的采购活动。

采购代理机构与行政机关不得存在隶属关系或者其他利益关系。

政府采购监督检查时，采取随机抽取检查对象、随机选派执法检查人员，及时公开抽查情况和查处结果的活动。

第三条 政府采购监督检查按照财政部公开的随机抽查事项清单和批准的年度检查计划开展，坚持健全机制、规范监管、公正高效、公开透明的原则。

第四条 政府采购监督检查应建立执法检查人员名录库和检查对象名录库。执法检查人员以政府采购相关工作人员为主，检查对象为代理中央政府采购业务的社会代理机构，相关名录库信息应录入财政部统一的信息平台，并根据变动情况动态调整。

第五条 政府采购监督检查采取定向抽查和不定向抽查相结合的方式，对于重大问题或舆情反映的热点问题，可以采取定向抽取的方式，设定类别条件选择检查对象或执法检查人员。

第六条 检查实施前，财政部通过统一的信息平台随机抽取执法检查人员和检查对象，随机抽取过程全程记录。

《政府采购法》第六十一条【集中采购机构内部控制管理】集中采购机构应当建立健全内部监督管理制度。采购活动的决策和执行程序应当明确，并相互监督、相互制约。经办采购的人员与负责采购合同审核、验收人员的职责权限应当明确，并相互分离。

《政府采购法》第六十二条【对集中采购机构的采购人员要求】集中采购机构的采购人员应当具有相关职业素质和专业技能，符合政府采购监督管理部门规定的专业岗位任职要求。

第七条　代理机构抽取比例为检查对象名录库中代理机构数量的10%–30%，具体比例根据年度检查工作安排确定。近三年内检查过的代理机构，在抽取时可以排除。

第八条　执法检查人员的抽取数量根据检查工作需要确定，同一检查组执法检查人员不得少于两人。出现随机抽取的执法检查人员因实际困难不能参加检查工作或需要回避等情形，应通过统一信息平台及时抽取，补齐执法检查人员。

第九条　随机抽取的检查对象名单和检查处理处罚等信息，经履行报批程序后，及时在财政部门户网站和指定政府采购信息发布媒体上公开，主动接受社会监督。

第十条　本细则自发布之日起执行。

2020年3月1日，财政部**《政府购买服务管理办法》**（财政部第102号令）**第二十条**　购买主体实施政府购买服务项目绩效管理，应当开展事前绩效评估，定期对所购服务实施情况开展绩效评价，具备条件的项目可以运用第三方评价评估。

财政部门可以根据需要，对部门政府购买服务整体工作开展绩效评价，或者对部门实施的资金金额和社会影响大的政府购买服务项目开展重点绩效评价。

集中采购机构对其工作人员应当加强教育和培训；对采购人员的专业水平、工作实绩和职业道德状况定期进行考核。采购人员经考核不合格的，不得继续任职。

《政府采购法》第六十三条【采购标准和采购结果公开】政府采购项目的采购标准应当公开。

采用本法规定的采购方式的，采购人在采购活动完成后，应当将采购结果予以公布。

《政府采购法实施条例》第五十九条【采购标准】政府采购法第六十三条所称政府采购项目的采购标准，是指项目采购所依据的经费预算标准、资产配置标准和技术、服务标准等。

《政府采购法》第六十四条[①]**【采购人须依法采购、不受违法干涉】**采购人必须按照本法规定的采购方式和采购程序进行采购。

第二十一条　购买主体及财政部门应当将绩效评价结果作为承接主体选择、预算安排和政策调整的重要依据。

2014年4月14日，财政部**《关于推进和完善服务项目政府采购有关问题的通知》**（财库〔2014〕37号）规定：……五、推进政府采购服务项目绩效评价。建立绩效评价与后续采购相衔接的管理制度。按照全过程预算绩效管理制度要求，加强服务项目政府采购绩效评价，对项目的资金节约、政策效能、透明程度以及专业化水平进行综合、客观评价。对于服务项目验收或者绩效评价结果优秀的供应商，在同类项目的采购中同等条件下可以优先考虑。

①　2013年12月19日，财政部**《政府采购非招标采购方式管理办法》**（财政部第74号令）**第五十八条**　任何单位或者个人非法干预、影

任何单位和个人不得违反本法规定，要求采购人或者采购工作人员向其指定的供应商进行采购。

《政府采购法》第六十五条【政府采购当事人应当配合监督检查】政府采购监督管理部门应当对政府采购项目的采购活动进行检查，政府采购当事人应当如实反映情况，提供有关材料。

《政府采购法实施条例》第六十四条[①]【财政部门的监督检查权】各级人民政府财政部门对政府采购活动进行监督检查，有权查阅、复制有关文件、资料，相关单位和人员应当予以配合。

《政府采购法》第六十六条【集中采购机构考核】政府采购监督管理部门应当对集中采购机构的采购价格、节约资金效果、服务质量、信誉状况、有无违法行为等事项进行考核，并定期如实公布考核结果。

响评审过程或者结果的，责令改正；该单位责任人或者个人属于国家机关工作人员的，由任免机关或者监察机关依法给予处分。

① 2018年1月4日，财政部**《政府采购代理机构管理暂行办法》**（财库〔2018〕2号）规定：

第一章　总　则

第一条　为加强政府采购代理机构监督管理，促进政府采购代理机构规范发展，根据《中华人民共和国政府采购法》《中华人民共和国政府采购法实施条例》等法律法规，制定本办法。

第二条　本办法所称政府采购代理机构（以下简称代理机构）是指集中采购机构以外、受采购人委托从事政府采购代理业务的社会中介机构。

第三条 代理机构的名录登记、从业管理、信用评价及监督检查适用本办法。

第四条 各级人民政府财政部门（以下简称财政部门）依法对代理机构从事政府采购代理业务进行监督管理。

第五条 财政部门应当加强对代理机构的政府采购业务培训，不断提高代理机构专业化水平。鼓励社会力量开展培训，增强代理机构业务能力。

……

第四章 信用评价及监督检查

第十七条 财政部门负责组织开展代理机构综合信用评价工作。采购人、供应商和评审专家根据代理机构的从业情况对代理机构的代理活动进行综合信用评价。综合信用评价结果应当全国共享。

第十八条 采购人、评审专家应当在采购活动或评审活动结束后5个工作日内，在政府采购信用评价系统中记录代理机构的职责履行情况。

供应商可以在采购活动结束后5个工作日内，在政府采购信用评价系统中记录代理机构的职责履行情况。

代理机构可以在政府采购信用评价系统中查询本机构的职责履行情况，并就有关情况作出说明。

第十九条 财政部门应当建立健全定向抽查和不定向抽查相结合的随机抽查机制。对存在违法违规线索的政府采购项目开展定向检查；对日常监管事项，通过随机抽取检查对象、随机选派执法检查人员等方式开展不定向检查。

财政部门可以根据综合信用评价结果合理优化对代理机构的监督检查频次。

第二十条 财政部门应当依法加强对代理机构的监督检查，监督检查包括以下内容：

（一）代理机构名录信息的真实性；

（二）委托代理协议的签订和执行情况；

（三）采购文件编制与发售、评审组织、信息公告发布、评审专家抽取及评价情况；

（四）保证金收取及退还情况，中标或者成交供应商的通知情况；

（五）受托签订政府采购合同、协助采购人组织验收情况；

（六）答复供应商质疑、配合财政部门处理投诉情况；

（七）档案管理情况；

（八）其他政府采购从业情况。

第二十一条　对代理机构的监督检查结果应当在省级以上财政部门指定的政府采购信息发布媒体向社会公开。

第二十二条　受到财政部门禁止代理政府采购业务处罚的代理机构，应当及时停止代理业务，已经签订委托代理协议的项目，按下列情况分别处理：

（一）尚未开始执行的项目，应当及时终止委托代理协议；

（二）已经开始执行的项目，可以终止的应当及时终止，确因客观原因无法终止的应当妥善做好善后工作。

第二十三条　代理机构及其工作人员违反政府采购法律法规的行为，依照政府采购法律法规进行处理；涉嫌犯罪的，依法移送司法机关处理。

代理机构的违法行为给他人造成损失的，依法承担民事责任。

第二十四条　财政部门工作人员在代理机构管理中存在滥用职权、玩忽职守、徇私舞弊等违法违纪行为的，依照《中华人民共和国政府采购法》《中华人民共和国公务员法》《中华人民共和国行政监察法》《中华人民共和国政府采购法实施条例》等国家有关规定追究相关责任；涉嫌犯罪的，依法移送司法机关处理。

第五章　附　则

第二十五条　政府采购行业协会按照依法制定的章程开展活动，加强代理机构行业自律。

《政府采购法实施条例》第六十条[①] **【对集中采购机构的考核】** 除政府采购法第六十六条规定的考核事项外，财政部门对集中采购机构的考核事项还包括：

（一）政府采购政策的执行情况；

（二）采购文件编制水平；

（三）采购方式和采购程序的执行情况；

（四）询问、质疑答复情况；

（五）内部监督管理制度建设及执行情况；

（六）省级以上人民政府财政部门规定的其他事项。

第二十六条 省级财政部门可根据本办法规定制定具体实施办法。

第二十七条 本办法自2018年3月1日施行。

① 2003年11月17日，财政部、监察部**《集中采购机构监督考核管理办法》**（财库〔2003〕120号）规定：

第一章 总 则

第一条 为了进一步加强对政府集中采购机构的监督管理，提高集中采购活动的效率，保障集中采购机构的工作服务质量，根据《中华人民共和国政府采购法》，制定本办法。

第二条 本办法所称集中采购机构，是指设区的市、自治州以上人民政府根据本级政府采购项目组织集中采购的需要设立的承担集中采购任务的专门机构。

各级政府采购监督管理部门（以下简称“财政部门”）对各级集中采购机构的监督考核工作按照本办法规定执行。

对县级政府因工作需要设置的集中采购机构，其监督考核工作按照本办法规定执行。

财政部门应当制定考核计划，定期对集中采购机构进行考核，考核结果有重要情况的，应当向本级人民政府报告。

《政府采购法实施条例》第六十一条【采购人与采购代理机构之间的相互监督】采购人发现采购代理机构有违法行为的，应当要求其改正。采购代理机构拒不改正的，采购人应当向本级人民政府财政部门报告，财政部门应当依法处理。

采购代理机构发现采购人的采购需求存在以不合理条件对供应商实行差别待遇、歧视待遇或者其他不符合法律、法规和政府采购政策规定内容，或者发现采购人有其他违法行为的，应当建议其改正。采购人拒不改正的，采购代理机构应当向采购人的本级人民政府财政部门报告，财政部门应当依法处理。

第三条　财政部门负责对集中采购机构的监督考核工作，监督考核结果应当在财政部门指定的政府采购信息媒体上公布。

监察部门要加强对集中采购机构及其工作人员的监察，同时对财政部门的监督考核工作实施监察。

第四条　集中采购机构监督考核工作，应当坚持依法办事、客观公正、实事求是、廉洁奉公的原则。

对集中采购机构考核实行定期和定项考核。定期考核原则上每半年进行一次。定项考核根据工作需要随机进行。

第五条　财政部门在考核工作中要做到“要求明确，事先通知，程序规范，考核认真”。

在监督考核工作中，财政部门与集中采购机构是监督与被监督关系，财政部门不得借监督考核干预集中采购机构的正常工作。

第二章　考核内容

第六条　集中采购机构执行政府采购的法律、行政法规和规章情况，有无违纪违法行为。

第七条　采购范围、采购方式和采购程序的执行情况。包括集中采购目录或计划任务的完成情况，是否按规定的采购方式执行，采购程序是否合理合法，接受采购人委托完成其他采购情况等。

第八条　集中采购机构建立和健全内部管理监督制度情况。包括是否建立岗位工作纪律要求，工作岗位设置是否合理，管理操作环节是否权责明确，是否建立内部监督制约体系。

第九条　集中采购机构从业人员的职业素质和专业技能情况。包括是否遵守有关法律、规章制度，是否开展内部培训和参加财政部门组织的培训等。

第十条　基础工作情况。包括日常基础工作和业务基础工作。日常基础工作有，政府采购文件档案管理制度是否规范有序，归档资料是否齐全、及时。业务基础工作有，招标公告和中标公告发布率，招标文件、招标结果和合同备案率，擅自改变采购方式率和质疑答复满意率，有关收费和资金管理情况，有关报表数据是否及时等。

第十一条　采购价格、资金节约率情况。包括实际采购价格是否低于采购预算和市场同期平均价格等。

第十二条　集中采购机构的服务质量情况。包括是否及时向采购人提供服务，是否在规定的时间内及时组织采购人和中标（成交）供应商签订采购合同；是否及时会同采购人对采购项目进行验收，采购人对集中采购机构服务态度和质量的满意度，是否公平公正对待参加采购活动的供应商等。

第十三条　集中采购机构及其从业人员的廉洁自律情况。包括是否制定廉洁自律规定,是否有接受采购人或供应商宴请、旅游、娱乐的行为，是否有接受礼品、回扣、有价证券的，是否在采购人或供应商处报销应该由个人负担的费用以及其他不廉洁行为等。

第三章　考核要求

第十四条　财政部门应当组织考核小组对集中采购机构进行考核，考核小组可以邀请纪检监察、审计部门人员参加。必要时邀请采购人和供应商参加。

第十五条　财政部门应当制定考核计划和考核方案，能采取量化考核的，要制定考核标准和打分方法，并在考核工作开始前15天以文件形式通知集中采购机构。

第十六条　对集中采购机构考核时，财政部门可向采购人、供应商征求对集中采购机构的意见，并作为考核参考依据。

第十七条　集中采购机构接到财政部门考核通知后，在一周内按考核要求进行自我检查，并形成自查报告。同时做好有关考核所需文件、数据及资料的整理工作，以备向考核小组提供。

第十八条　在考核工作中，集中采购机构对考核小组的考核意见有分歧时，应当进行协商。协商有困难的，应以书面形式将意见报财政部门。财政部门应当按规定予以答复或处理。

第十九条　财政部门根据考核中发现的问题，向集中采购机构提出改进建议。集中采购机构应当按照财政部门的建议进行整改。

第四章　考核方法

第二十条　定性与定量相结合的考核方式。对集中采购机构采购次数、金额和信息发布等进行定量考核，对采购质量、采购效率和服务水平进行定性综合考评。

第二十一条　自我检查与财政检查相结合的考核方式。财政部门要结合集中采购机构上报的自我检查报告进行考核。

第二十二条　定期与随机检查相结合的考核方式。除正常考核外，财政部门还可以根据实际情况，采取随机方式进行考核。

第二十三条　专项检查与全面检查相结合的考核方式。可对一个采购项目或事务进行专项考核，也可对一段时期采购执行情况开展综合考核。

第五章　考核结果及责任

第二十四条　考核小组要在考核工作结束五个工作日内形成书面考核意见。

书面考核意见应当由考核小组集体研究决定，重大事项和情况，可向财政部门请示或报告。

第二十五条　财政部门要综合考核小组意见和采购人、供应商的意见后作出正式考核报告。考核报告要报送同级人民政府，同时抄送集中采购机构。

第二十六条　对经考核，工作业绩优良的集中采购机构要给予通报表彰。

第二十七条　集中采购机构在考核中，虚报业绩，隐瞒真实情况的，或者无正当理由拒绝按照财政部门考核意见及时改进工作的，由财政部门或者同级人民政府给予警告或通报批评，情节严重的，可责令停止一至三个月的代理采购业务（此期间业务由采购人委托其他采购代理机构办理），进行内部整顿。其中涉及集中采购机构领导或工作人员的，监察机关对直接责任人员可根据情节给予行政处分。

第二十八条　集中采购机构发生下列情形，应当责令其限期改正，给予警告，对直接负责的主管人员和其他直接责任人，由其行政主管部门或监察机关给予行政处分。

（一）应当采取规定方式而擅自采取其他方式采购的；

（二）擅自提高采购标准的；

（三）以不合理条件对供应商实行差别待遇或歧视待遇的；

（四）在招标过程中违规与投标人进行协商谈判的；

（五）拒绝有关部门依法实施监督检查的。

第二十九条　集中采购机构发生下列情形的，应当给予警告；情节严重的，可责令停止一至三个月的代理采购业务，进行内部整顿。

（一）未按规定在财政部门指定媒体上发布政府采购信息的；

（二）按规定应当在财政部门指定媒体发布招标公告和中标公告而发布率不足95%的；

《政府采购法实施条例》第六十二条[①]**【政府采购评审专家库管理与评审专家职责履行情况的记录】**省级以上人民政府财政部门应当对政府采购评审专家库实行动态管理，具体管理办法由国务院财

（三）按规定应当在财政部门备案的招标文件、招标结果和合同其备案率不足90%的；

（四）未经财政部门批准擅自改变采购方式的；

（五）质疑答复满意率、服务态度和质量满意度较低的；

（六）违反本办法规定的其他考核内容的。

第三十条　集中采购机构工作人员有下列情形的，将追究有关直接责任人的责任，并且视情节给予短期离岗学习、调离（辞退）、处分等处罚。构成犯罪的，依法追究刑事责任。

（一）与政府采购供应商恶意串通的；

（二）在采购过程中，接受贿赂或获取其他不正当利益的；

（三）违反政府采购及招标投标法律、法规、规章制度有关规定的；

（四）在有关部门依法实施监督检查中提供虚假情况的；

（五）由于个人工作失误，给采购人、供应商造成重大经济损失或不良影响的。

第三十一条　财政部门或考核小组在考核工作中违反本办法规定，弄虚作假、徇私舞弊或滥用职权的，要给予通报批评；情节严重的，由其上级部门或监察机关依法给予行政处分。构成犯罪的，依法追究刑事责任。

第六章　附　则

第三十二条　各省、自治区、直辖市、计划单列市财政部门可根据当地实际情况，制定具体实施办法并报财政部备案。

第三十三条　本办法自发布之日起实施。

①　2016年11月18日，财政部**《政府采购评审专家管理办法》**（财库〔2016〕198号）规定：

政部门制定。

采购人或者采购代理机构应当对评审专家在政府采购活动中的职责履行情况予以记录，并及时向财政部门报告。

《政府采购法》第六十七条【政府有关部门监督】依照法律、行政法规的规定对政府采购负有行政监督职责的政府有关部门，应当按照其职责分工，加强对政府采购活动的监督。

第一章　总　则

第一条　为加强政府采购评审活动管理，规范政府采购评审专家（以下简称评审专家）评审行为，根据《中华人民共和国政府采购法》（以下简称《政府采购法》）、《中华人民共和国政府采购法实施条例》（以下简称《政府采购法实施条例》）等法律法规及有关规定，制定本办法。

第二条　本办法所称评审专家，是指经省级以上人民政府财政部门选聘，以独立身份参加政府采购评审，纳入评审专家库管理的人员。评审专家选聘、解聘、抽取、使用、监督管理适用本办法。

第三条　评审专家实行统一标准、管用分离、随机抽取的管理原则。

第四条　财政部负责制定全国统一的评审专家专业分类标准和评审专家库建设标准，建设管理国家评审专家库。

省级人民政府财政部门负责建设本地区评审专家库并实行动态管理，与国家评审专家库互联互通、资源共享。

各级人民政府财政部门依法履行对评审专家的监督管理职责。

第二章　评审专家选聘与解聘

第五条　省级以上人民政府财政部门通过公开征集、单位推荐和自我推荐相结合的方式选聘评审专家。

第六条　评审专家应当具备以下条件：

（一）具有良好的职业道德，廉洁自律，遵纪守法，无行贿、受贿、欺诈等不良信用记录；

（二）具有中级专业技术职称或同等专业水平且从事相关领域工作满8年，或者具有高级专业技术职称或同等专业水平；

（三）熟悉政府采购相关政策法规；

（四）承诺以独立身份参加评审工作，依法履行评审专家工作职责并承担相应法律责任的中国公民；

（五）不满70周岁，身体健康，能够承担评审工作；

（六）申请成为评审专家前三年内，无本办法第二十九条规定的不良行为记录。

对评审专家数量较少的专业，前款第（二）项、第（五）项所列条件可以适当放宽。

第七条　符合本办法第六条规定条件，自愿申请成为评审专家的人员（以下简称申请人），应当提供以下申请材料：

（一）个人简历、本人签署的申请书和承诺书；

（二）学历学位证书、专业技术职称证书或者具有同等专业水平的证明材料；

（三）证明本人身份的有效证件；

（四）本人认为需要申请回避的信息；

（五）省级以上人民政府财政部门规定的其他材料。

第八条　申请人应当根据本人专业或专长申报评审专业。

第九条　省级以上人民政府财政部门对申请人提交的申请材料、申报的评审专业和信用信息进行审核，符合条件的选聘为评审专家，纳入评审专家库管理。

第十条　评审专家工作单位、联系方式、专业技术职称、需要回避的信息等发生变化的，应当及时向相关省级以上人民政府财政部门申请变更相关信息。

第十一条　评审专家存在以下情形之一的，省级以上人民政府财政部门应当将其解聘：

（一）不符合本办法第六条规定条件；

（二）本人申请不再担任评审专家；

（三）存在本办法第二十九条规定的不良行为记录；

（四）受到刑事处罚。

第三章　评审专家抽取与使用

第十二条　采购人或者采购代理机构应当从省级以上人民政府财政部门设立的评审专家库中随机抽取评审专家。

评审专家库中相关专家数量不能保证随机抽取需要的，采购人或者采购代理机构可以推荐符合条件的人员，经审核选聘入库后再随机抽取使用。

第十三条　技术复杂、专业性强的采购项目，通过随机方式难以确定合适评审专家的，经主管预算单位同意，采购人可以自行选定相应专业领域的评审专家。

自行选定评审专家的，应当优先选择本单位以外的评审专家。

第十四条　除采用竞争性谈判、竞争性磋商方式采购，以及异地评审的项目外，采购人或者采购代理机构抽取评审专家的开始时间原则上不得早于评审活动开始前2个工作日。

第十五条　采购人或者采购代理机构应当在评审活动开始前宣布评审工作纪律，并将记载评审工作纪律的书面文件作为采购文件一并存档。

第十六条　评审专家与参加采购活动的供应商存在下列利害关系之一的，应当回避：

（一）参加采购活动前三年内，与供应商存在劳动关系，或者担任过供应商的董事、监事，或者是供应商的控股股东或实际控制人；

（二）与供应商的法定代表人或者负责人有夫妻、直系血亲、三代以内旁系血亲或者近姻亲关系；

（三）与供应商有其他可能影响政府采购活动公平、公正进行的关系。

评审专家发现本人与参加采购活动的供应商有利害关系的，应当主动提出回避。采购人或者采购代理机构发现评审专家与参加采购活动的供应商有利害关系的，应当要求其回避。

除本办法第十三条规定的情形外，评审专家对本单位的政府采购项目只能作为采购人代表参与评审活动。

各级财政部门政府采购监督管理工作人员，不得作为评审专家参与政府采购项目的评审活动。

第十七条　出现评审专家缺席、回避等情形导致评审现场专家数量不符合规定的，采购人或者采购代理机构应当及时补抽评审专家，或者经采购人主管预算单位同意自行选定补足评审专家。无法及时补足评审专家的，采购人或者采购代理机构应当立即停止评审工作，妥善保存采购文件，依法重新组建评标委员会、谈判小组、询价小组、磋商小组进行评审。

第十八条　评审专家应当严格遵守评审工作纪律，按照客观、公正、审慎的原则，根据采购文件规定的评审程序、评审方法和评审标准进行独立评审。

评审专家发现采购文件内容违反国家有关强制性规定或者采购文件存在歧义、重大缺陷导致评审工作无法进行时，应当停止评审并向采购人或者采购代理机构书面说明情况。

评审专家应当配合答复供应商的询问、质疑和投诉等事项，不得泄露评审文件、评审情况和在评审过程中获悉的商业秘密。

评审专家发现供应商具有行贿、提供虚假材料或者串通等违法行为的，应当及时向财政部门报告。

评审专家在评审过程中受到非法干预的，应当及时向财政、监察等部门举报。

第十九条　评审专家应当在评审报告上签字，对自己的评审意见承担法律责任。对需要共同认定的事项存在争议的，按照少数服从多数的原则做出结论。对评审报告有异议的，应当在评审报告上签署不同意见并说明理由，否则视为同意评审报告。

第二十条 评审专家名单在评审结果公告前应当保密。评审活动完成后，采购人或者采购代理机构应当随中标、成交结果一并公告评审专家名单，并对自行选定的评审专家做出标注。

各级财政部门、采购人和采购代理机构有关工作人员不得泄露评审专家的个人情况。

第二十一条 采购人或者采购代理机构应当于评审活动结束后5个工作日内，在政府采购信用评价系统中记录评审专家的职责履行情况。

评审专家可以在政府采购信用评价系统中查询本人职责履行情况记录，并就有关情况作出说明。

省级以上人民政府财政部门可根据评审专家履职情况等因素设置阶梯抽取概率。

第二十二条 评审专家应当于评审活动结束后5个工作日内，在政府采购信用评价系统中记录采购人或者采购代理机构的职责履行情况。

第二十三条 集中采购目录内的项目，由集中采购机构支付评审专家劳务报酬；集中采购目录外的项目，由采购人支付评审专家劳务报酬。

第二十四条 省级人民政府财政部门应当根据实际情况，制定本地区评审专家劳务报酬标准。中央预算单位参照本单位所在地或评审活动所在地标准支付评审专家劳务报酬。

第二十五条 评审专家参加异地评审的，其往返的城市间交通费、住宿费等实际发生的费用，可参照采购人执行的差旅费管理办法相应标准向采购人或集中采购机构凭据报销。

第二十六条 评审专家未完成评审工作擅自离开评审现场，或者在评审活动中有违法违规行为的，不得获取劳务报酬和报销异地评审差旅费。评审专家以外的其他人员不得获取评审劳务报酬。

第四章 评审专家监督管理

第二十七条 评审专家未按照采购文件规定的评审程序、评审方法和评审标准进行独立评审或者泄露评审文件、评审情况的，由财政部门给予警告，并处2000元以上2万元以下的罚款；影响中标、成交结果的，处2万元以上5万元以下的罚款，禁止其参加政府采购评审活动。

评审专家与供应商存在利害关系未回避的，处2万元以上5万元以下的罚款，禁止其参加政府采购评审活动。

评审专家收受采购人、采购代理机构、供应商贿赂或者获取其他不正当利益，构成犯罪的，依法追究刑事责任；尚不构成犯罪的，处2万元以上5万元以下的罚款，禁止其参加政府采购评审活动。

评审专家有上述违法行为的，其评审意见无效；有违法所得的，没收违法所得；给他人造成损失的，依法承担民事责任。

第二十八条　采购人、采购代理机构发现评审专家有违法违规行为的，应当及时向采购人本级财政部门报告。

第二十九条　申请人或评审专家有下列情形的，列入不良行为记录：

（一）未按照采购文件规定的评审程序、评审方法和评审标准进行独立评审；

（二）泄露评审文件、评审情况；

（三）与供应商存在利害关系未回避；

（四）收受采购人、采购代理机构、供应商贿赂或者获取其他不正当利益；

（五）提供虚假申请材料；

（六）拒不履行配合答复供应商询问、质疑、投诉等法定义务；

（七）以评审专家身份从事有损政府采购公信力的活动。

第三十条　采购人或者采购代理机构未按照本办法规定抽取和使用评审专家的，依照《政府采购法》及有关法律法规追究法律责任。

第三十一条　财政部门工作人员在评审专家管理工作中存在滥用职权、玩忽职守、徇私舞弊等违法违纪行为的，依照《政府采购法》《公务员法》《行政监察法》《政府采购法实施条例》等国家有关规定追究相应责任；涉嫌犯罪的，移送司法机关处理。

《政府采购法实施条例》第六十三条[①]【政府采购信用信息平台】各级人民政府财政部门和其他有关部门应当加强对参加政府采购活动的供应商、采购代理机构、评审专家的监督管理，对其不良行为予以记录，并纳入统一的信用信息平台。

《政府采购法》第六十八条【审计监督】审计机关应当对政府采购进行审计监督。政府采购监督管理部门、政府采购各当事人有关政府采购活动，应当接受审计机关的审计监督。

《政府采购法》第六十九条【监察】监察机关应当加强对参与政府采购活动的国家机关、国家公务员和国家行政机关任命的其他人员实施监察。

第五章　附　则

第三十二条　参加评审活动的采购人代表、采购人依法自行选定的评审专家管理参照本办法执行。

第三十三条　国家对评审专家抽取、选定另有规定的，从其规定。

第三十四条　各省级人民政府财政部门，可以根据本办法规定，制定具体实施办法。

第三十五条　本办法由财政部负责解释。

第三十六条　本办法自2017年1月1日起施行。财政部、监察部2003年11月17日发布的《政府采购评审专家管理办法》（财库〔2003〕119号）同时废止。

① 2018年11月20日，国家发展改革委、人民银行、财政部等**《关于对政府采购领域严重违法失信主体开展联合惩戒的合作备忘录》**（发改财金〔2018〕1614号）规定：

《政府采购法实施条例》第六十五条【审计机关、监察机关以及其他有关部门的监督】审计机关、监察机关以及其他有关部门依法对政府采购活动实施监督，发现采购当事人有违法行为的，应当及时通报财政部门。

一、联合惩戒对象

联合惩戒对象主要指在政府采购领域经营活动中违反《政府采购法》，以及其他法律、法规、规章和规范性文件，违背诚实信用原则，经政府采购监督管理部门依法认定的存在严重违法失信行为的政府采购当事人，包括（1）政府采购供应商、代理机构及其直接负责的主管人员和其他责任人员；（2）政府采购评审专家（以下统称“失信责任主体”）。

二、信息共享与联合惩戒的实施方式

财政部通过全国信用信息共享平台向签署本备忘录的其他单位提供失信责任主体信息并按照有关规定动态更新。其他单位从全国信用信息共享平台获取失信责任主体信息，将其作为依法履职的重要参考，按照本备忘录约定内容，依法依规对失信责任主体实施联合惩戒。建立惩戒效果定期通报机制，有关单位根据实际情况定期将联合惩戒实施情况通过全国信用信息共享平台反馈至国家发展改革委和财政部。

三、联合惩戒措施

各单位依照有关规定，对失信责任主体采取下列一种或多种惩戒措施。

（一）依法限制获取财政补助补贴性资金和社会保障资金支持

依法限制失信责任主体申请财政补助补贴性资金和社会保障资金支持。

实施单位：财政部、国家发展改革委、人力资源社会保障部、国资委、国际发展合作署等

（二）依法限制参与政府投资工程建设项目投标活动

依法限制失信责任主体申请参与政府投资工程建设项目投标活动。

实施单位：国家发展改革委、工业和信息化部、住房城乡建设部、交通运输部、水利部、商务部、国际发展合作署、民航局、中国铁路总公司

（三）依法限制取得政府供应土地

依法限制或禁止失信责任主体取得政府供应土地。

实施单位：自然资源部

（四）依法限制取得认证机构资质和认证证书

依法限制失信责任主体取得认证机构资质和获得认证证书。

实施单位：市场监管总局

（五）依法限制参与基础设施和公用事业特许经营

依法限制失信责任主体参与基础设施和公用事业特许经营。

实施单位：国家发展改革委、财政部、住房城乡建设部、交通运输部、水利部

（六）设立证券公司、基金管理公司、期货公司等审批参考

依法将失信责任主体的违法失信记录作为证券公司、基金管理公司及期货公司的设立及股权或实际控制人变更审批或备案，私募投资基金管理人登记、重大事项变更以及基金备案的参考。

实施单位：证监会

（七）设立商业银行或分行、代表处审批参考

依法将失信责任主体的违法失信记录作为申请设立商业银行或分行、代表处的审批参考。

实施单位：银保监会

（八）设立保险公司的审批参考

依法将失信责任主体的违法失信记录作为保险公司的设立及股权或实际控制人变更审批或备案的参考。

实施单位：银保监会

（九）对申请发行企业债券不予受理

对失信责任主体申请发行企业债券不予受理。

实施单位：国家发展改革委

（十）加强注册非金融企业债务融资工具管理

在注册非金融企业债务融资工具时，加强管理，按照注册发行有关工作要求，强化信息披露，加强投资人保护机制管理，防范有关风险。

实施单位：人民银行

（十一）依法作为公司债券核准或备案参考

依法将失信责任主体的违法失信记录作为公司债券核准或备案的参考。

实施单位：证监会

（十二）股票、可转换公司债券发行审核及在全国中小企业股份转让系统公开转让审核的参考

依法将失信责任主体的违法失信行为作为股票、可转换公司债券发行审核及在全国中小企业股份转让系统公开转让审核的参考。

实施单位：证监会

（十三）作为境内上市公司实行股权激励计划或相关人员成为股权激励对象事中事后监管的参考

依法将失信责任主体的违法失信行为作为境内上市公司实行股权激励计划或相关人员成为股权激励对象事中事后监管的参考。

实施单位：证监会

（十四）上市公司或者非上市公众公司收购事中事后监管中予以重点关注

在上市公司或者非上市公众公司收购的事中事后监管中，对失信责任主体予以重点关注。

实施单位：证监会

（十五）证券、基金、期货从业资格申请予以从严审核，证券、基金、期货从业人员相关主体予以重点关注

对存在失信记录的相关主体在证券、基金、期货从业资格申请中予以从严审核，对已成为证券、基金、期货从业人员的相关主体予以重点

关注。

实施单位：证监会

（十六）非上市公众公司重大资产重组审核的参考

依法将失信信息作为非上市公众公司重大资产重组审核的参考。

实施单位：证监会

（十七）独立基金销售机构审批的参考

依法将失信信息作为独立基金销售机构审批的参考。

实施单位：证监会

（十八）限制从事互联网信息服务，从严审查电信业务经营许可申请

依法限制失信责任主体从事互联网信息服务，从严审查失信责任主体电信业务经营许可申请。

实施单位：工业和信息化部

（十九）金融机构融资授信参考

依法将失信责任主体的违法失信记录作为对其评级授信、信贷融资、管理和退出等的重要参考。

实施单位：人民银行、银保监会

（二十）加强日常监管检查

对失信责任主体，相关单位可在市场监管、现场检查等工作中予以参考，加大日常监管力度，按照相关规定，提高随机抽查的比例和频次，向社会公布检查结果。

实施单位：各有关单位

（二十一）依法限制其担任国有企业法定代表人、董事、监事

失信责任主体为自然人的，依法限制其担任国有企业法定代表人、董事、监事；已担任相关职务的，依法提出其不再担任相关职务的意见。

实施单位：中央组织部、国资委、财政部、市场监管总局等

（二十二）依法限制登记为事业单位法定代表人

失信责任主体为自然人的，依法限制登记为事业单位法定代表人。

失信责任主体是机构的，该机构法定代表人依法限制登记为事业单位法定代表人。

实施单位：中央编办

（二十三）依法限制担任金融机构董事、监事、高级管理人员

失信责任主体为自然人的，依法限制其担任银行业金融机构、保险公司、保险资产管理公司、融资性担保公司等的董事、监事、高级管理人员，以及保险专业代理机构、保险经纪人的高级管理人员及相关分支机构主要负责人，保险公估机构董事长、执行董事和高级管理人员；将其违法失信记录作为担任证券公司、基金管理公司、期货公司的董事、监事和高级管理人员及分支机构负责人任职审批或备案的参考。已担任相关职务的，依法提出其不再担任相关职务的意见。

实施单位：中央组织部、银保监会、证监会、财政部、市场监管总局等

（二十四）招录（聘）为公务员或事业单位工作人员参考

失信责任主体为自然人的，依法将其违法失信记录作为其被招录（聘）为公务员或事业单位工作人员的重要参考。

实施单位：中央组织部、人力资源社会保障部

（二十五）依法限制参与评先、评优或取得荣誉称号

依法限制失信责任主体参与评先、评优或取得各类荣誉称号；已获得相关荣誉称号的依法予以撤销。

实施单位：中央文明办、全国总工会、共青团中央、全国妇联等

（二十六）供纳税信用管理时审慎性参考

在对失信责任主体的纳税信用管理中，依法将其违法失信行为作为信用信息采集和评价的审慎性参考依据。

实施单位：税务总局

（二十七）供外汇业务审批与管理时审慎性参考

依法将失信责任主体的相关违法失信信息作为外汇业务审批、合格境外机构投资者与合格境内机构投资者额度审批和管理的审慎性参考。

实施单位：外汇局

（二十八）依法限制成为海关认证企业

对失信责任主体申请海关认证企业管理的，不予通过认证；对已经成为认证企业的，按照规定下调企业信用等级。

实施单位：海关总署

（二十九）加大进出口货物监管力度

失信责任主体办理相关海关业务时，对其进出口货物实施严密监管，加强布控查验、后续稽查或统计监督核查。

实施单位：海关总署

（三十）依法限制受让收费公路权益参考

依法将失信责任主体的违法失信行为作为限制受让收费公路权益的参考。

实施单位：交通运输部

（三十一）暂停审批相关的科技项目

依法限制审批新的科技扶持项目，将其违法失信行为记入科研信用记录，并依据有关规定暂停审批其新的科技项目资金申报。

实施单位：科技部

（三十二）严格、审慎审批新改扩建项目的环评事项

依法将失信责任主体的违法失信信息作为审批新改扩建项目环评事项的参考。

实施单位：生态环境部

（三十三）作为限制分配进口关税配额的参考

依法将失信责任主体的违法失信信息作为限制分配有关商品的进口关税配额的参考。

实施单位：商务部、国家发展改革委

（三十四）通过“信用中国”网站、中国政府采购网、国家企业信用信息公示系统及其他主要新闻网站向社会公布

依法将失信责任主体的违法失信信息通过“信用中国”网站、中国政府采购网、国家企业信用信息公示系统予以发布，同时协调相关互联网新闻信息服务单位向社会公布。

实施单位：国家发展改革委、财政部、市场监管总局、中央网信办

四、联合惩戒信息的动态管理

财政部在提供失信责任主体的违法失信信息时，应注明决定作出的日期及实施期限，有关单位根据各自的法定职责，按照法律法规和相关规定实施惩戒或解除惩戒。超过实施期限的，不再实施联合惩戒。

五、其他事宜

各单位应密切协作，积极落实本备忘录，制定完善相关领域规范性文件，推动健全相关领域立法，指导本系统各级单位依法依规实施联合惩戒措施。本备忘录实施过程中涉及单位之间协同配合的问题，由各单位协商解决。

本备忘录签署后，各项惩戒措施依据的法律、法规、规章及规范性文件有修改或调整的，以修改后的法律、法规、规章及规范性文件为准。

附录：联合惩戒依据和实施单位（略）

2014年12月19日，财政部办公厅**《关于报送政府采购严重违法失信行为信息记录的通知》**（财办库〔2014〕526号）规定：为推进社会信用体系建设，加强对政府采购违法失信行为记录的曝光和惩戒，进一步规范政府采购市场主体行为，维护政府采购市场秩序，根据《中华人民共和国政府采购法》、《国务院关于促进市场公平竞争维护市场正常秩序的若干意见》（国发〔2014〕20号）及《社会信用体系建设规划纲要（2014—2020年）》（国发〔2014〕21号）等相关规定，结合政府采购工作实际，财政部决定参与中央多部委开展的不良信用记录联合发布活动，启动建设“政府采购严重违法失信行为记录名单”专栏，在中国政府采购网上集中发布全国政府采购严重违法失信行为信息记录，现就有关事项通知如下：

一、政府采购严重违法失信行为的适用情形

供应商、采购代理机构在三年内受到财政部门作出下列情形之一的

行政处罚，列入政府采购严重违法失信行为记录名单。

（一）三万元以上罚款；

（二）在一至三年内禁止参加政府采购活动（处罚期限届满的除外）；

（三）在一至三年内禁止代理政府采购业务（处罚期限届满的除外）；

（四）撤销政府采购代理机构资格（仅针对《政府采购法》第78条修改前作出的处罚决定）。

二、政府采购严重违法失信行为信息记录的主要内容

政府采购严重违法失信行为信息记录应包括以下主要内容：企业名称、企业地址、严重违法失信行为的具体情形、处罚结果、处罚依据、处罚日期和执法单位等。

三、政府采购严重违法失信行为信息记录的报送要求

地方各级财政部门应认真梳理近三年内本级作出上述行政处罚类的案件信息，按照附件格式整理形成本级的政府采购严重违法失信行为信息记录，随处罚文件一并以电子版形式报送上级财政部门。省级财政部门负责汇总本省三年内有效的政府采购严重违法失信行为信息记录，收集相应的处罚文件，于2014年12月30日前以电子版形式一并报送财政部。

自2015年1月1日起，省级财政部门负责本省政府采购严重违法失信行为信息记录的发布管理工作，及时汇总相关信息，确保自行政处罚决定形成或变更之日起20个工作日内，在中国政府采购网“政府采购严重违法失信行为记录名单”的专栏中完成信息发布工作。信息公布期限一般为3年，处罚期限届满的，相关信息记录从专栏中予以删除。

联系单位：财政部国库司政府采购管理一处

2014年11月25日，财政部、民政部**《关于支持和规范社会组织承接政府购买服务的通知》**（财综〔2014〕87号）规定：……三、进一步建立健全社会组织承接政府购买服务信用记录管理机制……（三）按照

《政府采购法》第七十条[①]**【控告和检举】**任何单位和个人对政府采购活动中的违法行为，有权控告和检举，有关部门、机关应当依照各自职责及时处理。

公开、公正、公平原则，推进社会组织登记管理和承接政府购买服务的信息公开和信息共享，加强政府向社会组织购买服务的绩效管理和绩效评价。建立健全由购买主体、服务对象及专业机构组成的综合性评价机制。各级财政部门要配合购买主体及相关机构加强政府购买服务活动的监管和绩效评价，在推广政府购买服务过程中，对守信社会组织予以支持和激励，对失信社会组织予以限制和禁止。各级民政部门要建立完善社会组织信用体系，协助核实社会组织的资质及相关条件，及时收录承接政府购买服务的社会组织绩效评价结果和对违法社会组织的处罚决定等内容，每年按时向社会公布社会组织名录和信用记录。有关部门要将社会组织承接政府购买服务情况纳入年检、评估和执法工作体系，加大对违法违规行为的执法监管力度。

①　2020年3月1日，财政部**《政府购买服务管理办法》**（财政部第102号令）**第三十条**　有关部门应当建立健全政府购买服务监督管理机制。购买主体和承接主体应当自觉接受财政监督、审计监督、社会监督以及服务对象的监督。

第八章

法律责任*

《政府采购法》第七十一条[①] **【采购人、采购代理机构的违法行为的法律责任】** 采购人、采购代理机构有下列情形之一的，责令限期改正，给予警告，可以并处罚款，对直接负责的主管人员和其他直接责任人员，由其行政主管部门或者有关机关给予处分，并予通报：

（一）应当采用公开招标方式而擅自采用其他方式采购的；

---

* 2014年12月31日，**《政府和社会资本合作项目政府采购管理办法》**（财库〔2014〕215号）规定：**第二十四条** PPP项目采购有关单位和人员在采购活动中出现违法违规行为的，依照政府采购法及有关法律法规追究法律责任。

① 2017年7月11日，财政部**《政府采购货物和服务招标投标管理办法》**（财政部第87号令）**第七十七条** 采购人有下列情形之一的，由财政部门责令限期改正；情节严重的，给予警告，对直接负责的主管人员和其他直接责任人员由其行政主管部门或者有关机关依法给予处分，并予以通报；涉嫌犯罪的，移送司法机关处理：

（二）擅自提高采购标准的；

（三）以不合理的条件对供应商实行差别待遇或者歧视待遇的；

（四）在招标采购过程中与投标人进行协商谈判的；

（五）中标、成交通知书发出后不与中标、成交供应商签订采购合同的；

（六）拒绝有关部门依法实施监督检查的。

（一）未按照本办法的规定编制采购需求的；

（二）违反本办法第六条第二款规定的；

（三）未在规定时间内确定中标人的；

（四）向中标人提出不合理要求作为签订合同条件的。

第七十八条　采购人、采购代理机构有下列情形之一的，由财政部门责令限期改正，情节严重的，给予警告，对直接负责的主管人员和其他直接责任人员，由其行政主管部门或者有关机关给予处分，并予通报；采购代理机构有违法所得的，没收违法所得，并可以处以不超过违法所得3倍、最高不超过3万元的罚款，没有违法所得的，可以处以1万元以下的罚款：

（一）违反本办法第八条第二款规定的；

（二）设定最低限价的；

（三）未按照规定进行资格预审或者资格审查的；

（四）违反本办法规定确定招标文件售价的；

（五）未按规定对开标、评标活动进行全程录音录像的；

（六）擅自终止招标活动的；

（七）未按照规定进行开标和组织评标的；

（八）未按照规定退还投标保证金的；

（九）违反本办法规定进行重新评审或者重新组建评标委员会进行评标的；

《政府采购法》第七十二条[①]**【采购人、采购代理机构及其工作人员的违法行为的法律责任】**采购人、采购代理机构及其工作人员有下列情形之一，构成犯罪的，依法追究刑事责任；尚不构成犯罪的，处以罚款，有违法所得的，并处没收违法所得，属于国家机关工作人员的，依法给予行政处分：

（一）与供应商或者采购代理机构恶意串通的；

（二）在采购过程中接受贿赂或者获取其他不正当利益的；

（三）在有关部门依法实施的监督检查中提供虚假情况的；

（四）开标前泄露标底的。

《政府采购法实施条例》第六十六条【罚款的数额】政府采购法第七十一条规定的罚款，数额为10万元以下。

（十）开标前泄露已获取招标文件的潜在投标人的名称、数量或者其他可能影响公平竞争的有关招标投标情况的；

（十一）未妥善保存采购文件的；

（十二）其他违反本办法规定的情形。

第七十九条 有本办法第七十七条、第七十八条规定的违法行为之一，经改正后仍然影响或者可能影响中标结果的，依照政府采购法实施条例第七十一条规定处理。

① **《刑法》第二百二十三条** 投标人相互串通投标报价，损害招标人或者其他投标人利益，情节严重的，处三年以下有期徒刑或者拘役，并处或者单处罚金。

投标人与招标人串通投标，损害国家、集体、公民的合法利益的，依照前款的规定处罚。

……

政府采购法第七十二条规定的罚款，数额为5万元以上25万元以下。

《政府采购法实施条例》第六十七条【采购人违法采购的法律责任】采购人有下列情形之一的，由财政部门责令限期改正，给予警告，对直接负责的主管人员和其他直接责任人员依法给予处分，并予以通报：

（一）未按照规定编制政府采购实施计划或者未按照规定将政府采购实施计划报本级人民政府财政部门备案；

第三百八十五条 国家工作人员利用职务上的便利，索取他人财物的，或者非法收受他人财物，为他人谋取利益的，是受贿罪。

国家工作人员在经济往来中，违反国家规定，收受各种名义的回扣、手续费，归个人所有的，以受贿论处。

……

第三百八十七条 国家机关、国有公司、企业、事业单位、人民团体，索取、非法收受他人财物，为他人谋取利益，情节严重的，对单位判处罚金，并对其直接负责的主管人员和其他直接责任人员，处五年以下有期徒刑或者拘役。

前款所列单位，在经济往来中，在账外暗中收受各种名义的回扣、手续费的，以受贿论，依照前款的规定处罚。

……

第三百九十八条 国家机关工作人员违反保守国家秘密法的规定，故意或者过失泄露国家秘密，情节严重的，处三年以下有期徒刑或者拘役；情节特别严重的，处三年以上七年以下有期徒刑。

非国家机关工作人员犯前款罪的，依照前款的规定酌情处罚。

（二）将应当进行公开招标的项目化整为零或者以其他任何方式规避公开招标；

（三）未按照规定在评标委员会、竞争性谈判小组或者询价小组推荐的中标或者成交候选人中确定中标或者成交供应商；

（四）未按照采购文件确定的事项签订政府采购合同；

（五）政府采购合同履行中追加与合同标的相同的货物、工程或者服务的采购金额超过原合同采购金额10%；

（六）擅自变更、中止或者终止政府采购合同；

（七）未按照规定公告政府采购合同；

（八）未按照规定时间将政府采购合同副本报本级人民政府财政部门和有关部门备案。

《政府采购法实施条例》第六十八条【采购人、采购代理机构违法采购的法律责任】采购人、采购代理机构有下列情形之一的，依照政府采购法第七十一条、第七十八条的规定追究法律责任：

（一）未依照政府采购法和本条例规定的方式实施采购；

（二）未依法在指定的媒体上发布政府采购项目信息；

（三）未按照规定执行政府采购政策；

（四）违反本条例第十五条的规定导致无法组织对供应商履约情况进行验收或者国家财产遭受损失；

（五）未依法从政府采购评审专家库中抽取评审专家；

（六）非法干预采购评审活动；

（七）采用综合评分法时评审标准中的分值设置未与评审因素的量化指标相对应；

（八）对供应商的询问、质疑逾期未作处理；

（九）通过对样品进行检测、对供应商进行考察等方式改变评审结果；

（十）未按照规定组织对供应商履约情况进行验收。

《政府采购法》第七十三条[①] **【采购人、采购代理机构的违法行为影响中标、成交结果的处理办法】**有前两条违法行为之一影响中标、成交结果或者可能影响中标、成交结果的，按下列情况分别处理：

（一）未确定中标、成交供应商的，终止采购活动；

（二）中标、成交供应商已经确定但采购合同尚未履行的，撤销合同，从合格的中标、成交候选人中另行确定中标、成交供应商；

（三）采购合同已经履行的，给采购人、供应商造成损失的，由责任人承担赔偿责任。

---

① 2013年12月19日，财政部**《政府采购非招标采购方式管理办法》**（财政部第74号令）**第五十一条**　采购人、采购代理机构有下列情形之一的，责令限期改正，给予警告；有关法律、行政法规规定处以罚款的，并处罚款；涉嫌犯罪的，依法移送司法机关处理：

《政府采购法实施条例》第六十九条【集中采购机构违法行为的法律责任】集中采购机构有下列情形之一的，由财政部门责令限期改正，给予警告，有违法所得的，并处没收违法所得，对直接负责的主管人员和其他直接责任人员依法给予处分，并予以通报：

（一）内部监督管理制度不健全，对依法应当分设、分离的岗位、人员未分设、分离；

（二）将集中采购项目委托其他采购代理机构采购；

（三）从事营利活动。

《政府采购法实施条例》第七十条【采购人员不依法回避的法律责任】采购人员与供应商有利害关系而不依法回避的，由财政部门给予警告，并处2000元以上2万元以下的罚款。

（一）未按照本办法规定在指定媒体上发布政府采购信息的；

（二）未按照本办法规定组成谈判小组、询价小组的；

（三）在询价采购过程中与供应商进行协商谈判的；

（四）未按照政府采购法和本办法规定的程序和要求确定成交候选人的；

（五）泄露评审情况以及评审过程中获悉的国家秘密、商业秘密的。

采购代理机构有前款情形之一，情节严重的，暂停其政府采购代理机构资格3至6个月；情节特别严重或者逾期不改正的，取消其政府采购代理机构资格。

第五十二条　采购人有下列情形之一的，责令限期改正，给予警告；有关法律、行政法规规定处以罚款的，并处罚款：

《政府采购法实施条例》第七十一条【政府采购当事人违法行为影响中标、成交结果的处理办法】有政府采购法第七十一条、第七十二条规定的违法行为之一，影响或者可能影响中标、成交结果的，依照下列规定处理：

（一）未确定中标或者成交供应商的，终止本次政府采购活动，重新开展政府采购活动。

（二）已确定中标或者成交供应商但尚未签订政府采购合同的，中标或者成交结果无效，从合格的中标或者成交候选人中另行确定中标或者成交供应商；没有合格的中标或者成交候选人的，重新开展政府采购活动。

（三）政府采购合同已签订但尚未履行的，撤销合同，从合格的中标或者成交候选人中另行确定中标或者成交供应商；没有合格的中标或者成交候选人的，重新开展政府采购活动。

（一）未按照政府采购法和本办法的规定采用非招标采购方式的；

（二）未按照政府采购法和本办法的规定确定成交供应商的；

（三）未按照采购文件确定的事项签订政府采购合同，或者与成交供应商另行订立背离合同实质性内容的协议的；

（四）未按规定将政府采购合同副本报本级财政部门备案的。

第五十三条　采购人、采购代理机构有本办法第五十一条、第五十二条规定情形之一，且情节严重或者拒不改正的，其直接负责的主管人员和其他直接责任人员属于国家机关工作人员的，由任免机关或者监察机关依法给予处分，并予通报。

……

（四）政府采购合同已经履行，给采购人、供应商造成损失的，由责任人承担赔偿责任。

政府采购当事人有其他违反政府采购法或者本条例规定的行为，经改正后仍然影响或者可能影响中标、成交结果或者依法被认定为中标、成交无效的，依照前款规定处理。

《政府采购法》第七十四条【采购人不委托集中采购机构的违法行为的法律责任】采购人对应当实行集中采购的政府采购项目，不委托集中采购机构实行集中采购的，由政府采购监督管理部门责令改正；拒不改正的，停止按预算向其支付资金，由其上级行政主管部门或者有关机关依法给予其直接负责的主管人员和其他直接责任人员处分。

《政府采购法》第七十五条【采购人未依法公告的违法行为的法律责任】采购人未依法公布政府采购项目的采购标准和采购结果的，责令改正，对直接负责的主管人员依法给予处分。

第五十六条　有本办法第五十一条、第五十二条、第五十五条违法行为之一，并且影响或者可能影响成交结果的，应当按照下列情形分别处理：

（一）未确定成交供应商的，终止本次采购活动，依法重新开展采购活动；

（二）已确定成交供应商但采购合同尚未履行的，撤销合同，从合格的成交候选人中另行确定成交供应商，没有合格的成交候选人的，重新开展采购活动；

（三）采购合同已经履行的，给采购人、供应商造成损失的，由责任人依法承担赔偿责任。

2020年3月1日，财政部**《政府购买服务管理办法》**（财政部第102号令）**第三十一条** 购买主体、承接主体及其他政府购买服务参与方在政府购买服务活动中，存在违反政府采购法律法规行为的，依照政府采购法律法规予以处理处罚；存在截留、挪用和滞留资金等财政违法行为的，依照《中华人民共和国预算法》《财政违法行为处罚处分条例》等法律法规追究法律责任；涉嫌犯罪的，移送司法机关处理。

2021年5月11日，最高人民法院发布行政协议典型案例，其中“**灵石公司、正和公司诉安徽省涡阳县人民政府、安徽省蒙城县人民政府、安徽省利辛县人民政府请求订立特许经营行政协议案**”指出：当事人就某一行政协议行为提起诉讼，但诉讼请求同时涉及其他行政协议行为的，人民法院应当依法予以释明并区分处理，即对于与被诉行政协议行为相关联的诉讼请求直接进行处理，与之没有直接关联的诉讼请求，告知其另循法定救济路径。行政协议的订立、履行需要经过法定程序的如招投标程序，人民法院应当对是否经过或者符合法定程序进行审查，进而对行政协议的效力作出判断。对于依法应当订立行政协议的情形，协议相对人可以请求人民法院判令依法订立行政协议。行政协议未成立或者无效的，当事人提出追究对方违约责任的诉讼请求，人民法院依法不予支持。本案所涉的BOT项目，需经过法定的招投标程序，且先后出现两类行政协议行为，其对应的法律关系及法律后果并不相同。第一个行政协议系未经法定招标程序而通过招商订立协议的情形，依法属于无效行政协议。第二个行政协议虽通过招标形式，但违反了招投标的法定要求，招投标程序属于无效情形，招、投标当事人之间依法不能订立行政协议。人民法院经审查后区分处理，未支持协议相对人要求订立行政协议的诉讼请求，并按照缔约过失情形确认协议当事人之间的责任，理顺了当事人之间的法律关系，有助于行政协议争议的妥善解决。

《政府采购法》第七十六条[①] **【采购人、采购代理机构隐匿、销毁、伪造、变造采购文件的违法行为的法律责任】**采购人、采购代理机构违反本法规定隐匿、销毁应当保存的采购文件或者伪造、变造采购文件的，由政府采购监督管理部门处以二万元以上十万元以下的罚款，对其直接负责的主管人员和其他直接责任人员依法给予处分；构成犯罪的，依法追究刑事责任。

---

① **《刑法》第一百六十二条之一** 隐匿或者故意销毁依法应当保存的会计凭证、会计账簿、财务会计报告，情节严重的，处五年以下有期徒刑或者拘役，并处或者单处二万元以上二十万元以下罚金。

单位犯前款罪的，对单位判处罚金，并对其直接负责的主管人员和其他直接责任人员，依照前款的规定处罚。

……

第二百八十条 伪造、变造、买卖或者盗窃、抢夺、毁灭国家机关的公文、证件、印章的，处三年以下有期徒刑、拘役、管制或者剥夺政治权利，并处罚金；情节严重的，处三年以上十年以下有期徒刑，并处罚金。

伪造公司、企业、事业单位、人民团体的印章的，处三年以下有期徒刑、拘役、管制或者剥夺政治权利，并处罚金。

伪造、变造、买卖居民身份证、护照、社会保障卡、驾驶证等依法可以用于证明身份的证件的，处三年以下有期徒刑、拘役、管制或者剥夺政治权利，并处罚金；情节严重的，处三年以上七年以下有期徒刑，并处罚金。

《政府采购法》第七十七条[①] **【供应商违法行为的法律责任】**供应商有下列情形之一的，处以采购金额千分之五以上千分之十以下的罚款，列入不良行为记录名单，在一至三年内禁止参加政府采购活动，有违法所得的，并处没收违法所得，情节严重的，由工商行政管理机关吊销营业执照；构成犯罪的，依法追究刑事责任：

（一）提供虚假材料谋取中标、成交的；

（二）采取不正当手段诋毁、排挤其他供应商的；

（三）与采购人、其他供应商或者采购代理机构恶意串通的；

（四）向采购人、采购代理机构行贿或者提供其他不正当利益的；

（五）在招标采购过程中与采购人进行协商谈判的；

（六）拒绝有关部门监督检查或者提供虚假情况的。

---

① **《刑法》第二百二十三条**　投标人相互串通投标报价，损害招标人或者其他投标人利益，情节严重的，处三年以下有期徒刑或者拘役，并处或者单处罚金。

投标人与招标人串通投标，损害国家、集体、公民的合法利益的，依照前款的规定处罚。

……

第三百八十九条　为谋取不正当利益，给予国家工作人员以财物的，是行贿罪。

在经济往来中，违反国家规定，给予国家工作人员以财物，数额较大的，或者违反国家规定，给予国家工作人员以各种名义的回扣、手续费的，以行贿论处。

供应商有前款第（一）至（五）项情形之一的，中标、成交无效。

因被勒索给予国家工作人员以财物，没有获得不正当利益的，不是行贿。

第三百九十条之一 为谋取不正当利益，向国家工作人员的近亲属或者其他与该国家工作人员关系密切的人，或者向离职的国家工作人员或者其近亲属以及其他与其关系密切的人行贿的，处三年以下有期徒刑或者拘役，并处罚金；情节严重的，或者使国家利益遭受重大损失的，处三年以上七年以下有期徒刑，并处罚金；情节特别严重的，或者使国家利益遭受特别重大损失的，处七年以上十年以下有期徒刑，并处罚金。

单位犯前款罪的，对单位判处罚金，并对其直接负责的主管人员和其他直接责任人员，处三年以下有期徒刑或者拘役，并处罚金。

第三百九十一条 为谋取不正当利益，给予国家机关、国有公司、企业、事业单位、人民团体以财物的，或者在经济往来中，违反国家规定，给予各种名义的回扣、手续费的，处三年以下有期徒刑或者拘役，并处罚金。

单位犯前款罪的，对单位判处罚金，并对其直接负责的主管人员和其他直接责任人员，依照前款的规定处罚。

……

第三百九十三条 单位为谋取不正当利益而行贿，或者违反国家规定，给予国家工作人员以回扣、手续费，情节严重的，对单位判处罚金，并对其直接负责的主管人员和其他直接责任人员，处五年以下有期徒刑或者拘役，并处罚金。因行贿取得的违法所得归个人所有的，依照本法第三百八十九条、第三百九十条的规定定罪处罚。

《政府采购法实施条例》第七十二条[①] **【供应商违法行为的法律责任】**供应商有下列情形之一的，依照政府采购法第七十七条第一款的规定追究法律责任：

（一）向评标委员会、竞争性谈判小组或者询价小组成员行贿或者提供其他不正当利益；

（二）中标或者成交后无正当理由拒不与采购人签订政府采购合同；

（三）未按照采购文件确定的事项签订政府采购合同；

（四）将政府采购合同转包；

（五）提供假冒伪劣产品；

① 2013年12月19日，财政部**《政府采购非招标采购方式管理办法》**（财政部第74号令）**第五十四条**　成交供应商有下列情形之一的，责令限期改正，情节严重的，列入不良行为记录名单，在1至3年内禁止参加政府采购活动，并予以通报：

（一）未按照采购文件确定的事项签订政府采购合同，或者与采购人另行订立背离合同实质性内容的协议的；

（二）成交后无正当理由不与采购人签订合同的；

（三）拒绝履行合同义务的。

2015年8月20日，财政部**《关于规范政府采购行政处罚有关问题的通知》**（财库〔2015〕150号）规定：……二、各级人民政府财政部门依法对参加政府采购活动的供应商、采购代理机构、评审专家作出的禁止参加政府采购活动、禁止代理政府采购业务、禁止参加政府采购评审活动等行政处罚决定，要严格按照相关法律法规条款的规定进行处罚，相关行政处罚决定在全国范围内生效。

（六）擅自变更、中止或者终止政府采购合同。

供应商有前款第一项规定情形的，中标、成交无效。评审阶段资格发生变化，供应商未依照本条例第二十一条的规定通知采购人和采购代理机构的，处以采购金额5‰的罚款，列入不良行为记录名单，中标、成交无效。

《政府采购法实施条例》第七十三条【供应商恶意投诉的法律责任】供应商捏造事实、提供虚假材料或者以非法手段取得证明材料进行投诉的，由财政部门列入不良行为记录名单，禁止其1至3年内参加政府采购活动。

《政府采购法实施条例》第七十四条[①]【串通行为的法律责任】有下列情形之一的，属于恶意串通，对供应商依照政府采购法第七十七条第一款的规定追究法律责任，对采购人、采购代理机构及其工作人员依照政府采购法第七十二条的规定追究法律责任：

三、各级人民政府财政部门要依法公开对政府采购供应商、采购代理机构、评审专家的行政处罚决定，并按规定将相关信息上传至中国政府采购网开设的“政府采购严重违法失信行为记录名单”，推动建立政府采购供应商、采购代理机构、评审专家不良行为记录制度，加强对政府采购违法失信行为的曝光和惩戒。

① 2017年7月11日，财政部**《政府采购货物和服务招标投标管理办法》**（财政部第87号令）**第三十七条** 有下列情形之一的，视为投标人串通投标，其投标无效：

（一）不同投标人的投标文件由同一单位或者个人编制；

（二）不同投标人委托同一单位或者个人办理投标事宜；

（一）供应商直接或者间接从采购人或者采购代理机构处获得其他供应商的相关情况并修改其投标文件或者响应文件；

（二）供应商按照采购人或者采购代理机构的授意撤换、修改投标文件或者响应文件；

（三）供应商之间协商报价、技术方案等投标文件或者响应文件的实质性内容；

（四）属于同一集团、协会、商会等组织成员的供应商按照该组织要求协同参加政府采购活动；

（五）供应商之间事先约定由某一特定供应商中标、成交；

（六）供应商之间商定部分供应商放弃参加政府采购活动或者放弃中标、成交；

（三）不同投标人的投标文件载明的项目管理成员或者联系人员为同一人；

（四）不同投标人的投标文件异常一致或者投标报价呈规律性差异；

（五）不同投标人的投标文件相互混装；

（六）不同投标人的投标保证金从同一单位或者个人的账户转出。

2020年3月1日，财政部**《政府购买服务管理办法》**（财政部第102号令）**第三十一条**　购买主体、承接主体及其他政府购买服务参与方在政府购买服务活动中，存在违反政府采购法律法规行为的，依照政府采购法律法规予以处理处罚；存在截留、挪用和滞留资金等财政违法行为的，依照《中华人民共和国预算法》《财政违法行为处罚处分条例》等法律法规追究法律责任；涉嫌犯罪的，移送司法机关处理。

（七）供应商与采购人或者采购代理机构之间、供应商相互之间，为谋求特定供应商中标、成交或者排斥其他供应商的其他串通行为。

《政府采购法》第七十八条[①] **【采购代理机构违法行为的法律责任】**采购代理机构在代理政府采购业务中有违法行为的，按照有关法律规定处以罚款，可以在一至三年内禁止其代理政府采购业务，构成犯罪的，依法追究刑事责任。

① 2015年8月20日，财政部**《关于规范政府采购行政处罚有关问题的通知》**（财库〔2015〕150号）规定：……二、各级人民政府财政部门依法对参加政府采购活动的供应商、采购代理机构、评审专家作出的禁止参加政府采购活动、禁止代理政府采购业务、禁止参加政府采购评审活动等行政处罚决定，要严格按照相关法律法规条款的规定进行处罚，相关行政处罚决定在全国范围内生效。

三、各级人民政府财政部门要依法公开对政府采购供应商、采购代理机构、评审专家的行政处罚决定，并按规定将相关信息上传至中国政府采购网开设的“政府采购严重违法失信行为记录名单”，推动建立政府采购供应商、采购代理机构、评审专家不良行为记录制度，加强对政府采购违法失信行为的曝光和惩戒。

《刑法》第三百八十七条　国家机关、国有公司、企业、事业单位、人民团体，索取、非法收受他人财物，为他人谋取利益，情节严重的，对单位判处罚金，并对其直接负责的主管人员和其他直接责任人员，处五年以下有期徒刑或者拘役。

前款所列单位，在经济往来中，在账外暗中收受各种名义的回扣、手续费的，以受贿论，依照前款的规定处罚。

《政府采购法实施条例》第七十五条[①]**【政府采购评审专家的法律责任】**政府采购评审专家未按照采购文件规定的评审程序、评审方法和评审标准进行独立评审或者泄露评审文件、评审情况的，由财政部门给予警告，并处2000元以上2万元以下的罚款；影响中标、成交结果的，处2万元以上5万元以下的罚款，禁止其参加政府采购评审活动。

政府采购评审专家与供应商存在利害关系未回避的，处2万元以上5万元以下的罚款，禁止其参加政府采购评审活动。

政府采购评审专家收受采购人、采购代理机构、供应商贿赂或者获取其他不正当利益，构成犯罪的，依法追究刑事责任；尚不构成犯罪的，处2万元以上5万元以下的罚款，禁止其参加政府采购评审活动。

政府采购评审专家有上述违法行为的，其评审意见无效，不得获取评审费；有违法所得的，没收违法所得；给他人造成损失的，依法承担民事责任。

---

① 2017年7月11日，财政部**《政府采购货物和服务招标投标管理办法》**（财政部第87号令）**第六十二条**　评标委员会及其成员不得有下列行为：

（一）确定参与评标至评标结束前私自接触投标人；

（二）接受投标人提出的与投标文件不一致的澄清或者说明，本办法第五十一条规定的情形除外；

（三）违反评标纪律发表倾向性意见或者征询采购人的倾向性意见；

（四）对需要专业判断的主观评审因素协商评分；

（五）在评标过程中擅离职守，影响评标程序正常进行的；

（六）记录、复制或者带走任何评标资料；

（七）其他不遵守评标纪律的行为。

评标委员会成员有前款第一至五项行为之一的，其评审意见无效，并不得获取评审劳务报酬和报销异地评审差旅费。

……

第八十一条 评标委员会成员有本办法第六十二条所列行为之一的，由财政部门责令限期改正；情节严重的，给予警告，并对其不良行为予以记录。

2013年12月19日，财政部**《政府采购非招标采购方式管理办法》**（财政部第74号令）**第五十五条** 谈判小组、询价小组成员有下列行为之一的，责令改正，给予警告；有关法律、行政法规规定处以罚款的，并处罚款；涉嫌犯罪的，依法移送司法机关处理：

（一）收受采购人、采购代理机构、供应商、其他利害关系人的财物或者其他不正当利益的；

（二）泄露评审情况以及评审过程中获悉的国家秘密、商业秘密的；

（三）明知与供应商有利害关系而不依法回避的；

（四）在评审过程中擅离职守，影响评审程序正常进行的；

（五）在评审过程中有明显不合理或者不正当倾向性的；

（六）未按照采购文件规定的评定成交的标准进行评审的。

评审专家有前款情形之一，情节严重的，取消其政府采购评审专家资格，不得再参加任何政府采购项目的评审，并在财政部门指定的政府采购信息发布媒体上予以公告。

第五十六条 有本办法第五十一条、第五十二条、第五十五条违法行为之一，并且影响或者可能影响成交结果的，应当按照下列情形分别处理：

（一）未确定成交供应商的，终止本次采购活动，依法重新开展采购活动；

（二）已确定成交供应商但采购合同尚未履行的，撤销合同，从合

《政府采购法》第七十九条[①] **【政府采购当事人违法行为的民事责任】**政府采购当事人有本法第七十一条、第七十二条、第七十七条违法行为之一，给他人造成损失的，并应依照有关民事法律规定

格的成交候选人中另行确定成交供应商，没有合格的成交候选人的，重新开展采购活动；

（三）采购合同已经履行的，给采购人、供应商造成损失的，由责任人依法承担赔偿责任。

2015年8月20日，财政部**《关于规范政府采购行政处罚有关问题的通知》**（财库〔2015〕150号）规定：……二、各级人民政府财政部门依法对参加政府采购活动的供应商、采购代理机构、评审专家作出的禁止参加政府采购活动、禁止代理政府采购业务、禁止参加政府采购评审活动等行政处罚决定，要严格按照相关法律法规条款的规定进行处罚，相关行政处罚决定在全国范围内生效。

三、各级人民政府财政部门要依法公开对政府采购供应商、采购代理机构、评审专家的行政处罚决定，并按规定将相关信息上传至中国政府采购网开设的“政府采购严重违法失信行为记录名单”，推动建立政府采购供应商、采购代理机构、评审专家不良行为记录制度，加强对政府采购违法失信行为的曝光和惩戒。

《刑法》第一百六十三条　公司、企业或者其他单位的工作人员，利用职务上的便利，索取他人财物或者非法收受他人财物，为他人谋取利益，数额较大的，处三年以下有期徒刑或者拘役，并处罚金；数额巨大或者有其他严重情节的，处三年以上十年以下有期徒刑，并处罚金；数额特别巨大或者有其他特别严重情节的，处十年以上有期徒刑或者无期徒刑，并处罚金。

①　2017年7月11日，财政部**《政府采购货物和服务招标投标管理办法》**（财政部第87号令）**第八十条**　政府采购当事人违反本办法规定，给他人造成损失的，依法承担民事责任。

承担民事责任。

《政府采购法实施条例》第七十六条【政府采购当事人违法行为的民事责任】政府采购当事人违反政府采购法和本条例规定，给他人造成损失的，依法承担民事责任。

《政府采购法》第八十条[①] **【政府采购监督管理部门的工作人员违法行为的法律责任】**政府采购监督管理部门的工作人员在实施监督检查中违反本法规定滥用职权，玩忽职守，徇私舞弊的，依法给予行政处分；构成犯罪的，依法追究刑事责任。

2013年12月19日，财政部**《政府采购非招标采购方式管理办法》**（财政部第74号令）**第五十七条** 政府采购当事人违反政府采购法和本办法规定，给他人造成损失的，应当依照有关民事法律规定承担民事责任。

① **《刑法》第三百九十七条** 国家机关工作人员滥用职权或者玩忽职守，致使公共财产、国家和人民利益遭受重大损失的，处三年以下有期徒刑或者拘役；情节特别严重的，处三年以上七年以下有期徒刑。本法另有规定的，依照规定。

国家机关工作人员徇私舞弊，犯前款罪的，处五年以下有期徒刑或者拘役；情节特别严重的，处五年以上十年以下有期徒刑。本法另有规定的，依照规定。

《政府采购法实施条例》第七十七条[①] **【财政部门的法律责任】** 财政部门在履行政府采购监督管理职责中违反政府采购法和本条例规定，滥用职权、玩忽职守、徇私舞弊的，对直接负责的主管人员和其他直接责任人员依法给予处分；直接负责的主管人员和其他直接责任人员构成犯罪的，依法追究刑事责任。

---

① 2017年7月11日，财政部**《政府采购货物和服务招标投标管理办法》**（财政部第87号令）**第八十二条**　财政部门应当依法履行政府采购监督管理职责。财政部门及其工作人员在履行监督管理职责中存在懒政怠政、滥用职权、玩忽职守、徇私舞弊等违法违纪行为的，依照政府采购法、《中华人民共和国公务员法》《中华人民共和国行政监察法》《政府采购法实施条例》等国家有关规定追究相应责任；涉嫌犯罪的，移送司法机关处理。

2013年12月19日，财政部**《政府采购非招标采购方式管理办法》**（财政部第74号令）**第五十九条**　财政部门工作人员在实施监督管理过程中违法干预采购活动或者滥用职权、玩忽职守、徇私舞弊的，依法给予处分；涉嫌犯罪的，依法移送司法机关处理。

2020年3月1日，财政部**《政府购买服务管理办法》**（财政部第102号令）**第三十二条**　财政部门、购买主体及其工作人员，存在违反本办法规定的行为，以及滥用职权、玩忽职守、徇私舞弊等违法违纪行为的，按照《中华人民共和国预算法》《中华人民共和国公务员法》《中华人民共和国监察法》《财政违法行为处罚处分条例》等国家有关规定追究相应责任；涉嫌犯罪的，移送司法机关处理。

《政府采购法》第八十一条【政府采购监督管理部门对供应商的投诉逾期未作出处理的违法行为的法律责任】政府采购监督管理部门对供应商的投诉逾期未作处理的，给予直接负责的主管人员和其他直接责任人员行政处分。

《政府采购法》第八十二条【政府采购监督部门对集中采购机构考核过程中的违法行为的法律责任】政府采购监督管理部门对集中采购机构业绩的考核，有虚假陈述，隐瞒真实情况的，或者不作定期考核和公布考核结果的，应当及时纠正，由其上级机关或者监察机关对其负责人进行通报，并对直接负责的人员依法给予行政处分。

集中采购机构在政府采购监督管理部门考核中，虚报业绩，隐瞒真实情况的，处以二万元以上二十万元以下的罚款，并予以通报；情节严重的，取消其代理采购的资格。

《政府采购法》第八十三条【阻挠或限制供应商竞争的违法行为的法律责任】任何单位或者个人阻挠和限制供应商进入本地区或者本行业政府采购市场的，责令限期改正；拒不改正的，由该单位、个人的上级行政主管部门或者有关机关给予单位责任人或者个人处分。

第九章

附　　则

《政府采购法》第八十四条【使用国际组织和外国政府提供贷款的政府采购项目的例外规定】使用国际组织和外国政府贷款进行的政府采购，贷款方、资金提供方与中方达成的协议对采购的具体条件另有规定的，可以适用其规定，但不得损害国家利益和社会公共利益。

《政府采购法》第八十五条[①]**【政府采购法适用的除外规定】**对因严重自然灾害和其他不可抗力事件所实施的紧急采购和涉及国家安全和秘密的采购，不适用本法。

---

① 2020年3月1日，财政部**《政府购买服务管理办法》**（财政部第102号令）**第三十四条**　涉密政府购买服务项目的实施，按照国家有关规定执行。

2020年1月26日，财政部办公厅**《关于疫情防控采购便利化的通知》**（财办库〔2020〕23号）规定：为贯彻落实习近平总书记对新型冠状病毒感染肺炎疫情防控工作作出的重要指示批示精神，按照党中央、国务院决策部署，支持打赢疫情防控攻坚战，现就新型冠状病毒感染肺炎疫情防控采购相关事项通知如下：

一是各级国家机关、事业单位和团体组织（以下简称采购单位）使用财政性资金采购疫情防控相关货物、工程和服务的，应以满足疫情防控工作需要为首要目标，建立采购“绿色通道”，可不执行政府采购法规定的方式和程序，采购进口物资无需审批。

二是各采购单位应当建立健全紧急采购内控机制，在确保采购时效的同时，提高采购资金的使用效益，保证采购质量。

三是各采购单位应当加强疫情防控采购项目采购文件和凭据的管理，留存备查。

四是任何单位和个人发现采购单位及采购人员存在徇私舞弊等违法违纪行为的，应当及时向同级财政部门或有关部门举报。

2020年2月6日，财政部办公厅**《关于疫情防控期间开展政府采购活动有关事项的通知》**（财办库〔2020〕29号）规定：为做好新型冠状病毒感染的肺炎疫情防控，有效减少人员聚集，保障相关人员的生命安全和身体健康，现就疫情防控期间开展政府采购活动有关事项通知如下：

一、合理安排政府采购活动

各地区、各部门根据疫情防控和实际工作需要，积极履职尽责，科学合理开展政府采购活动。对于与疫情防控相关的采购项目，作为紧急采购项目，按照《财政部办公厅关于疫情防控采购便利化的通知》（财办库〔2020〕23号）的规定执行。对于非紧急的采购活动，因疫情防控而无法开展或无法按规定时间继续进行的采购活动，可酌情暂停或延期，并按规定发布相关信息、通知有关当事人；对于确有必要在疫情防控期间开展的政府采购活动及相关工作，要尽量选择网络、电话、邮寄等非现场方式实施。疫情防控期间需要选取政府采购评审专家的，原则上不采取现场抽取方式，可由采购人通过网络随机抽取或根据实际情况自行选定。对确需开展、按规定应在公共资源交易中心实施的采购活

《政府采购法》第八十六条【军事采购法规的授权性规定】军事采购法规由中央军事委员会另行制定。

动，因公共资源交易中心暂停业务无法开展的，可在其他平台或其他场所进行。

二、加强采购活动场所防护

对确需现场办理或开展的采购活动，采购人、采购代理机构应当严格执行疫情防控要求，做好采购活动场所的通风、消杀、体温监测、人员信息登记等工作，尽可能减少现场人数、加大座位间隔、缩短工作时间。参加政府采购活动的供应商代表、评审专家及采购人、采购代理机构工作人员应当做好个人防护，严格执行疫情报告、人员隔离等要求。

三、推进采购项目电子化实施

有条件的地方尽量在线提供采购文件、提交投标（响应）文件，实行电子开标、电子评审等流程。鼓励各地区电子卖场加强疫情防控相关物资的货源组织，设置专区发布疫情防控采购需求信息和供应商供应信息，促进供需对接。加强对电子卖场的价格监控和供应商管理，依法处理提供假冒伪劣产品、哄抬物价等违法违规行为。

四、关于投诉处理工作

疫情防控期间，各级财政部门可暂停现场受理、质证等工作，相关业务改为网上办理。现场业务恢复时间由各级财政部门根据本地疫情防控工作实际情况确定并公告。因疫情防控期间无法召开专家审查会议，可酌情暂缓作出相关案件的处理决定，并提前告知相关当事人。

五、关于工作日的计算

在政府采购活动及相关质疑、投诉工作中需计算工作日的，国务院及地方各级人民政府规定的延长假期作为公休日，不计入工作日。

自疫情防控终止之日起，即恢复正常采购活动。

《政府采购法》第八十七条【授权国务院执行性立法】本法实施的具体步骤和办法由国务院规定。

《政府采购法》第八十八条【政府采购法生效日期】本法自2003年1月1日起施行。

《政府采购法实施条例》第七十九条【政府采购法实施条例生效日期】本条例自2015年3月1日起施行。

词条索引*

A

B

* 本索引按照汉语拼音顺序排列，后面数字为该词条所在页码。

C

D

E

F

G

H

I

J

K

L

M

N

O

P

Q

R

S

T

U

V

W

X

Y

Z

相关法律规范名录

党 规

党政机关厉行节约反对浪费条例

（中共中央、国务院 2013年11月18日 中发〔2013〕13号）

法 律

1.中华人民共和国政府采购法

（2002年6月29日第九届全国人民代表大会常务委员会第二十八次会议通过 根据2014年8月31日第十二届全国人民代表大会常务委员会第十次会议《关于修改〈中华人民共和国保险法〉等五部法律的决定》修正）

2.中华人民共和国招标投标法

（1999年8月30日第九届全国人民代表大会常务委员会第十一次会议通过，根据2017年12月27日第十二届全国人民代表大会常务委员会第三十一次会议《关于修改〈中华人民共和国招标投标法〉、〈中华人民共和国计量法〉的决定》修正）

行政法规

1.中华人民共和国政府采购法实施条例

（2015年1月30日国务院令第658号）

2. 中华人民共和国招标投标法实施条例

（2011年12月20日国务院令第613号公布，根据2017年3月1日《国务院关于修改和废止部分行政法规的决定》第一次修订，根据2018年3月19日《国务院关于修改和废止部分行政法规的决定》第二次修订，根据2019年3月2日《国务院关于修改部分行政法规的决定》第三次修订）

3. 中华人民共和国政府信息公开条例

（2007年4月5日国务院令第492号公布，2019年4月3日国务院令第711号修订）

4. 保障中小企业款项支付条例

（2020年7月5日国务院令第728号）

国务院文件

1. 关于加快发展循环经济的若干意见

（2005年7月2日国发〔2005〕22号）

2. 关于落实科学发展观加强环境保护的决定

（2005年12月3日国发〔2005〕39号）

3. 关于建立政府强制采购节能产品制度的通知

（2007年7月30日国办发〔2007〕51号）

4. 关于进一步加强政府采购管理工作的意见

（2009年4月10日国办发〔2009〕35号）

5. 关于进一步做好政府机关使用正版软件工作的通知

（2010年10月18日国办发〔2010〕47号）

6. 关于政府向社会力量购买服务的指导意见

（2013年9月26日国办发〔2013〕96号）

7. 整合建立统一的公共资源交易平台工作方案

（2015年8月10日国办发〔2015〕63号）

部委规章

1. 政府采购非招标采购方式管理办法

（2013年12月19日财政部令第74号）

2. 公共资源交易平台管理暂行办法

（2016年6月24日国家发展和改革委员会令第39号）

3. 政府采购货物和服务招标投标管理办法

（2017年7月11日财政部令第87号）

4. 政府采购质疑和投诉办法

（2017年12月26日财政部令第94号）

5. 必须招标的工程项目规定

（2018年3月27日国家发展和改革委员会令第16号）

6. 政府采购信息发布管理办法

（2019年11月27日财政部令第101号）

7.政府购买服务管理办法

（2020年1月3日财政部令第102号）

8.政府采购框架协议采购方式管理暂行办法

（2022年1月14日财政部令第110号）

部委文件

1.关于多家代理商代理一家制造商的产品参加投标如何计算供应商家数的复函

（2003年4月14日财办库〔2003〕38号）

2.集中采购机构监督考核管理办法

（2003年11月17日财库〔2003〕120号）

3.无线局域网产品政府采购实施意见

（2005年12月30日财库〔2005〕366号）

4.关于政府部门购置计算机办公设备必须采购已预装正版操作系统软件产品的通知

（2006年3月30日国权联〔2006〕1号）

5.关于加强政府采购供应商投诉受理审查工作的通知

（2007年1月10日财库〔2007〕1号）

6.政府采购进口产品管理办法

（2007年12月27日财库〔2007〕119号）

7. 关于政府采购进口产品管理有关问题的通知

（2008年7月9日财办库〔2008〕248号）

8. 关于调整信息安全产品强制性认证实施要求的公告

（2009年4月27日国家质量监督检验检疫总局、财政部、国家认证认可监督管理委员会公告2009年第33号）

9. 关于信息安全产品实施政府采购的通知

（2010年4月28日财库〔2010〕48号）

10. 关于明确政府采购保证金和行政处罚罚款上缴事项的通知

（2011年1月20日财库〔2011〕15号）

11. 关于进一步规范和加强政府机关软件资产管理的意见

（2011年2月22日财行〔2011〕7号）

12. 中小企业划型标准规定

（2011年6月18日工信部联企业〔2011〕300号）

13. 关于进一步规范政府采购评审工作有关问题的通知

（2012年6月11日财库〔2012〕69号）

14. 关于做好政府购买服务工作有关问题的通知

（2013年12月4日财综〔2013〕111号）

15. 关于推进和完善服务项目政府采购有关问题的通知

（2014年4月14日财库〔2014〕37号）

16. 关于政府采购支持监狱企业发展有关问题的通知

（2014年6月10日财库〔2014〕68号）

17. 关于公共资源交易中心开展政府采购活动有关问题的通知

（2014年10月11日财库〔2014〕165号）

18. 关于支持和规范社会组织承接政府购买服务的通知

（2014年11月25日财综〔2014〕87号）

19. 关于报送政府采购严重违法失信行为信息记录的通知

（2014年12月19日财办库〔2014〕526号）

20. 政府采购竞争性磋商采购方式管理暂行办法

（2014年12月31日财库〔2014〕214号）

21. 政府和社会资本合作项目政府采购管理办法

（2014年12月31日财库〔2014〕215号）

22. 关于未达到公开招标数额标准政府采购项目采购方式适用等问题的函

（2015年5月28日财办库〔2015〕111号）

23. 关于政府采购竞争性磋商采购方式管理暂行办法有关问题的补充通知

（2015年6月30日财库〔2015〕124号）

24. 关于做好政府采购信息公开工作的通知

（2015年7月17日财库〔2015〕135号）

25. 对政府采购工程项目法律适用及申领施工许可证问题的答复

（2015年8月3日国法秘财函〔2015〕736号）

26. 关于规范政府采购行政处罚有关问题的通知

（2015年8月20日财库〔2015〕150号）

27. 关于《中华人民共和国政府采购法实施条例》第十八条第二款法律适用的函

（2015年9月7日财办库〔2015〕295号）

28. 关于贯彻落实整合建立统一的公共资源交易平台工作方案有关问题的通知

（2015年9月15日财库〔2015〕163号）

29. 关于加强政府采购活动内部控制管理的指导意见

（2016年6月29日财库〔2016〕99号）

30. 关于政府采购监督检查实施“双随机一公开”工作细则的公告

（2016年10月10日财政部公告2016年第123号）

31. 政府采购评审专家管理办法

（2016年11月18日财库〔2016〕198号）

32. 关于进一步加强政府采购需求和履约验收管理的指导意见

（2016年11月25日财库〔2016〕205号）

33. 关于做好事业单位政府购买服务改革工作的意见

（2016年11月30日财综〔2016〕53号）

34. 关于在政府采购活动中查询及使用信用记录有关问题的通知

（2016年8月1日财库〔2016〕125号）

35. 关于做好政府采购有关信用主体标识码登记工作的通知

（2016年8月8日财办库〔2016〕320号）

36. 关于进一步完善政府采购协同监管机制的通知

（2016年11月28日财办库〔2016〕427号）

37. 关于印发《节能环保产品政府采购清单数据规范》的通知

（2017年1月9日财办库〔2017〕3号）

38. 关于进一步做好政府采购信息公开工作有关事项的通知

（2017年4月25日财库〔2017〕86号）

39. 关于坚决制止地方以政府购买服务名义违法违规融资的通知

（2017年5月28日财预〔2017〕87号）

40. 关于工程总承包项目和政府采购工程建设项目办理施工许可手续有关事项的通知

（2017年7月13日建办市〔2017〕46号）

41. 关于促进残疾人就业政府采购政策的通知

（2017年8月22日财库〔2017〕141号）

42. 政务信息系统政府采购管理暂行办法

（2017年12月26日财库〔2017〕210号）

43. 政府采购代理机构管理暂行办法

（2018年1月4日财库〔2018〕2号）

44. 关于做好政府采购代理机构名录登记有关工作的通知

（2018年2月13日财办库〔2018〕28号）

45. 必须招标的基础设施和公用事业项目范围规定

（2018年6月6日发改法规规〔2018〕843号）

46. 关于对政府采购领域严重违法失信主体开展联合惩戒的合作备忘录

（2018年11月20日发改财金〔2018〕1614号）

47. 关于税务系统政府采购政策适用问题的复函

（2019年1月4日财办库〔2019〕5号）

48. 关于调整优化节能产品、环境标志产品政府采购执行机制的通知

（2019年2月1日财库〔2019〕9号）

49. 关于推进政府和社会资本合作规范发展的实施意见

（2019年3月7日财金〔2019〕10号）

50. 关于落实财政支持贫困村微小型项目由村级组织自建自营有关政策的通知

（2019年3月28日财办库〔2019〕75号）

51.关于印发环境标志产品政府采购品目清单的通知

（2019年3月29日财库〔2019〕18号）

52.关于印发节能产品政府采购品目清单的通知

（2019年4月2日财库〔2019〕19号）

53.关于促进政府采购公平竞争优化营商环境的通知

（2019年7月26日财库〔2019〕38号）

54.政府采购贫困地区农副产品实施方案

（2019年8月5日财库〔2019〕41号）

55.关于消防救援和公特勤机构政府采购有关问题的复函

（2019年8月12日财办库〔2019〕240号）

56.关于印发《地方预算单位政府集中采购目录及标准指引（2020年版）》的通知

（2019年12月31日财库〔2019〕69号）

57.关于疫情防控采购便利化的通知

（2020年1月26日财办库〔2020〕23号）

58.关于疫情防控期间开展政府采购活动有关事项的通知

（2020年2月6日财办库〔2020〕29号）

59.关于开展政府采购意向公开工作的通知

（2020年3月2日财库〔2020〕10号）

60.政府采购公告和公示信息格式规范（2020年版）

（2020年3月18日财办库〔2020〕50号）

61.关于做好政府采购网民咨询答复工作的通知

（2020年11月25日财办库〔2020〕233号）

62.政府采购促进中小企业发展管理办法

（2020年12月18日财库〔2020〕46号）

63.关于运用政府采购政策支持乡村产业振兴的通知

（2021年4月24日财库〔2021〕19号）

64.政府采购需求管理办法

（2021年4月30日财库〔2021〕22号）

65.关于在政府采购活动中落实平等对待内外资企业有关政策的通知

（2021年10月13日财库〔2021〕35号）

66.关于《中华人民共和国政府采购法实施条例》第十九条第一款“较大数额罚款”具体适用问题的意见

（2022年1月5日财库〔2022〕3号）

67.关于印发《政府采购品目分类目录》的通知

（2022年9月2日财库〔2022〕31号）

后 记

在与中国政府采购杂志社殷亚红社长探讨政府采购法律相关问题的时候，我们产生了编写本书的想法。此前，在处理案件、起草规范性文件和撰写论文的时候，都必须对相关的政府采购问题进行法律规范或案例的检索并做一定的整理工作，但从来没有对政府采购法律制度进行全面的整理。我觉得非常有必要出版一本法规整理的书籍，为广大的政府采购人提供实实在在的帮助；中国政府采购杂志社也将本书列入了出版计划。于是，我鼓起勇气承接了这项工作。

考虑到政府采购法律制度的特点，本书正文部分创造性地将《政府采购法》和《政府采购法实施条例》的规定按内容进行了分类。

本书按照《政府采购法》九章八十八条划分章节，每一条款均贯穿索引《政府采购法实施条例》和其他大量政府采购规范性文件的相应内容，便于专业人员在适用《政府采购法》时一次性获得所有相应规范性文件的相应条款。

南开大学法学院何红锋教授和上海市财政局政府采购处徐舟老

师审阅了本书的初稿，提供了大量详细的有益的建议和意见。这些建议和意见不仅提升了本书的质量，也让我受益匪浅。在此，我对这两位政府采购资深学者表示深深的感谢！

中国政府采购杂志社的王洁副总编等同志对于本书的编辑、排版等做了大量繁琐的工作。我要向她们表示感谢！

希望本书能成为政府采购人的工作手册，为理论研究和实务操作提供帮助。由于是第一次做这项工作，难免有很多缺点，欢迎读者们提出宝贵意见，而法规整理是否真正能为政府采购人提供帮助，也需要实践的检验。

全国通用版的出版是一个开端，希望将来有机会编写适用于特定政府采购板块的工具书。

朱中一

2023年6月